FiNALEonline.de

FiNALEonline ist die digitale Ergänzung zu deinem Abiturband. Hier findest du eine Vielzahl an Angeboten, die dich bei deiner Prüfungsvorbereitung zusätzlich unterstützen.

Das Plus für deine Vorbereitung:

→ Original-Prüfungsaufgaben mit Lösungen (bitte Code von Seite 4 eingeben!)

→ EXTRA-Training Rechtschreibung
So kannst du einem möglichen Punktabzug bei deinen Abi-Klausuren vorbeugen.

→ Videos zur mündlichen Prüfung

→ Tipps zur stressfreien Prüfungsvorbereitung

→ Abi-Checklisten mit allen prüfungsrelevanten Themen

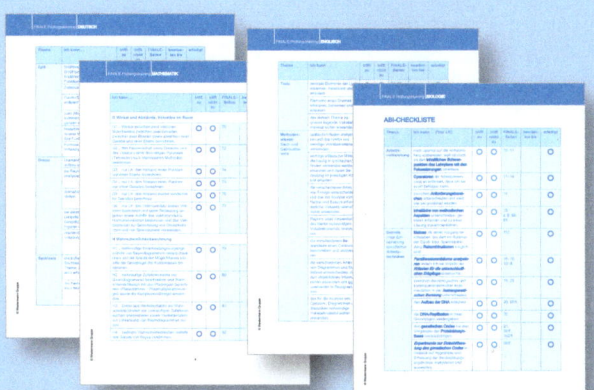

Abi-Checklisten
Sie helfen dir, den Überblick über den Prüfungsstoff zu behalten.

Foto: © Peter Wirtz, Dormagen

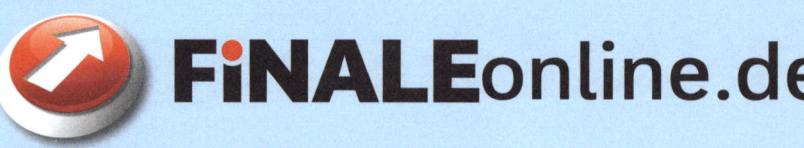

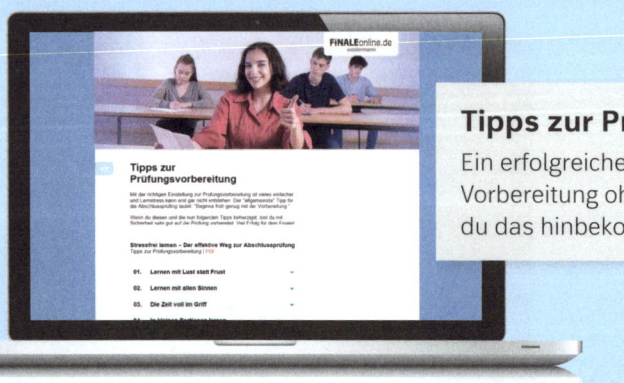

Tipps zur Prüfungsvorbereitung

Ein erfolgreiches Abitur erfordert eine gezielte Vorbereitung ohne unnötigen Lernstress. Wie du das hinbekommst, erfährst du hier!

Videos zur mündlichen Prüfung

Nur wenige Abiturienten wissen genau, wie sie abläuft, die „Mündliche". Die Videos geben dir Einblick in den Ablauf der Prüfung und Tipps für die richtige Vorbereitung.

Die Kombination aus FiNALE-Buch und FiNALEonline bietet dir die optimale Vorbereitung für deine Prüfung und begleitet dich sicher zu einem erfolgreichen Abitur 2024!

www.finaleonline.de

westermann

FiNALE
Prüfungstraining

Baden-Württemberg

Abitur 2024
Geschichte

Falk Herbrechtsmeier
Sarah Höger
Stefan Nagelstutz

FiNALEonline.de

Liebe Schülerin, lieber Schüler,

sobald die Original-Prüfungsaufgaben zur Veröffentlichung freigegeben sind, können sie unter **www.finaleonline.de** zusammen mit ausführlichen Lösungen kostenlos herunter-geladen werden. Gib dazu einfach diesen Code ein:

GE9T4G7

Einfach mal reinschauen: www.finaleonline.de

Bildnachweis: |bpk-Bildagentur, Berlin: 161.1; Deutsches Historisches Museum; David Heather, DDR Posters. Ostdeutsche Propagandakunst/The Art of East German Propaganda © 2014 Prestel Verlag, München, in der Penguin Random hause Verlagsgruppe GmbH, Übersetzung: Mechthild Barth 18.1, 196.1; Geheimes Staatsarchiv, SPK / Thomann 173.1. |Szewczuk-Zimmer, Ilona, Hamburg: Szewczuk, Mirko 1955 19.1, 197.1. |Universitätsbibliothek Heidelberg, Heidelberg: https://digi.ub.uni-heidelberg.de/diglit/kla1931/0661/image,info 5.1, 186.1. |VG BILD-KUNST, Bonn: © VG Bild-Kunst, Bonn 2021 (Arnold, Karl: „Der letzte Demo-krat, Der liebst Platz, den ich auf Erden hab', das ist die Rasenbank am Elterngrab" 1931, Simplicissimus 36. Jg. Nr. 27, 5.10.1931) 156.1. | Wilhelm-Busch-Gesellschaft e.V., Hannover: Hanns Erich Köhler: Karikatur „Deutsche Zukunft" 166.1, 167.1, 167.2. | Peter Wirtz Fotografie, Dormagen: Titel |Zahlenbilder, Bergmoser + Höller Verlag AG, Aachen: 58.1.

Druck A¹/Jahr 2023
Alle Drucke der Serie A sind im Unterricht parallel verwendbar.

Redaktion: lüra – Klemt & Mues GbR, Wuppertal
Kontakt: finale@westermanngruppe.de
Layout: LIO Design GmbH, Braunschweig
Umschlaggestaltung: Gingco.Net, Braunschweig
Umschlagfoto: Peter Wirtz, Dormagen
Druck und Bindung: Westermann Druck GmbH, Georg-Westermann-Allee 66, 38104 Braunschweig

ISBN 978-3-07-**172478**-5

Inhaltsverzeichnis

Informationen und Tipps zur Prüfung

Basiswissen

Arbeiten mit FiNALE

FiNALE Prüfungstraining Geschichte unterstützt Sie praxisnah bei der Vorbereitung auf die schriftliche, aber ggf. auch auf eine mündliche Abiturprüfung im Fach Geschichte. Der Praxisteil stellt zu beiden Schwerpunktbereichen authentische Aufgaben zur Verfügung. Sie finden im Buch zudem die schriftlichen Originalprüfungen 2022, versehen mit Erklärungen und beispielhaften Lösungen.

Sobald die Originalprüfung 2023 zur Veröffentlichung freigegeben ist, können Sie die Unterlagen dafür unter **www.finaleonline.de** abrufen. Auf der Website steht ferner eine Übersicht bereit, die Ihnen dabei hilft, Ihre Lerneinheiten im Vorfeld der Abiturprüfung zu planen.

So bereitet Sie FiNALE auf das Abitur im Fach Geschichte vor:
– Einführend geben Ihnen „Informationen und Tipps zur Prüfung" eine Orientierung über die Abiturprüfung. Wir stellen Ihnen die Operatoren und Anforderungsbereiche im Überblick vor und erläutern die Bewertungskriterien zu Inhalten und Darstellungsleistung. Hier erhalten Sie wertvolle Tipps, um Punkte zu sammeln.

– Das ausführliche „Basiswissen" entfaltet einen kompakten Überblick zu den gegenwärtigen Schwerpunktthemen des Abiturs im Fach Geschichte in Baden-Württemberg. Sie können gezielt Bereiche auswählen, die Sie im Zusammenhang wiederholen möchten: Abiturrelevante Überblicksinformationen zu historischen Ereignissen und Personen, Begriffserläuterungen, Schaubilder, Hinweise auf wichtige Forschungsdiskussionen sowie zentrale Zitate ermöglichen Ihnen auch eine Einordnung und Bewertung historischer Prozesse.

– Die beispielhaften Prüfungen mit den Schwerpunkten auf den Anforderungsbereichen II und III bringen Ihnen die wichtigsten Aufgabenformate nahe: den Umgang mit historischen Text- und Bildquellen sowie mit Sekundärliteratur. Sie erfahren, was die Operatoren im konkreten Zusammenhang erfordern, und Lösungshinweise geben Ihnen einen Ausblick auf die inhaltlichen Erwartungen in der Prüfung.
Diese Beispiele zur schriftlichen und zur mündlichen Abiturprüfung sowie die Originalprüfungen 2022 geben Ihnen die Möglichkeit, sich mit den im Abitur 2024 vorgegebenen Aufgabentypen vertraut zu machen und deren Bearbeitung zu trainieren.

Wir wünschen Ihnen viel Erfolg!

Informationen und Tipps zur Prüfung

> **Aktuelle Informationen zur Abiturprüfung:**
> Schwerpunktthemenerlass 2024 – Landesbildungsserver Baden-Württemberg
> (schule-bw.de)

Was im Abitur von Ihnen erwartet wird

Inhaltlich richtet sich der Fokus der Abiturprüfungen im Fach Geschichte auf das 19. und 20. Jahrhundert. Grundlegende Kenntnisse über diese beiden Jahrhunderte haben Sie bereits im Unterricht der Mittelstufe erworben, diese werden in der Oberstufe „thematisch vertieft" und erweitert. Das im Abitur erwartete Grundlagenwissen wird in diesem Prüfungstrainer überblicksartig zusammengefasst.

TIPP Lücken schließen

Sollten Sie während der Wiederholung des Stoffs mit dem Basisteil für einzelne Themen feststellen, dass Sie dort größere Lücken haben, können Sie diese mithilfe Ihrer Aufzeichnungen und Lehrbücher gezielt schließen.

Im Fach Geschichte haben Sie in der gymnasialen Oberstufe gelernt, sich einem umfangreichen und vielschichtigen Faktenwissen interpretierend zu nähern, um historische Prozesse verstehen und deuten zu können. Sie haben folgende Kompetenzen erworben:

Sachkompetenz: Sie haben ein geordnetes Wissen aufgebaut, z. B. Fachwissen über bestimmte Ereignisse, Epochen, Personen, Strukturen oder Begriffe. Im Einzelnen sind Sie in der Lage,
- wichtige Ereignisse, Entwicklungen und Strukturen zu den unten genannten Themenkomplexen zu beschreiben,
- die Ursachen und Auswirkungen dieser Ereignisse und Entwicklungen zu nennen,
- themenbezogene Fachbegriffe korrekt zu verwenden.
Der Bildungsplan für das Land Baden-Württemberg verknüpft für die Kursstufe in Geschichte historische Phänomene zu vier großen Einheiten (s. Basiswissen ab S. 21).

Methodenkompetenz: Sie können fachgerecht mit Quellen und Darstellungen umgehen (z. B. mit Bildern wie Fotos, Karikaturen, Fotomontagen, Gemälden o. Ä.; mit Plakaten, v. a. Wahlplakaten; mit Statistiken, Grafiken oder Karten) und beherrschen die Verfahren historischer Untersuchungen, d. h., dass Sie z. B. eine Fallanalyse durchführen oder einen historischen Vergleich vornehmen können. Im Einzelnen sind Sie in der Lage,
- Quellen und Darstellungen zu unterscheiden,
- die Perspektivität von Quellen wahrzunehmen,
- verschiedene Quellengattungen nach ihrem Aussagewert zu unterscheiden,
- mit einzelnen Gattungen von Quellen und Darstellungen angemessen umzugehen.

Hinweis: Im schriftlichen Abitur werden regelmäßig nur vier Arten von Materialien eingesetzt: Texte, Karikaturen, Statistiken und Plakate (nur in schwarz-weißen Versionen).

Reflexionskompetenz: Sie zeigen ein Verständnis für Probleme, weil Sie historische Zusammenhänge beurteilen und interpretieren können. Im Einzelnen sind Sie in der Lage,
– mit der Perspektivität von Geschichte umzugehen,
– Veränderung in der Geschichte wahrzunehmen,
– mit Dimensionen/Kategorien/Begriffen umgehen zu können,
– Verfahren historischer Untersuchung zu beherrschen.

Orientierungs- und Fragekompetenz: Sie sind in der Lage, historische Prozesse oder Fragestellungen auf die Gegenwart zu übertragen. Im Einzelnen sind Sie in der Lage, einen Gegenwartsbezug her- und Hypothesen aufzustellen. Sie können vorgegebene historische Fragestellungen nachvollziehen und Untersuchungsschritte zur Beantwortung historischer Fragen planen.

Besondere Anforderungen im fünfstündigen Geschichtskurs

Das fünfstündige Leistungsfach unterscheidet sich nicht nur inhaltlich vom zweistündigen Basiskurs. Im Anschluss daran werden von Ihnen Kenntnisse über komplexe historische Konzepte erwartet, z. B.:
– Modernisierung: Moderne, Doppelrevolution: politische Revolution, Industrielle Revolution,
– Hochmoderne um 1900 in Europa: Urbanisierung, Massenkultur, Beschleunigung,
– Wege in die postindustrielle Zivilgesellschaft in Ost- und Westeuropa nach 1945,
– sozioökonomische Zusammenhänge: Krisen der 1970er- und 1980er-Jahre,
– Prozess der Dekolonisierung und aktuelle Probleme postkolonialer Räume.

Darüber hinaus sollten Sie mit anspruchsvolleren Operatoren zurechtkommen bzw. komplexere Aufgaben bearbeiten können: Sie sollten z. B. einen Vergleich der Voraussetzungen und des Verlaufs der europäischen Industrialisierung zwischen England und Deutschlands anstellen oder Migration als Folge der Industrialisierung analytisch erfassen können.

TIPP zum Punktesammeln

Insbesondere die Operatoren „analysieren", „beurteilen", „erläutern", „erörtern", „herausarbeiten", „darstellen", „vergleichen" und „überprüfen" sollten Ihnen sehr vertraut sein. Das sind die gängigen Operatoren in der schriftlichen Abiturprüfung.

Die schriftliche Abiturprüfung im Fach Geschichte

Die schriftliche Abiturprüfung besteht aus zwei Aufgaben, die den beiden Schwer-
punktthemen zuzuordnen sind. Sie dürfen eine der beiden Aufgaben auswählen.
Die Schwerpunktthemen für die schriftliche Abiturprüfung in Geschichte für das
Abitur 2024 lauten:

Schwerpunktthema I:

**Wege in die Moderne: Modernisierungsprozesse innerhalb und außerhalb Europas
seit dem ausgehenden 18. Jahrhundert und deren Bedeutung für die Gegenwart**
- Begriff der Modernisierung
- Voraussetzungen und Verlauf der europäischen Industrialisierung am Beispiel Eng-
  lands und Deutschlands
- Auswirkungen der Industrialisierung auf die europäischen Gesellschaften
- Erscheinungsformen der Moderne um die Jahrhundertwende sowie ambivalente Er-
  fahrungen der Menschen mit ihnen
- Migration als Folge der Industrialisierung

Schwerpunktthema 2:

**West- und Osteuropa nach 1945: Wege in die postindustrielle Zivilgesellschaft:
Chancen und Probleme bei der Herausbildung einer postindustriellen Zivilgesellschaft in West- und Osteuropa nach 1945**
- wirtschaftlicher Aufschwung in West- und Osteuropa bis Anfang der 1970er-Jahre
  am deutsch-deutschen Beispiel
- Umgang mit Protest in West- und Osteuropa
- Aufbruchsversuche in West und Ost zu mehr Bürgerbeteiligung
- wirtschaftliche Krisen der 1970er- und 1980er-Jahre und ihre Auswirkungen auf Westeuropa
- Zusammenbruch des Ostblocks

Wichtigste Kompetenz: Ein Wert- oder Sachurteil erstellen

Im Abitur müssen Sie in der Lage sein, historische Sachverhalte zu beurteilen. Ein his-
torisches Urteil ist dann gut, wenn
... Ihr Urteil transparent ist:
- Haben Sie die Perspektive, Ihre Kriterien, Ihre Wertmaßstäbe offengelegt und dies
  auch begründet?
- Sind alle Begriffe erklärt?
... Sie sachlich korrekt gearbeitet haben:
- Haben Sie keine falschen Aussagen gemacht?
- Haben Sie alle Quellen und alle Informationen, die Sie haben (auch die Unterrichts-
  inhalte), genutzt?
... Sie logisch vorgegangen sind:
- Gibt es keine Widersprüche?

... Ihre Darstellung überzeugend und verständlich ausformuliert ist:
- Haben Sie Ihre Argumente verständlich und nachvollziehbar dargelegt?
- Passen die Argumente zur Aufgabenstellung?

... Sie gezeigt haben, dass Sie nachdenken können:
- Haben Sie in Ihrer Darstellung auch andere/alternative Positionen/Perspektiven berücksichtigt?
- Haben Sie, falls die Aufgabe es erfordert, evtl. pro und kontra argumentiert?
- Haben Sie ein Fazit gezogen, das Ihre Argumentation sinnvoll zusammenfasst?

TIPP zum Punktesammeln

Das müssen Sie vermeiden: unstrukturiert vorgehen, ein Pseudourteil bilden, die Aufgabe komplett aus dem Blick verlieren. Gehen Sie so vor:
1. Lesen Sie die Aufgabenstellung sorgfältig. Beachten Sie die Operatoren und unterstreichen Sie die Schlüsselwörter: Worum genau geht es?
2. Konzentrieren Sie sich bei der Arbeit auf die wichtigsten Aspekte des Themas.
3. Markieren Sie in den Texten etc. die Schlüsselbegriffe, die einen Bezug zu diesen Aspekten haben. Erarbeiten Sie auf dieser Grundlage zunächst ein Konzept für Ihre Darstellung.
4. Stellen Sie sicher, dass Ihre Ausarbeitung die Aspekte in einer sinnvollen Struktur aufnimmt und dass sie an die Aufgabenstellung anschließt.

So organisieren Sie sich in der Abiturklausur

Beachten Sie die Punktevergabe

Insgesamt können **60 Bewertungseinheiten** in der schriftlichen Abiturprüfung erreicht werden. Pro Schwerpunktthema werden vier Teilaufgaben gestellt:
- eine darstellend-strukturierende Aufgabe,
- zwei materialgestützte Aufgaben (evtl. mit vergleichender Perspektive),
- eine auf Urteilsbildung abzielende Aufgabe.

Die **BE** werden für die verschiedenen Anforderungsbereiche (im Normalfall) bzw. nach Schwierigkeitsgrad der Aufgabe vergeben. Die Höchst-BE pro Teilaufgabe liegt bei 20 BE, die Mindestzahl bei 10 BE.
Planen Sie für jede Aufgabe genug Zeit ein (Richtwert: je Bewertungseinheit = 4 Min. Bearbeitungszeit; z. B. 20 BE x 4 Min. = 80 Min.).

Beachten Sie die Zeitvorgaben

Insgesamt haben Sie **270 Minuten** lang Zeit, die Abituraufgabe zu bearbeiten. Dies erfordert, dass Sie konzentriert arbeiten und die Aufgabenstellung genau lesen, denn die Zeit ist sehr knapp bemessen.
Bei der Vorbereitung auf das Abitur empfiehlt es sich, eine komplette Prüfung zu simulieren. So lernen Sie, sich selbst in Bezug auf die Zeit einzuschätzen.

Legen Sie vor dem Ausformulieren ein Konzept an

Es empfiehlt sich, für jeden Teil der Aufgabenstellung die wichtigsten Stichpunkte zunächst in Form eines Konzepts festzuhalten und die Gedanken dann zu gliedern, um die Reinschrift anschließend zügig anfertigen zu können.

Das Konzept hilft Ihnen, die Struktur Ihrer Texte festzulegen. Sie können z. B.
– in einem **Cluster** Stichworte zur Aufgabenstellung sammeln,
– mithilfe einer **Mind-Map** zusammengehörende Sachverhalte strukturieren (Oberbegriffe festlegen, anschließend Unterbegriffe zuordnen) und diese anschließend, sofern für die Aufgabenstellung relevant, farbig markieren.

TIPP zum Punktesammeln

Vermeiden Sie Abschweifungen vom Thema, denn sie führen zu massiven Abzügen. Kein Korrektor wird jedoch Abzüge vornehmen, weil Sie das eine oder andere Faktum vergessen haben.

Das Konzept bereitet die Gliederung Ihrer Ausarbeitung zu den Teilen der Aufgabenstellungen vor: Jede der Darstellungen muss erkennbar eine Einleitung (Hinführung zum Thema/Aufgabenstellung), einen Hauptteil (Darlegung Ihrer Argumentation) und einen Schluss (Ihr begründetes Fazit) enthalten.

Schreiben Sie strukturiert und sprachlich angemessen

Die Bewertung der Abituraufgaben erfolgt ganzheitlich. Für die Bewertung der Arbeiten fordern die Richtlinien des Kultusministeriums auch das Augenmerk auf die „Angemessenheit des (sprachlichen) Ausdrucks", die „richtige Anwendung der Fachterminologie" und „sprachliche Richtigkeit" ein. Die Abiturienten müssen in der Abiturprüfung kein Detailwissen anbringen, sondern vielmehr zeigen, dass sie in der Lage sind, präzise auf die Aufgabenstellung zu antworten und kohärent, also sprachlich und gedanklich flüssig zusammenhängend, zu schreiben.

Obwohl die Abiturprüfung aus mehreren Aufgaben besteht, sind diese inhaltlich aufeinander abgestimmt. Es wird von Ihnen erwartet, dass Sie den Text für die Abiturprüfung „aus einem Guss" schreiben. Eine sehr gute Klausur zeichnet sich unter anderem dadurch aus, dass die Schülerin/der Schüler in der Lage ist, von einer Aufgabe zur nächsten überzuleiten – mit sprachlich und gedanklich passenden Überleitungen und Verknüpfungen. Zudem verfügt ein am Adressaten orientierter, geschlossener Text über Einleitung, Hauptteil und Schluss. Beispielhafte Ausarbeitungen solcherart zusammenhängender Texte finden Sie ab Seite 151.

Der **Einleitungssatz** hat beschreibenden Charakter. Sie stellen der Leserin/dem Leser Ihres Aufsatzes die zu analysierende Quelle kurz vor.

Nennen Sie ...
- **den Autor/Zeichner/Maler/Fotografen/Auftraggeber** (der Statistik o. Ä.),
- das **Material** und charakterisieren Sie kurz dessen Eigenschaften.

Wenn es sich um einen Text handelt, beantworten Sie folgende Frage: Ist es eine historische Textquelle (Flugblatt, historische Rede, zeitgenössischer Zeitungsartikel o. Ä.) oder handelt es sich um eine Darstellung eines Historikers?
- den **Erscheinungsort**/die **Erscheinungszeit** des Materials,
- das **Thema** bzw. die Hauptaussage des Materials,
- den **historischen Kontext** (knapp erläutern),
- den **Adressaten** der Quelle (z. B. das Parlament, das Wahlvolk).

Formulieren Sie zu jeder von Ihnen bearbeiteten Teilaufgabe abschließende Gedanken (Schlusssatz), die Ihren Text abrunden. Fassen Sie z. B. die Aussagekraft des Materials zusammen oder ziehen Sie ein Fazit und leiten Sie dann zur nächsten Aufgabe über. Hilfreiche **Wendungen für eine Überleitung** sind z. B.:

Vor dem Hintergrund der bis hierher dargelegten Überlegungen stellt sich die Frage, ...
Setzt man die These, dass .../die Annahme, .../das Resumee, dass ..., in Beziehung zu ..., ergibt sich eine neue Einordnung/eine erweiterte Fragestellung/eine neue Perspektive auf das Thema.
Die hier dargelegten Betrachtungen lassen sich in einen erweiterten historischen Kontext einordnen, indem ...
Man sollte das hier dargelegte historische Ereignis/den hier dargelegten Prozess nicht isoliert für ... betrachten. Um zu einer angemessenen Einschätzung zu gelangen, ...

In der Abiturprüfung sind Nachschlagewerke zur deutschen Rechtschreibung und Zeichensetzung zugelassen.
Formulieren Sie in der Standardsprache und verzichten Sie unbedingt auf umgangssprachliche Wendungen. Falls Sie unsicher sind, können Sie mithilfe des Wörterbuchs prüfen, ob ein Wort/Begriff als umgangssprachlich gekennzeichnet ist.
Sie sollten das Wörterbuch auch nutzen, um Fehler in Rechtschreibung und ggf. auch Zeichensetzung zu vermeiden, denn diese werden in der Korrektur berücksichtigt und können zu Abzügen von bis zu 2 Notenpunkten führen.

Zitieren und belegen Sie richtig

Besonders prägnante Textstellen aus dem angebotenen Material dürfen nicht nur, sie sollten auch zitiert werden. Achten Sie jedoch darauf, Zitate korrekt zu kennzeichnen.

Zitate/Belege in einen Text einfügen:
- Zitate sind so in den eigenen Text einzufügen, dass sich grammatisch richtige und sinnvolle Sätze ergeben.
- Sie sollten möglichst knapp gefasst sein.
- Zitate müssen in ihrer Bedeutung immer erläutert werden.

Zitate/Belege im Text kenntlich machen:
- Wörtlich übernommene Textpassagen und Begriffe werden durch **Anführungszeichen** gekennzeichnet. Kennzeichnen Sie den Textbeleg durch Zeilenangaben.
- Satzteile, die nicht im Original enthalten sind, werden außerhalb der Anführungszeichen wiedergegeben. *Beispiel:* Dass alle „Satzteile, die nicht im Original enthalten sind, [...] außerhalb der Anführungszeichen wiedergegeben" werden.
- Bei grammatisch veränderten Wörtern wird die originale Schreibweise in eckigen Klammern angezeigt. *Beispiel:* Auch „grammatisch veränderte[n] Wörter[n]" müssen als solche gekennzeichnet werden.
- Kürzungen werden durch drei Auslassungspunkte in eckigen Klammern kenntlich gemacht. *Beispiel:* „Kürzungen werden [...] kenntlich gemacht."

> **TIPP** zum Punktesammeln
>
> Verwenden Sie keinesfalls ein Zitat nur deshalb, weil Ihnen keine eigene Formulierung einfällt. Sie müssen jedes Zitat materialbezogen in seiner Funktion einordnen.

Äußerungen/Inhalte sinngemäß wiedergeben:
Von wörtlichen Zitaten zu unterscheiden sind sinngemäße Wiedergaben. Bei der Umschreibung bzw. sinngemäßen Wiedergabe einer Textpassage müssen Sie sowohl bei Quellen als auch bei Darstellungen auf jeden Fall deutlich machen, dass es sich nicht um Ihre eigenen Überlegungen, Wertungen oder Erkenntnisse handelt. Andernfalls laufen Sie Gefahr, moralisch fragwürdige Äußerungen zu übernehmen.
Sprachlich machen Sie die distanzierte Wiedergabe von Äußerungen dritter Personen kenntlich, indem Sie die **indirekte Rede mit dem Konjunktiv I** verwenden.

Stellen Sie historische Sachverhalte strukturiert dar

Eine gelungene Darstellung vergangenen Geschehens zeichnet sich weniger durch die lückenlose Aneinanderreihung historischer Daten und Fakten als durch Kohärenz, also flüssige Formulierungen und eine geordnete Struktur, aus. Für die sinnvolle Verknüpfung geschichtlicher Zusammenhänge und Ereignisse kommen, je nach Aufgabenstellung und Thema, unterschiedliche Möglichkeiten in Betracht:
- **Chronologische Gliederung:** Dies ist die wohl häufigste Gliederungsform, aber auch hier gilt: Nicht nur die in zeitlicher Abfolge richtige Aufzählung von Daten und Fakten führt zu einer angemessenen Darstellung vergangenen Geschehens, sondern auch deren Auswahl und Gewichtung. Daher sind nur solche Sachverhalte aufzuführen, die für die Aufgabe und das Thema relevant sind.
- **Inhaltliche/aspektorientierte Gliederung:** Geschichte ist nicht nur ein Nacheinander, sondern auch ein Nebeneinander von Geschehnissen. Neben einer chrono-

logischen Darstellung lassen sich Ereignisse der Vergangenheit daher auch nach inhaltlichen Gesichtspunkten gliedern, z. B. in die Bereiche Politik, Wirtschaft oder Kultur. Hierbei ist jedoch zu beachten, dass sich auch diese Zuordnungen in der Regel gegenseitig beeinflussen und durchdringen.

- **Räumliche Gliederung:** Geschichte vollzieht sich nicht nur in der Zeit, sondern auch im Raum. Berücksichtigen Sie daher, dass räumlich begrenzte Entwicklungen, Umwälzungen und Konflikte aufgrund der globalen Verflechtungen oft weltweite Ursachen und Folgen haben.

Die hier vorgestellten Strukturierungsmöglichkeiten bzw. Ordnungsprinzipien erfolgen aus unterschiedlichen Blickwinkeln. Je nach Aufgabe und Thema bietet es sich an, sie zu kombinieren.

Die mündliche Abiturprüfung im Fach Geschichte

Auch eine mündliche Prüfung im Fach Geschichte können Sie inhaltlich mit dem Basiswissen und dem Materialteil in diesem Band vorbereiten – unabhängig davon, ob es sich um eine mündliche Prüfung oder um die sog. „mündliche Zusatzprüfung" in Ergänzung zur schriftlichen Prüfung handelt.

In beiden Prüfungen wird von Ihnen erwartet, dass Sie
- fachlich kompetent sind,
- Ihr Wissen angemessen darlegen können,
- transferfähig sind, also Ihr Wissen auf andere/erweiterte Problemfelder anwenden können, und
- Kommunikationsfähigkeit und v. a. Methodenkompetenz beweisen.

Die mündliche Prüfung im Basisfach

Seit der Einführung der neuen gymnasialen Oberstufe müssen neben drei fünfstündigen Leistungsfächern, die stets schriftlich zu absolvieren sind, müssen zwei mündliche Prüfungen in Basisfächern abgelegt werden.

In Abhängigkeit von der individuellen Kurswahl besteht die Möglichkeit, **das zweistündige Basisfach Geschichte als mündliches Prüfungsfach** zu wählen. In Ihrer mündlichen Prüfung im Basisfach Geschichte müssen Sie gemäß der „Null-Punkte-Regel" mindestens 1 Notenpunkt erreichen, um auf die erforderlichen 4 Notenpunkte (in vierfacher Wertung) zu kommen. Bei 0 Notenpunkten müssten Sie mindestens 2 Notenpunkte in einer **zusätzlichen** mündlichen Prüfung erzielen. Andernfalls hätten Sie die gesamte Abiturprüfung nicht bestanden. Die mündliche Zusatzprüfung im **mündlich** geprüften Basisfach soll in der Regel eine Woche nach dem ursprünglichen Termin der (regulären) mündlichen Prüfung stattfinden.

So verläuft die mündliche Prüfung
Zeitrahmen: Die mündliche Prüfung im Basisfach Geschichte wird als Einzelprüfung durchgeführt und besteht aus einer **20-minütigen Vorbereitungszeit** und einer insge-

samt **20-minütigen Prüfung,** die zu ungefähr gleichen Teilen (also jeweils etwa 10 Minuten, d. h. ein Prüfungsteil muss mindestens 9 und darf höchstens 11 Minuten dauern) einen **Vortrag** und ein **Kolloquium** (Prüfungsgespräch) vorsieht.

Durchführung: Bringen Sie Stift und Papier mit, andere Hilfsmittel sind nicht erlaubt. Das leitende Mitglied des Prüfungsausschusses (= Fremdprüfer von anderer Schule) legt Ihnen die Prüfungsaufgabe vor, die zuvor aus mehreren Aufgabenvorschlägen Ihres Fachlehrers ausgewählt wurde. Sie haben nun unter Aufsicht etwa 20 Minuten Zeit, um Ihren Vortrag vorzubereiten.

Die Prüfungsaufgabe wird aus mehreren (zwei bis drei) Teilaufgaben bestehen, die in der Regel von einem Material ausgehen werden. Zudem müssen bei der Aufgabenstellung alle drei Anforderungsbereiche abgedeckt sein, was Sie den verwendeten Operatoren entnehmen können. In der Praxis werden erwartet:
- die Beschreibung einer Textquelle, einer Karikatur, einer Statistik oder eines Plakats mit Einordnung in den historischen Kontext („Analysieren Sie M1." oder „Arbeiten Sie aus M1 ... heraus und ordnen Sie M1 in den historischen Kontext ein.")
- ggf. ein strukturierter Vergleich mit einem anderen Material („Vergleichen Sie M1 mit M2 ...") oder eine Darstellungsaufgabe („Stellen Sie ... dar. – Erklären Sie ... – Erläutern Sie ... – Charakterisieren Sie ...")
- sowie ein mit dem Material bzw. dem Thema im Zusammenhang stehendes historisches Urteil („Beurteilen"/„Erörtern"/„Überprüfen Sie, inwiefern/ob ...").

TIPP Ruhe bewahren!

Nutzen Sie die ersten zehn Minuten für die Darstellung Ihrer Arbeitsergebnisse voll aus: Es ist besser, sich ein wenig Zeit bei den Ausführungen zu lassen und einen Gedanken zu Ende zu führen, als sich zu sehr zu beeilen und dann vielleicht unter dem Zeitdruck Wichtiges zu vergessen.
Bleiben Sie ruhig, dann gelingt das anschließende Prüfungsgespräch am besten. Sie sollen nachweisen, dass Sie ein breites Wissen besitzen und historische Prozesse einordnen können.

Vortrag: Sie sollen Ihre Ergebnisse in zusammenhängender Rede (etwa 10 Minuten lang) darstellen. Ihr Vortrag wird vom Prüfungsausschuss nicht unterbrochen.
Das bedeutet aber auch, dass Ihr Fachlehrer Ihnen, sollten Sie ins Stocken geraten, nicht mit Hilfsfragen beispringen darf. Sollten Sie mit Ihrem Vortrag deutlich unter der vorgegebenen Zeit bleiben, kann der Prüfungsvorsitzende nach Rücksprache mit Ihnen den Vortragsteil vorzeitig beenden. Eine Verlängerung des Prüfungsgesprächs um die Zeit des fehlenden Vortragsteils ist dabei unzulässig, d. h. der zweite Prüfungsteil dauert auch bei einem vorzeitig beendeten Vortrag ca. 10 Minuten. Die Gesamtprüfungszeit fällt dementsprechend kürzer als 20 Minuten aus. Ein vorzeitiger Abbruch des Vortrags kann sich negativ auf die Note auswirken.

Kolloquium: Das Gespräch (ca. 10 Minuten) greift auf Inhalte aus unterschiedlichen Kurshalbjahren und unterschiedlichen Kompetenzbereichen zurück. Neben Rückfragen zu Ihrem Vortrag müssen Sie Fragen beantworten, die über das Prüfungsthema hinausgehen (Aspekte immer innerhalb des Bildungsplans).
Gefragt sind im Basisfach neben **methodischen Kompetenzen** im Umgang mit

Vergewissern Sie sich, dass Sie **alle Operatoren** kennen und verstehen (vgl. S. 18 ff.). Dann wissen Sie genau, was sowohl bei der Bearbeitung der Prüfungsaufgabe, als auch im Kolloquium von Ihnen verlangt wird bzw. was genau in methodischer Hinsicht zu tun ist. So vermeiden Sie die Gefahr, das Thema zu verfehlen.

Quellen und Darstellungen daher **solide historische Grundkenntnisse,** die Sie zu historischen Einordnungen und Bewertungen befähigen. Sie müssen Zusammenhänge formulieren, politische, gesellschaftliche, wirtschaftliche und kulturelle Bezüge (auch themenübergreifend!) herstellen und historische Sachverhalte beurteilen können. Vertieftes Detailwissen wird nicht erwartet.

Die mündliche Prüfung sinnvoll vorbereiten

Wichtig: Sie haben im Vorfeld **keinerlei inhaltliche Wahlmöglichkeit.** Ihr/-e Fachlehrer/-in muss mehrere Aufgabenvorschläge vorlegen, die insgesamt alle Kurshalbjahre berücksichtigen. Es ist daher unerlässlich, sich inhaltlich-thematisch „breit" aufzustellen und über ein **Basiswissen zu allen vier Kurshalbjahren** zu verfügen. Die Inhalte werden keine Wiederholung einer Klausur in der Qualifikationsphase oder einer von Ihnen gehaltenen gleichwertigen Feststellung von Schülerleistungen (GFS) sein, dies ist ausdrücklich untersagt.
Bei der Bearbeitung des Prüfungsthemas und Vorbereitung des Vortrags helfen folgende Orientierungsfragen, Überlegungen und Hinweise:

Den Vortrag vorbereiten
Sammeln Sie Stoff für den Vortrag anhand einiger Leitfragen: – Welche inhaltlichen Aspekte hat das Thema? Welche Problemfrage ist vorgegeben oder liegt aufgrund des Materials nahe? – Wie kann ich das Thema in den übergeordneten historischen Komplex einordnen? – Wo gibt es im Material bzw. bei den Aufgabenstellungen Anknüpfungspunkte zu weiteren Themen, z. B. Zusammenhänge bzw. (Quer-)Verbindungen zu anderen Epochen? (auch als Vorbereitung auf mögliche Fragen im Kolloquium)
Den Vortrag gliedern
Orientieren Sie sich inhaltlich an den Teilaufgaben und folgen Sie in der Anordnung Ihres Vortrags zumindest grob der folgenden Struktur: – **Einleitung:** Darlegung der (vorgegebenen) Leitfrage/These – **Hauptteil:** (exakte Analyse des Materialteils, historische Einordnung, Vergleich etc.) mit ausführlich begründeter Beantwortung der Leitfrage oder Stellungnahme (Urteil) zur These den Teilaufgaben entsprechend – **Schluss:** kurze Zusammenfassung und Ausblick (weiterführende Fragen)

Den Vortrag halten

– Erstellen Sie zu jeder Teilaufgabe eine **übersichtliche Stichwortliste** als Grundlage Ihres Vortrags. Verzichten Sie aus Zeitgründen darauf, ganze Sätze zu formulieren. Notieren Sie sich allerdings weiterführende Fragen und Denkanstöße als Ausgangspunkt für das Kolloquium!

TIPP zum Punktesammeln

Es wird von Ihnen erwartet, dass Sie in der Lage sind, im Gespräch flexibel und initiativ zu reagieren. Achten Sie auch auf Ihre Kleidung, Ihre Körpersprache sowie auf Ihre Mimik und Gestik.

– Gehen Sie im Vortrag gedanklich an Ihrer **Grobstruktur** entlang und überprüfen Sie Ihre Stichwortsammlung: Nichts Zentrales vergessen? Zusammenhängende, sinnvoll strukturierte Darstellung der Ergebnisse?
– Geben Sie am Ende Ihres Vortrags mit **weiterführenden Fragen** und Denkanstößen Ihrerseits die Richtung für das sich anschließende Gespräch vor.

Tipps für das Kolloquium (Prüfungsgespräch)

– Ergreifen Sie auch im Kolloquium die Initiative und versuchen Sie das Gespräch auf Themen zu lenken, in denen Sie sich gut auskennen.
– Vermeiden Sie Einwortsätze und Einsatzantworten, sondern gestalten Sie das Kolloquium selbst mit und führen Sie Ihre Gedanken aus.
– Fragen Sie unbedingt nach, wenn Sie eine Fragestellung inhaltlich oder akustisch nicht verstanden haben.
– Falls Sie zu einer Frage nichts sagen können, bitten Sie um die nächste.
– Bitten Sie bei anspruchsvollen Urteilsfragen um eine kurze Bedenkzeit.
– Sprechen Sie sowohl bei Ihrem Vortrag als auch im Kolloquium stets deutlich und nicht zu schnell. Suchen Sie den Blickkontakt mit den Prüfern.

Hinweise zur Bewertung der mündlichen Prüfung

In die Beurteilung fließen ein:
– **methodische Kompetenzen** (vgl. S.141–161; fachgerechter Umgang mit Quellen [Texte, Karikaturen, Plakate etc.], korrekte Auswertung von Statistiken/Schaubildern),
– sachliche Richtigkeit der Ausführungen (korrekte **Fachsprache**/Fachbegriffe),
– Erklärung von Sachverhalten und Zusammenhängen **(historisches Einordnen),**
– **Differenziertheit** des historischen Urteils (nach Fakten, Meinungen, Vermutungen, Sach- und Werturteilen),
– **Problembewusstsein** (problembezogenes Begründen und Urteilen),
– Fähigkeit zur **Orientierung in der Geschichte** (vergleichen, überprüfen und urteilen anhand geeigneter Kriterien, Beachtung kausaler Zusammenhänge und Entwicklungen, gegenwärtige Auswirkungen/Gegenwartsbezug).

Die „mündliche Zusatzprüfung" im schriftlich geprüften Fach

Sie können im fünfstündigen Leistungsfach Geschichte auch zusätzlich mündlich geprüft werden. Die Entscheidung über die Zulassung trifft das vorsitzende Mitglied des Prüfungsausschusses auf Ihren Antrag hin, wenn Sie das entsprechende Fach spätestens am nächsten, auf die Bekanntgabe der schriftlichen Prüfung folgenden Schultag schrift-

Vorher benötigte man nur 2 Notenpunkte in der Mündlichen!?

lich gegenüber dem stellvertretend vorsitzenden Mitglied des Prüfungsausschusses benennen. Dies ist insbesondere dann notwendig, wenn Ihre **schriftliche Abiturprüfung im Leistungsfach Geschichte mit 0 Notenpunkten bewertet** worden ist. Seit dem Abiturjahrgang 2023 gilt wieder die Regelung, dass Sie bei 0 Notenpunkten in der schriftlichen Abiturprüfung im Leistungsfach mindestens 3 Notenpunkte in der mündlichen Prüfung erreichen müssen. Andernfalls ist das Abitur nicht bestanden.

Die mündliche Prüfung in den schriftlichen Prüfungsfächern wird als **Einzelprüfung** durchgeführt und dauert in der Regel **20 Minuten.** Sie entspricht hinsichtlich der Durchführung und den Anforderungen der mündlichen Prüfung im Basisfach (s. dazu S. 13). Wichtig ist, dass die mündliche Prüfung im schriftlichen Prüfungsfach **keine Wiederholung der schriftlichen Abiturprüfung** ist. Sie muss eine Ergänzung sein und über die Ihnen vorgelegte Prüfungsaufgabe hinaus auch weitere Themen des Bildungsplanes für das Leistungsfach mit einbeziehen. Demnach müssen Sie im Kolloquium (Prüfungsgespräch) auch mit Fragen rechnen, die über die klar umrissenen Schwerpunktthemen für die schriftliche Abiturprüfung hinausgehen. Beachten Sie zudem, dass der Bildungsplan für das Leistungsfach im Vergleich zum Basisfach deutlich mehr Inhalte (Begriffe und Daten) analog zu den Anforderungen in den vier Kurshalbjahren im Leistungsfach als bekannt voraussetzt. Allerdings wird Detailwissen nicht abgeprüft, vielmehr geht um die Einordnung historischer Ereignisse in größere Zusammenhänge und deren differenzierte Bewertung.

Hinweis: Das Basiswissen eignet sich sehr gut zur Wiederholung und Vorbereitung auf die zusätzliche mündliche Prüfung im Leistungsfach Geschichte.

Die Operatoren – Was genau ist zu tun?

Die Aufgaben im Fach Geschichte sind eng mit den sog. Operatoren verknüpft. Jeder Operator kann einem der drei Anforderungsbereiche zugeordnet werden. Der „Basisoperatorenkatalog der gesellschaftswissenschaftlichen Fächer" erläutert die Operatoren näher, wobei auf den Anforderungsbereich I in schriftlichen Abiturprüfungen weitestgehend verzichtet wird (insbesondere „nennen", „bezeichnen"). Er sei der Vollständigkeit wegen hier trotzdem aufgeführt, denn die hier genannten Aufgabenformulierungen entfallen nicht, sondern sie werden als selbstverständlich vorausgesetzt, z. B. für die Formulierung eines umfassenden Einleitungssatzes oder das Beschreiben eines Materials. Darüber hinaus können diese Operatoren bei einer mündlichen Abiturprüfung im Basis- oder Leistungsfach Geschichte Verwendung finden.
Sie müssen in allen drei Anforderungsbereichen Kenntnis von Begriffen und Kategorien haben, um Materialien und Fragestellungen zu verstehen. Sie müssen in der Lage sein,
– die **Fachterminologie** selbstständig anzuwenden,
– die **Sachverhalte** sinnvoll mithilfe von Fachbegriffen (also z. B. durch Bildung von Oberbegriffen) zu strukturieren sowie
– Begriffe anwenden zu können, um **Vergleichs- oder Urteilskriterien** aufzustellen.

Anforderungsbereich I:	
Wiedergeben und Beschreiben von Inhalten und Materialien (Reproduktion).	
Operator	
Beschreiben	Sachverhalte schlüssig wiedergeben. **Beispiel:** Beschreiben Sie Merkmale der „Hochmoderne".
Bezeichnen *(eher selten zu finden)*	Sachverhalte (besonders bei z. B. Tabellen, Schaubildern o. Ä.) begrifflich präzise formulieren. **Beispiel:** Bezeichnen Sie auf Basis der abgedruckten Karte Wendepunkte des Vernichtungskrieges im Osten.
Nennen	Sachverhalte in knapper Form anführen. **Beispiel:** Nennen Sie Gründe für das Scheitern der Weimarer Republik.
Anforderungsbereich II:	
Selbstständiges Erklären, Bearbeiten und Ordnen bekannter Sachverhalte sowie das angemessene Anwenden gelernter Inhalte und Methoden auf andere Sachverhalte (Reorganisations- und Transferleistungen): **v. a. strukturelle und zeitliche Zusammenhänge erklären, Sachverhalte sinnvoll verknüpfen und einordnen.**	
Analysieren	Materialien/Sachverhalte systematisch untersuchen/auswerten. **Fachwissen:** Zusammenhang zwischen Informationen aus Statistiken, Karikaturen o. Ä., Texten und Fachwissen herstellen. **Zu tun:** Wesentliche Informationen aus Materialien auswählen, strukturiert beschreiben und im historischen Kontext erklären. **Beispiel:** Analysieren Sie die Karikatur/die Textquelle/das Plakat.
Begründen	Aussagen (z. B. Behauptung/Position) durch Argumente stützen, die durch Beispiele oder andere Belege untermauert werden. **Fachwissen:** Sachverhalt/Behauptung aus dem eigenen Fachwissen heraus begründen. **Zu tun:** Auswahl und strukturierte Darstellung von Argumenten, Beispielen und ggf. Belegen (aus Materialien). **Beispiel:** Begründen Sie, warum Brandts neue Ostpolitik sowohl Bewunderung als auch erbitterte Ablehnung hervorrief.
Charakterisieren	Grundzüge u. typische Merkmale von Sachverhalten bestimmen. **Fachwissen:** Sachverhalte nicht nur allgemein beschreiben, sondern das Besondere erkennen und hervorheben. **Zu tun:** Das Wesentliche (bzw. das Kategoriale) des Sachverhalts verdeutlichen. **Beispiel:** Charakterisieren Sie die industrielle Entwicklung in Deutschland zwischen 1840 und 1900.
Darstellen	Strukturen/Zusammenhänge beschreiben und verdeutlichen. **Fachwissen:** Zusammenhang zwischen Sachverhalten kennen. **Zu tun:** Sachverhalte auswählen, in eine inhaltliche Struktur einordnen/strukturiert beschreiben und Zusammenhänge verdeutlichen.

	Beispiel: Stellen Sie an drei Beispielen gesellschaftliche Unterschiede zwischen der Bundesrepublik und der DDR im Zeitraum von 1950 bis 1970 dar.
Ein-/Zuordnen	Sachverhalte in einen vorgegebenen Zusammenhang stellen. **Fachwissen:** Kenntnisse zum Sachverhalt im engeren und weiteren historischen Kontext darstellen. **Zu tun:** Sachverhalte nachvollziehbar beschreiben, die Beziehung(en) zum Kontext deutlich aufzeigen. **Beispiel:** Ordnen Sie die Deutschlandpolitik Adenauers in die internationale Politik der 1950er-Jahre ein.
Erklären	Sachverhalte in Fachkenntnisse einbetten (z. B. Theorie, Modell, Entwicklungs- und/oder Kausalzusammenhang). **Fachwissen:** Zusammenhang zwischen gegebenen Informationen und Fachwissen herstellen. **Zu tun:** Informationen aufschlüsseln, Sachverhalte beschreiben, Beziehung zwischen beidem aufzeigen. **Beispiel:** Erklären Sie den Begriff Zivilgesellschaft.
Erläutern	Sachverhalte mit Beispielen oder Belegen veranschaulichen. **Fachwissen:** Passende Beispiele und Belege auswählen. **Zu tun:** Die beschriebenen Sachverhalte müssen im Zusammenhang auf die Aufgabenstellung bezogen werden. **Beispiel:** Erläutern Sie an zwei Beispielen des 19. Jh. den Zusammenhang von Modernisierungsprozessen und Migration.
Erstellen	Sachverhalte unter Verwendung fachsprachlicher Begriffe strukturiert aufzeigen. **Fachwissen:** Begriffe sinnvoll (meist grafisch) anordnen oder Definitionen für Begriffe aus Materialien bilden. **Zu tun:** Grafische Gestaltung nach Vorgabe (Zeitleiste, Tabelle, Mindmap, Statistik etc.) oder Begriffsdefinition. **Beispiel:** Erstellen Sie eine kontrastierende Übersicht zu modernen und antimodernen Elementen im Deutschen Kaiserreich um 1900.
Herausarbeiten	Sachverhalte unter bestimmten Gesichtspunkten aus Material entnehmen, wiedergeben und/oder gegebenenfalls berechnen. **Fachwissen:** Zusammenhang zwischen Informationen aus z. B. Texten oder Statistiken und Fachwissen herstellen. **Zu tun:** Inhalte strukturiert (z. B. nach Argumenten/thematischen Aspekten) und mit eigenen Worten wiedergeben. **Beispiel:** Arbeiten Sie die ideologischen Kernelemente aus Stalins/Goebbels/Maos Rede heraus.
Vergleichen *(regelmäßige Verwendung im schriftlichen Abitur)*	Anhand von Vergleichskriterien Gemeinsamkeiten/Unterschiede gewichtend gegenüberstellen und ein Ergebnis formulieren. **Fachwissen:** Relevante Vergleichskriterien auswählen. **Zu tun:** Vergleichskriterien darstellen, Sachverhalte strukturiert beschreiben und vergleichen, Ergebnis formulieren. **Beispiel:** *(Analysieren Sie M1 und)* vergleichen Sie M1 mit M2.

Anforderungsbereich III: Reflexiver Umgang mit Problemstellungen, Methoden und Erkenntnissen, um zu Begründungen/Urteilen/Handlungsoptionen zu gelangen (Reflexion/Problemlösung). WICHTIG: Fachwissen muss zur Lösung eines Problems angewandt werden. Nötig ist der Überblick über den Gesamtzusammenhang des Schwerpunktthemas.	
Beurteilen *(regelmäßige Verwendung im schriftlichen Abitur)*	Sachverhalte/Aussagen/Vorschläge/Maßnahmen untersuchen, durch Kriterien begründetes Sachurteil formulieren. **Zu tun:** Kriterien festlegen, relevante Sachverhalte nennen und beschreiben (Begriffe!), im Gesamtzusammenhang beurteilen. **Beispiel:** Beurteilen Sie die Eignung zweier Ansätze aus dem 19. Jahrhundert zur Lösung der „sozialen Frage".
Bewerten *(bislang im schriftlichen Abitur nicht vorgesehen, im mündlichen aber durchaus möglich!)*	Sachverhalte/Aussagen/Vorschläge/Maßnahmen beurteilen, begründetes Werturteil formulieren (Wertmaßstäbe offenlegen!). **Zu tun:** Die sich in den zeit- und kulturspezifischen Vorstellungen eines Sachverhalts (Begriffe definieren!) ausdrückenden Normen und Werte (= Wertewandel) verdeutlichen. Wertmaßstab mit deren Kontinuität/Wandel abgleichen, z. B. richtig, verwerflich. **Beispiel:** Bewerten Sie mit Blick auf die Grundwerte des Grundgesetzes, ob im wiedervereinigten Deutschland an den 18. Januar (1871) als Reichsgründungstag erinnert werden sollte.
Entwickeln	Zu einer vorgegebenen oder selbst entworfenen Problemstellung einen begründeten Lösungsvorschlag entwerfen. **Beispiel:** Entwickeln Sie Vorschlage für eine zeitgemäße Deutung der Bismarck-Denkmäler in Deutschland.
Erörtern *(regelmäßige Verwendung im schriftlichen Abitur)*	Zu einer vorgegebenen These oder Problemstellung durch Abwägen von Pro- und Kontra-Argumenten ein begründetes Ergebnis (= eigener Standpunkt, eigenes Urteil) formulieren. **Zu tun:** Aufschlüsseln der Aussage, Auswählen/Beschreiben der Sachverhalte (Begriffe definieren!) für Pro- und Kontra-Argumente, Urteil im Gesamtzusammenhang darlegen. **Beispiel:** Erörtern Sie die These, Gorbatschows Außenpolitik nach 1985 habe zum Ende des Kalten Krieges beigetragen.
Gestalten	Zu vorgegebener/selbst entworfener Problemstellung ein Produkt rollen- bzw. adressatenorientiert herstellen. **Beispiel:** Gestalten Sie eine Reportage, einen Brief etc.
Überprüfen *(regelmäßige Verwendung im schriftlichen Abitur)*	Aussagen/Vorschläge/Maßnahmen bezogen auf Sachverhalte auf ihre sachliche Richtigkeit hin untersuchen und ein begründetes Ergebnis formulieren. **Zu tun:** These darlegen, Begriffe definieren, geeignete Kriterien aufstellen, einschlägige Sachverhalte und Beispiele (auch widersprechend) beschreiben, These daran (über-)prüfen und ggf. bestätigen, verwerfen oder relativieren. **Beispiel:** „Die ökonomischen Krisen in den 1970er-Jahren stellen eine Zäsur der deutschen Nachkriegsgeschichte dar". Überprüfen Sie diese Aussage.

Basiswissen

Dieses Kapitel gibt Ihnen Gelegenheit, das historische Faktenwissen, das Sie in Teilen bereits während der Mittelstufe erworben und in der Qualifikationsphase für das Abitur vertieft haben, im Zusammenhang zu wiederholen. Wichtiger als eine solide Kenntnis des historischen Geschehens ist jedoch Ihre Fähigkeit, geschichtliche Prozesse in einen größeren Zusammenhang einzuordnen und sie zu beurteilen.

Der Bildungsplan für das Land Baden-Württemberg verknüpft für die Kursstufe in Geschichte historische Phänomene zu vier großen Einheiten:

– **Wege in die Moderne: Prozesse der Modernisierung innerhalb und außerhalb Europas seit dem ausgehenden 18. Jahrhundert und deren Bedeutung für die Gegenwart** (Begriff der Modernisierung, Voraussetzungen und Verlauf der europäischen Industrialisierung am Beispiel Englands und Deutschlands, Auswirkungen der Industrialisierung auf die europäischen Gesellschaften, Erscheinungsformen der Moderne um die Jahrhundertwende („Hochmoderne") sowie ambivalente Erfahrungen der Menschen mit ihnen, Migration als Folge der Industrialisierung)

– **Diktaturen im 20. Jahrhundert als Gegenentwurf zur parlamentarischen Demokratie** (Modell der liberalen Demokratie, antiliberale Modernisierungskonzepte des Sowjetkommunismus, Durchbruch und Scheitern des liberalen Modernisierungskonzepts und der parlamentarischen Demokratie im Europa der Zwischenkriegszeit am Beispiel der Weimarer Republik, Ideologie/Machterwerb/Herrschaftspraxis des Nationalsozialismus, Herrschaftspraxis im Stalinismus, Zweiter Weltkrieg, Vergleich antiliberaler Modernisierungsdiktaturen)

– **West und Osteuropa nach 1945:** Wege in die postindustrielle Zivilgesellschaft (Chancen und Probleme bei der Herausbildung einer postindustriellen Zivilgesellschaft in West- und Osteuropa nach 1945, wirtschaftlicher Aufschwung in West- und Osteuropa bis Anfang der 1970er-Jahre am deutsch-deutschen Beispiel, Protest in West- und Osteuropa, Aufbruchsversuche in West und Ost zu mehr Bürgerbeteiligung, wirtschaftliche Krisen der 1970er- und 1980er-Jahre und ihre Auswirkungen auf Westeuropa, Zusammenbruch des Ostblocks)

– **„Dekolonisierung"** (Entstehung antikolonialer Bewegungen als Folge zerfallender Imperien nach 1918, Formen der Dekolonisierung, den Dekolonisierungsprozess an einem ausgewählten Raum [z. B. Afrika, Indien, Afghanistan], aktuelle Probleme vor dem Hintergrund von Kolonialismus und Dekolonisierung)

Wo sinnvoll, wird die pointierte Darstellung eines jeden Bereichs durch Informationen über historisches Hintergrundwissen oder durch Hinweise auf Aspekte der Forschungsdebatte zum Thema erweitert, die Ihnen die Beurteilung erleichtern.

Wege in die Moderne

Orientierung im Zeitraum

ab 1780/1830 Industrialisierung in England/Deutschland – ab 1776 Entstehen der US-Verfassung – 1848 Revolutionen in Europa – ab 1850 Auswanderung nach Amerika – 1871 Deutsche Reichsgründung – ab 1880 Hochmoderne

Das Konzept der „Moderne"

Zentrale Begriffe

Moderne – Modernisierung – Doppelrevolution: politische + industrielle Revolution

Die Begriffe „Moderne" und „Modernisierung" stammen aus dem Lateinischen (lat. *modernus:* neu, neuzeitlich, gegenwärtig). Im alltäglichen Gebrauch verwendet man das Wort dann, wenn etwas „neuartig" ist. In der Geschichtswissenschaft bezeichnet „Moderne" die historische Epoche um 1900. Dabei ist festzuhalten, dass „Moderne" nicht einfach nur ein anderer Begriff für „Neuzeit" ist. Stattdessen verwendet man den Begriff für jene Epoche, in der sich innerhalb kürzester Zeit sowohl in vielen Bereichen neuartige und revolutionäre Umbrüche ereigneten als auch die Zeitgenossen selbst ihre Zeit als „modern" erlebten, weil sie das Gefühl hatten, sie unterscheide sich grundlegend von der vorangegangenen Epoche (vgl. u. a. Christopher Bayly[1]).

INFO Abgrenzung: „Moderne" vs. „Modernisierung"

Während der Begriff „Moderne" einen bestimmten Zeitpunkt oder Zeitraum meint, betont der Begriff „Modernisierung" den Wandlungsprozess selbst.

Die revolutionären Umbrüche fanden v. a. in Europa und Nordamerika statt und setzten Prozesse in Gang, die einen grundlegenden gesellschaftlichen Wandel herbeiführten. Sie verliefen innerhalb kürzester Zeit und bedingten sich gegenseitig. Zu den sogenannten Basisprozessen gehören:
- starkes Bevölkerungswachstum,
- Nationalstaatsbildung,
- politische Partizipation und Mitbestimmung der breiten Gesellschaft, sowie manifestierte Demokratisierung der Gesellschaftsordnung,
- Entstehung einer Klassengesellschaft,
- sektoraler Wandel von der Agrar- zur Industriegesellschaft,
- Beginn eines langfristigen Wachstums des Pro-Kopf-Einkommens,
- Steigerung der Wirtschaftsleistung,
- Migration,

[1] Christopher A. Bayly (1945–2015, Historiker), Standardwerk: Die Geburt der modernen Welt: eine Globalgeschichte 1780–1914. (2004)

- Alphabetisierung und Bildungsexplosion,
- zunehmende Globalisierung (weltumspannende Vernetzung),
- Erweiterung der sozialen Mobilität und verstärkte Individualisierung.

Die neu entstandene Welt wurde von den Zeitgenossen in anderen Regionen einerseits als etwas Fremdes gesehen, andererseits sollte/wollte man diesem Fremden nacheifern. Der „Westen" (Europa und Nordamerika) so hieß es, seien „vorangeprescht", der Rest der Welt müsse folgen. Dies markierte den Beginn der zunehmenden Europäisierung im 19. Jahrhundert.

Diese Vorstellung wurde auch von den „klassischen Modernisierungstheorien" der 1950er-Jahre aufgegriffen. Gemäß den Theorien würden sich die Kennzeichen der Moderne über kurz oder lang in allen Gesellschaften durchsetzen und infolge ihrer zwangsläufigen Ausbreitung schließlich weltweit gelten.

Einige zeitgenössische Wissenschaftler, wie der israelische Soziologe Shmuel N. Eisenstadt[2], kritisieren diese westlich geprägten Modernisierungstheorien. Stattdessen sprechen sie sich für eine Hinwendung zum Konzept der „multiple modernities" aus: Die Moderne sei nicht mit einer Verwestlichung gleichzusetzen. Vergleiche man die Modernisierungsprozesse in verschiedenen Weltregionen miteinander, so werde deutlich, dass sich die Wege in die Moderne voneinander unterscheiden. Die Modernisierung sei im 19. Jahrhundert zwar klaren Grundsätzen gefolgt, jedoch bringe sie seither vielfältige, nicht-lineare also „multiple Modernen" hervor. Europa und Nordamerika seien wichtige Ideengeber gewesen, die „eine" Moderne gebe es jedoch nicht.

Meist ruft der Begriff „Moderne" v. a. positive Assoziationen wie „Fortschritt", „Erneuerung", „Individualisierung" hervor. Retrospektiv wird jedoch ihre Ambivalenz deutlich. Moderne Gesellschaften zeichnen sich einerseits durch Demokratie und Freiheit aus, andererseits führten sie dennoch in Repression und Gewalt. Im Namen einer europäischen Moderne wurden Gewalt und (imperiale) Unterdrückung in außereuropäische Regionen getragen. In diesem Zusammenhang spricht der indische Historiker Dipesh Chakrabarty[3] von den „zwei Gesichtern der Moderne".

Die Doppelrevolution – Antrieb der Modernisierung

INFO Der Begriff „Revolution"

Als **„Revolution"** bezeichnet man radikale, teils gewaltsame Veränderungen im ökonomischen, sozialen und/oder politischen Bereich, welche scharfe Zäsuren in der Geschichte markieren.

Im Gegensatz dazu spricht man von einer **„Reform"** als einer planmäßigen, schrittweisen Veränderung.

---

[2] Shmuel N. Eisenstadt (1923–2010, Sozialwissenschaftler), hier Bezug auf: Multiple Modernities. Der Streit um die Gegenwart. (2007) Eisenstadt wollte das Verständnis der Moderne aus seiner eurozentrischen Deutung lösen. Er hielt es für das zeitlich früheste Konzept, aber ohne alleinigen Geltungsanspruch.

[3] Dipesh Chakrabarty (*1948, Historiker, Fachgebiet: Postkolonialismus), hier Bezug auf: Europa als Provinz. Perspektiven postkolonialer Geschichtsschreibung. (2010)

Im 18. Jahrhundert ereigneten sich beinahe zeitgleich zwei Revolutionen, welche die Moderne, wie wir sie heute kennen, einleiteten: Die politische und die industrielle (wirtschaftliche) Revolution (sog. Doppelrevolution).

Die **industrielle Revolution** hatte ihre Ursprünge im **England** des 18. Jahrhunderts. **Zwischen 1750 und 1850** setzte dort ein rasantes Wirtschaftswachstum ein, welches durch die arbeitsteilige Produktion in Fabriken und den Einsatz neuer Maschinen vorangetrieben wurde. Dieser Prozess wird als „Industrialisierung" bezeichnet. Er griff seither auf nahezu den gesamten Globus aus, wenngleich in unterschiedlichen Zeiträumen. Kurz nach dem Beginn dieser Entwicklung setzten **politische Revolutionen** ein. Während die **Amerikanische Revolution 1776** die **Unabhängigkeitserklärung** hervorbrachte, entstanden infolge der **Französischen Revolution 1789** die **Bürger- und Menschenrechte.** Sie setzte das Volk als Souverän durch sowie die Idee moderner Verfassungsstaaten und die bürgerliche Gesellschaft als Folge der Auflösung der feudalen Ständegesellschaft. Das Bürgertum wurde schlussendlich zur Trägerschicht der industriellen Revolution. Gemeinsam stellen politische und industrielle Revolution den Motor der Modernisierung im 19. Jahrhundert dar.

Die Voraussetzungen der europäischen Industrialisierung am Beispiel Englands und Deutschlands

Zentrale Daten und Begriffe
ab 1780/1830 Industrialisierung in England/Deutschland – ab 1776 Entstehen der US-Verfassung – 1848 Revolutionen in Europa – ab 1850 Auswanderung nach Amerika – 1871 Deutsche Reichsgründung – ab 1880 Hochmoderne
Industrialisierung – Frühindustrialisierung – Hochindustrialisierung – Agrarrevolution – Verkehrsrevolution – Kommunikationsrevolution – (volkswirtschaftlicher) Sektor – „Take-off" – Schrittmacher-Industrie – Wirtschaftsliberalismus

Über den Begriff der „Industrialisierung"

Unter Industrialisierung versteht man die grundlegenden, vornehmlich wirtschaftlichen, gesellschaftlichen und mentalen Umwälzungen seit Mitte des 18. Jahrhunderts. Kennzeichen der Industrialisierung sind der **sektorale Wandel,** die **Häufung technischer Neuerungen** und ein **starkes Wirtschaftswachstum.**
Im 18. Jahrhundert existierten in ganz Europa landwirtschaftlich geprägte Agrargesellschaften. Die meisten Erwerbstätigen gehörten dem primären Sektor (Landwirtschaft) an. Mitte des 18. Jahrhunderts setzte schließlich der „sektorale Wandel" ein. Immer mehr Menschen arbeiteten nicht mehr im primären Sektor (Landwirtschaft), sondern im sekundären (Industrie und Handwerk) oder tertiären (Dienstleistungen) Sektor. Um 1820 gab es in Großbritannien erstmals mehr Zugehörige im sekundären Sektor als in der Landwirtschaft. Der Wandlungsprozess von einer Agrargesellschaft in eine moderne Industriegesellschaft war vollzogen.

Das zweite Kennzeichen der Industrialisierung ist die Häufung der technischen Neuerungen. Die Erfindung von Maschinen steigerte die Produktivität der menschlichen Arbeitskraft. Ein Beispiel ist die sogenannte „Spinning Jenny" (1760), die erste Spinnmaschine, mit der sechs Baumwollfänden gleichzeitig gesponnen werden konnten. Wenige Jahre später führte Richard Arkwrights Erfindung einer wasserkraftbetriebenen Spinnmaschine zu einer erneuten Steigerung der Produktivität, welche die menschliche Arbeitskraft gänzlich ersetzen konnte. Mit der Entdeckung der Dampfmaschine durch James Watt im Jahr 1769 konnten Maschinen durch fossile Energien angetrieben und die Produktivität weiter erhöht werden.

Die Häufung technischer Neuerungen um das Jahr 1750 fiel mit einem explosiven Wirtschaftswachstum zusammen. Zwar hatte es bereits im Vorfeld der Industrialisierung wirtschaftliche Wachstumsperioden gegeben, jedoch waren diese geringer und wurden immer wieder durch Phasen der Stagnation oder des Sinkens unterbrochen.

INFO Industrialisierung oder Industrielle Revolution?

Der historische Wandlungsprozess, der ab 1780 zuerst in England stattfand, wird oft als „Industrielle Revolution" bezeichnet. Die Formulierung betont die radikale Umwälzung großer Teile von Technik, Wirtschaft und Gesellschaft. Diese Umwälzung ist aber bis heute nicht abgeschlossen. Angesichts der Tatsache, dass die Industrialisierung also ein langfristiger, bis heute andauernder Prozess ist, bevorzugen Historiker aktuell den Begriff der Industrialisierung.

Phasen industrieller Entwicklung

Unter **Frühindustrialisierung** versteht man die Vorbereitungsphase auf die Industrialisierung. In dieser Phase kam es vorrangig zu einer Beseitigung von Hemmnissen, wie beispielsweise der Abschaffung der Leibeigenschaft („Bauernbefreiung") und dem Abbau von Zollbarrieren (Gründung des Deutschen Zollvereins 1834). Des Weiteren wurde die Agrarrevolution vorangetrieben, d. h. die Umwälzung bestehender landwirtschaftlicher Strukturen durch neue Techniken und Produktionsformen (Enclosure Movement, rationelle Düngungen, neue Zuchtmethoden, Einführung der Fruchtfelderwirtschaft). Der Durchbruch der industriellen Revolution („Take-off") hängt eng zusammen mit der sogenannten **Schrittmacher-Industrie.** In England wurde die Textilindustrie zum Motor der Industrialisierung. Daher bezeichnet man sie als Schrittmacher-Industrie.

Ausgehend von England setzte auch in Deutschland die (verspätete) Industrialisierung ein. Die Schwerindustrie aus Eisen-, Stahlindustrie, Steinkohlebergbau und Maschinenbau wurden zur deutschen Schrittmacher-Industrie. Durch den Ausbau des Eisenbahnnetzes konnte der Warentransport beschleunigt und verbilligt werden. Die Politik unterstützte diesen Prozess durch umfangreiche Investitionen in die Infrastruktur. Durch erste funktionstüchtige Dampfschiffe konnte globaler Handel mit außereuropäischen Märkten nun auch billiger, schneller und zuverlässiger betrieben werden. Moderne Kommunikationsmittel wie der Telegraf und das Telefon sowie Standardisierungen (z. B. Maßeinheiten) vereinfachten den globalen Handel zusehends. Alles in allem wurde damit eine umfangreiche Verkehrs- und Kommunikationsrevolution vorangetrieben.

Die dritte Phase der Industrialisierung, die **Hochindustrialisierung,** setzte in der zweiten Hälfte des 19. Jahrhunderts ein und dauerte bis zum Beginn des Ersten Weltkriegs. Schrittmacher-Industrie wurden die Elektrotechnik und die Chemie. Ein weiteres Charakteristikum der Phase ist eine enge Verflechtung von Wissenschaft und Technik. Bahnbrechende staatlich oder unternehmerisch finanzierte Erfindungen in den Bereichen der Kunststoffe, Arzneimittel und der Beleuchtung führten zu großen Veränderungen im Alltag der Menschen. So ersetzte künstliches Licht die Petroleumlampe, das Auto die Kutsche, die Schreibmaschine den Federhalter. Große, multinationale Konzerne entwickelten sich und nahmen eine bedeutende Rolle auf dem Weltmarkt ein.

Der Wirtschaftsliberalismus

Als das wissenschaftliche Fundament der Industrialisierung gilt der Wirtschaftsliberalismus des schottischen Ökonomen und Moralphilosophen **Adam Smith.** Dieser legte in seinem 1776 erschienen Werk „Der Wohlstand der Nationen" die Grundlage für die freie Marktwirtschaft (Wirtschaftsliberalismus). Das Gewinnstreben des Einzelnen, so Smith, sei für die gesamte Volkswirtschaft die Quelle für Wohlstand. Der Markt reguliere sich dabei wie eine „unsichtbare Hand" selbst. Im Spannungsfeld der Prinzipien von Angebot und Nachfrage werde der Wert einer Ware („Preis") automatisch ausgehandelt, was wiederum die Produktion steuere. Smith nahm an, dass sich eine Spezialisierung der Arbeitskräfte sowie eine Arbeitsteilung zwischen den beteiligten Ländern positiv auf das Wachstum der Volkswirtschaften auswirken werde. Anders als im vorhergegangenen merkantilistischen System spielt der Staat im Wirtschaftsliberalismus nur noch eine untergeordnete Rolle. Er hat lediglich die Aufgabe, den Menschen Rechtssicherheit zu gewähren (z. B. durch ein funktionierendes Justizwesen), seine Bürger/-innen vor Gewalt zu schützen und der Allgemeinheit den Zugang zu öffentlichen Einrichtungen, welche keinen Gewinn erwirtschaften (z. B. Schulen), zu ermöglichen (sog. „Nachtwächterstaat").

Europa als Ausgangspunkt – warum?

Warum die Industrialisierung gerade in Europa begann und sich eine massive wirtschaftliche Ungleichheit zwischen dem Westen und dem Rest der Welt („Great Divergence") ausbildete, wird in der Forschung heftig debattiert.

Die europäischen Zeitgenossen vertraten die Meinung, dass ihr Aufstieg mit ihrer „kulturellen und rassischen Überlegenheit" zusammenhänge. So sei der Westen „fortschrittlich" und der Rest der Welt „rückständig". In der historischen Forschung spielt der Ansatz der rassischen Überlegenheit zwar keine Rolle mehr, jedoch herrscht weiterhin Uneinigkeit über die Ursachen der **„Great Divergence".** Einige Historiker vertreten die Meinung, dass die Gründe für die „Great Divergence" in der gewaltsamen Unterdrückung und Ausbeutung eines Großteils von Asien, Afrika und Nord- und Südamerika durch die Westmächte lag. Für jene Länder, so Sven Beckert[4], sei das 19. Jahrhundert dadurch ein „Zeitalter der Barbarei und Katastrophe" gewesen. Historiker wie Werner Plumpe[5] wiede-

---

[4] Sven Beckert (*1965, Historiker, Fachgebiet: jüngere Neuzeit), hier Bezug auf: Slavery's Capitalism: A New History of American Economic Development. (2017), Global History, Globally. (2018)

[5] Werner Plumpe (*1954, Fachgebiet: Wirtschafts- und Sozialgeschichte), hier Bezug auf: Das kalte Herz. Kapitalismus. Die Geschichte einer andauernden Revolution. (2019)

rum stellen sich gegen diese These. Plumpe sieht bereits vor der Industrialisierung eine tiefe Kluft zwischen dem Westen und dem Rest der Welt. So hätten die Europäer bereits über Kapazitäten und Fähigkeiten verfügt, die sie sich im Laufe der voranschreitenden Industrialisierung zunutze hatten machen können. Als Beispiele führt er unter anderem den professionalisierten Fernhandel und das Vorhandensein einer funktionierenden Wirtschaftsstruktur an. Auch der Historiker Niall Ferguson[6] schließt sich dem an. Er identifiziert sechs „Killer-Applikationen" ([1] Wettbewerb zwischen europäischen Staaten, [2] wissenschaftliche Errungenschaften, [3] Rechtsstaatlichkeit, [4] moderne Medizin, [5] Angebot und Nachfrage und [6] Arbeitsethik), welche der Westen innehatte und die dessen Aufstieg maßgeblich vorangebracht hätten. Robert B. Marks sieht zufällige Ursachen (geografische Lage, historische Gegebenheiten) als Grundlagen, die sich der Westen geschickt zu Nutzen machte.

Förderliche Faktoren der Industrialisierung in England

Der Prozess der Industrialisierung verlief in den einzelnen europäischen Staaten zu unterschiedlichen Zeiten. Pionier für die Industrialisierung in Europa war England, warum, lässt sich nicht monokausal erklären, sondern ist auf eine Reihe von Faktoren zurückzuführen.

Manche Historiker haben, angeregt durch die Ideen des deutschen Soziologen Max Weber, die religiöse Mentalität als Triebkraft der Entwicklung vermutet, die sogenannte „protestantischen Ethik". Die reformierten Christen glaub(t)en, Gott durch harte Arbeit und sparsame Lebensweise zu gefallen, wobei der so erzeugte Reichtum zur Erwählung des Menschen für das Paradies beitrage. Wohlstand galt als Zeichen eines gottgefälligen Lebens, eine Vorstellung, die den Kapitalismus vorantrieb.

Der Historiker Christoph Nonn hält diese These für weniger überzeugend, stattdessen hält er die Existenz reicher Bodenschätze für ausschlaggebend. England verfügte über Kohle, Eisenerz und Holz und konnte darüber hinaus andere Rohstoffe wie Baumwolle und den blauen Farbstoff Indigo aus seinen Kolonien importieren. So war es möglich, komplexe industrielle Fertigungsketten vor Ort zu etablieren. Die Textilindustrie entwickelte sich schnell zur Schrittmacher-Industrie in England.

In diesem Zusammenhang steht auch der Ansatz von Tim Marshall[7], der in seinem Buch „die Macht der Geographie", die bedeutsame Rolle der **Geografie** für die Industrialisierung in Großbritannien betont. Einerseits sei das **Klima,** das vom Golfstrom bestimmt wird, günstig, um im großen Stile Ackerbau zu betreiben. Andererseits helfe die richtige Beschaffenheit des Bodens und milde Winter bei der Pflanzenzucht. Des Weiteren spiele die **Insellage** Großbritanniens eine bedeutsame Rolle, denn sie ermöglichte den schnellen, küstennahen Warentransport von Fabrik zu Fabrik. Zudem sei jeder Ort in England weniger als 250 km von der Küste entfernt, sodass über Flüsse und Kanäle ein

---

[6] Niall Ferguson (*1964; Fachgebiete: Finanz- und Wirtschaftsgeschichte, Europäische Geschichte), hier Bezug auf: Der Westen und der Rest der Welt. Die Geschichte vom Wettstreit der Kulturen. (2011)

[7] Tim Marshall (*1959, Journalist), hier Bezug auf: Die Macht der Geographie im 21. Jahrhundert: 10 Karten erklären die Politik von heute und die Krisen der Zukunft. (2021)

schneller Transport ermöglicht wurde. Hinzu kam, dass England im 19. Jahrhundert **von kriegsbedingten Zerstörungen verschont** geblieben war. Zwar hatte es sich an einigen Kriegen beteiligt (Siebenjähriger Krieg, 1756-1763; Amerikanischer Unabhängigkeitskrieg, 1775–1783), jedoch waren diese nicht auf englischem Boden ausgetragen worden. Neben geografischen Ursachen hatten auch **technische Erfindungen** Einzelner einen großen Anteil an der Vorreiterrolle, z. B. die „Spinning Jenny" (ca. 1765), die Dampfmaschine (James Watt, 1769) und der mechanische Webstuhl (Edmond Cartwright, 1784). Die Maschinen ermöglichten es, die Arbeitsprozesse effizienter und einfacher zu gestalten. Auch für den Einsatz in der Landwirtschaft wurden Maschinen entwickelt, die zu Produktivitätssteigerungen führten, z. B. eine Saatmaschine und eine pferdebetriebene Dreschmaschine. Großgrundbesitzer waren nun in der Lage, ihre Ländereien (auf Kosten der Kleinbauern) selbst zu bewirtschaften. Dazu wurden weit verstreute Anbauflächen zusammengelegt und bisher gemeinschaftlich genutztes Land („Allmende") privatisiert („Enclosure Movement"). Diese wurden in England mittels der **Vierfelderwirtschaft** bewirtschaftet, bei der die Felder jedes Jahr für den Anbau genutzt werden konnten. Höhere und konstantere Erträge an Nahrungsmitteln waren die Folge. Gebildete Adelige brachten außerdem innovative Ideen in die Viehzucht ein. Ausgewählte Tiere wurden für die Zucht zusammengebracht, um bei den Nachkommen nützliche Eigenschaften hervorzubringen. Hierdurch entstand beispielsweise das robuste Lincolnshire-Schaf, das besonders viel Wolle produzierte.

Diese Agrarrevolution führte in England zu einer stark steigenden Produktion von Agrarprodukten. Mittels derer konnte die deutlich wachsende Bevölkerung ernährt werden und überschüssige Arbeitskraft für den sekundären Sektor genutzt werden.

Begünstigt wurden die unternehmerischen Erfindungen durch die **Gewerbefreiheit,** die in England bereits im 17. Jahrhundert gegeben war. Jeder Mensch hatte nun die Freiheit, seinen Beruf selbst zu wählen, und wurde durch die Gewerbefreiheit zusätzlich dazu ermutigt, mit neuen Produktionsverfahren zu experimentieren, um Kosten zu senken und den Gewinn zu maximieren. Daraus resultierte ein Wettstreit um die effizientesten Produktionsmethoden und weitere Innovationen.

Begünstigend wirkte hierbei auch das **flexible, politische System** Englands. Traditionell nahm der Adel am wirtschaftlichen Leben teil und war damit wirtschaftlich und freundschaftlich mit dem Handels- und Besitzbürgertum verbunden. Der Grundkonflikt zwischen adeligen Großgrundbesitzern und industriellen Interessen, der sich in anderen europäischen Ländern abspielte, kam damit in England nicht auf.

Hemmende Faktoren der Industrialisierung in Deutschland

In Deutschland herrschte eine andere Ausgangslage. Statt einer zentralen Organisation wie in England und Frankreich, hervorgerufen durch territorial weit ausgreifende Monarchien, war das deutschsprachige Gebiet in zahlreiche Territorien unterschiedlicher Größe und Relevanz zersplittert. Dementsprechend gab es bis ins 19. Jahrhundert hinein keinen einheitlichen Wirtschaftsraum.

In den deutschen Staaten existierten hunderte Zollschranken und Staatsgrenzen sowie zahlreiche Münz-, Währungs- und Maßsysteme, die den Handel hemmten. In den deutschen Staaten war auch die Möglichkeit begrenzt, unternehmerisch tätig zu werden: Die Einführung der Gewerbefreiheit fiel in die Zuständigkeit der einzelnen Länder, welche die bestehende Ordnung zunächst nicht verändern wollten.

Die Zunftordnung schuf eine Monopolstellung der Zünfte (d.h. ein verpflichtender Zusammenschluss von Handwerkern und Kaufleuten), welche das Wirtschaftswachstum hemmte, da die Zünfte den Zugang zu Handwerksberufen in den Städten beschränkten und damit Konkurrenz verhinderten. Auch fehlte dadurch der Innovationsdruck, bessere und günstigere Produktionsabläufe zu generieren oder in besserer Qualität zu produzieren. Des Weiteren konnten deutsche Produzenten nicht auf günstig importierte Rohstoffe zurückgreifen, da die Binnenlage des Landes den Warentransport erschwerte.

Der Weg zur deutschen Wirtschaftseinheit begann 1834 mit der Gründung eines einheitlichen deutschen Zollgebiets im **Deutschen Bund.** Nach und nach schlossen sich immer mehr deutsche Staaten der Wirtschaftsgemeinschaft an. Dadurch entstand innerhalb kürzester Zeit sowohl eine Wirtschaftsunion als auch eine Währungsgemeinschaft. Im deutschen Wirtschaftsraum war, wie in England, die Textilherstellung die zentrale Säule der frühen Industrialisierung, jedoch konnte sie sich nicht zum Leitsektor entwickeln. Überragende Bedeutung für die Nachfrage hatte die Eisenbahn. Während sie die Industrialisierung in Großbritannien stark antrieb, war sie in Deutschland die Voraussetzung für ihren Durchbruch. Die erste Bahnstrecke wurde 1835 zwischen Nürnberg und Fürth eröffnet. 1840 lag die Streckenlänge noch unter 500 Kilometern, zehn Jahre später bereits bei 19000 Kilometern. Durch die Eisenbahn wurden **Eisen- und Stahlsektor** zur **Schrittmacher-Industrie.** Die Eisenbahn wirkte sich zudem positiv auf den Handel aus. Der Schienentransport begünstigte die Verfügbarkeit von Rohstoffen und die Absatzmöglichkeiten. Von der Idee des Wirtschaftsliberalismus inspiriert, führte Preußen die **Gewerbefreiheit** ein, wodurch Bauernsöhne die Möglichkeit bekamen, ein Handwerk zu erlernen. Vielerorts wurden nun auch die mittelalterlichen Zunftbeschränkungen aufgehoben.

Um das Jahr 1900 setzte auch in Deutschland die Hochindustrialisierung ein. Mit der **Elektro- und der Chemieindustrie** entwickelten sich zwei neue Branchen zu Führungssektoren. In dieser **Take-off Phase** konsolidierte sich ebenfalls das **Banken- und Kreditwesen.** Große Aktienbanken stellten das Kapital zur Verfügung, das die massive Industrialisierung benötigte.

Exkurs: Nationalstaatsbildung

Zentrale Begriffe

„Revolution von oben" – Deutsches Kaiserreich – Reichsverfassung – Nationalismus – Liberalismus – Nationalversammlung – Grundrechte – „Revolution von unten"

Die Gründung des deutschen Kaiserreichs

Durch die gescheiterte Revolution von 1848/49 wurde der Einigungsprozess in Deutschland zunächst für einige Jahre unterbrochen. Erst Ende der 1850er-Jahre wurde die Deutsche Frage erneut angetrieben. Als Vorbild diente die Gründung des Königreichs Italien im Jahr 1861. Wie man die Einigung in Deutschland jedoch herbeiführen wollte, blieb lange offen. Die Entscheidung fiel im preußisch-österreichischen Krieg, als Preußen in der Schlacht bei Königgrätz am 3. Juli 1866 gegen Österreich triumphierte. Dadurch konnte Preußen seine Vormachtstellung durchsetzen und Österreich aus dem Deutschen Bund drängen. Der Grundstein für einen **deutschen Nationalstaat unter preußischer Vorherrschaft** war gelegt, immer wieder durch Phasen der Stagnation unterbrochen.

INFO Die Revolution von 1848

Ausgehend von Frankreich wurde Europa im Jahr 1848 von einer Revolutionswelle erfasst. In den meisten europäischen Staaten trat die aufbegehrende Bevölkerung für eine nationale Einheit ein (**Nationalismus**). Die Staaten des Deutschen Bundes wie Bayern, Preußen und Baden sollten zu einem geeinten deutschen Reich unter Preußens Führung werden. Des Weiteren forderte sie die Demokratisierung der politischen Herrschaftssysteme und politische Neuordnung durch Verfassungen (**Liberalismus**). Die Forderungen bündelten sich in der Revolution von 1848. Durch eine gewählte Nationalversammlung sollte dem Deutschen Reich eine Verfassung mit Grundrechten gegeben werden (**Revolution „von unten"**). Die nationalen und liberalen Bestrebungen wurden jedoch gewaltsam niedergeschlagen. Durch den Triumph der restaurativen Mächte setzte vielerorts eine reaktionäre Zeit ein, in denen sich moderne Ideen nur langsam durchsetzen konnten.

Bismarck, der preußische Ministerpräsident, sah im drohenden deutsch-französischen Krieg das geeignete Mittel, die deutsche **Reichseinigung mit „Blut und Eisen"** zu vollenden. Infolge gegenseitiger Provokationen erklärte Frankreich Preußen am 19. Juli 1870 schließlich den Krieg. Ihrer Bündnispflicht nachkommend unterstützten die deutschen Staaten Preußen im Krieg gegen Frankreich. Von einer Welle patriotischer Begeisterung getragen, siegten die verbündeten deutschen Truppen schließlich am 2. September 1870 bei der Schlacht von Sedan. Der gemeinsame Sieg schuf ein günstiges Klima für die nationale Eignung. Nach diplomatischen Verhandlungen zwischen und mit den deutschen Staaten wurde die Reichsgründung schlussendlich besiegelt.

Nach den erfolgreichen Verhandlungen wurde **Wilhelm I. 1871** im Spiegelsaal von Versailles durch den badischen Großherzog zum **Deutschen Kaiser** ausgerufen und die **Reichsverfassung** trat mit Wirkung zum 1. Januar 1871 in Kraft. Das deutsche Kaiserreich war gegründet. Historiker sprechen in diesem Zusammenhang von einer **Revolu-**

tion „von oben", weil die Reichsgründung nicht vom Volk, sondern von der preußischen Staatsmacht und den deutschen Fürsten ausging. Auch wenn die äußere Reichsgründung vollendet war, so blieb die „innere Reichsgründung" von Anfang an unvollendet. Denn der Zusammenhalt innerhalb des deutschen Nationalstaates war noch lange nicht erreicht. Dazu kamen die mit der beginnenden Hochindustrialisierung im Kaiserreich verbundenen Probleme wie die soziale Frage und wirtschaftliche Krisen. Gemeinsam wurden sie zu einer gewaltigen Zerreisprobe für den jungen Nationalstaat.

Die Reichsverfassung

Nach dem Inkrafttreten der deutschen Reichsverfassung wurde das Deutsche Reich zu einem geschlossenen Territorium. **Staatsoberhaupt** war der **preußische König,** der den erblichen Kaisertitel trug und den Oberbefehl über die Armee innehatte. Der Kaiser vertrat das Reich völkerrechtlich nach außen, erklärte in seinem Namen Krieg und Frieden und schloss zwischenstaatliche Verträge. Er und nicht das Parlament entschied über das **Amt des Reichskanzlers,** welches bis zum Jahr 1890 von Bismarck ausgeübt wurde. Der Reichskanzler war in der Ära Bismarck die politische Schlüsselfigur. Das Regierungssystem des Deutschen Reiches war also keine parlamentarische, sondern eine **konstitutionelle Monarchie.**

INFO Reichskanzler Bismarck

Otto von Bismarck wurde 1815 in Brandenburg geboren. Er begann seine politische Karriere als Mitglied des vereinigten Preußischen Landtags. Von 1851 bis 1859 war Bismarck der preußische Gesandte beim Bundestag in Frankfurt, in Sankt Petersburg und in Paris. Mit seiner Ernennung zum preußischen Ministerpräsidenten und Außenminister 1862 wurde er zur Schlüsselfigur der preußisch-deutschen Politik.

Das Deutsche Reich blieb außerdem föderal geprägt, was in der Präambel des Deutschen Reiches festgehalten wurde. Die Einzelstaaten vertraten ihre Interessen auf bundesstaatlicher Ebene im Bundesrat, sodass das Reich als konstitutionell-monarchischer föderalistischer Bundesstaat organisiert war. Bundesrat und Reichstag beschlossen gemeinsam die Gesetze und hatten das Budgetrecht. Der Kaiser besaß die Kompetenz, über den Bundesrat den Reichstag aufzulösen und Neuwahlen zu veranlassen.

Die Reichsverfassung enthielt zwar keinen Grundrechtekatalog wie die amerikanische oder französische Verfassung, jedoch waren diese in den Verfassungen der Einzelstaaten festgesetzt (z. B. in der revidierten preußischen Verfassung von 1850). Die Urteile über den **Modernitätsgrad des Kaiserreichs** fallen bis heute unterschiedlich aus. Zeitgenössische Vertreter der Sozialdemokraten wie August Bebel kritisierten die Reichsverfassung als reaktionär. Zwar habe sie eine parlamentarische Form, jedoch handle es sich dabei nur um einen „Scheinkonstitutionalismus". Auch Historiker unterstützen diese Kritik. Da der Reichstag keinen Einfluss auf die Zusammensetzung der Regierung nehmen konnte, war es ihm nicht möglich, den politischen Kurs mitzubestimmen. Anders sieht dies der Historiker Thomas Nipperdey[8]. Er vertritt zwar ebenfalls die Position, dass der Kaiser eine Fülle an Macht innehatte und damit die bedeutendste Person im Kaiserreich war. Jedoch stellt er die fortschrittlichen Elemente der Reichsverfassung in den Mittelpunkt seiner Überlegungen. Denn der Kaiser sei in seiner Machtausübung an die Verfassung, rechtsstaatliche Normen, Beamte, einen Reichskanzler und die Mitwirkung des Parlamentes und letzten Endes auch an den Konsens der Mehrheit im Volk gebunden. Damit, so Nipperdey, sei die Verfassung trotz ihrer reaktionären Züge als konstitutionell zu bezeichnen.

Die Auswirkungen der Industrialisierung auf die europäischen Gesellschaften

Zentrale Begriffe
Klassengesellschaft: Bourgeoisie/Proletariat – Soziale Frage – Arbeiterbewegung: Reform/Revolution – Sozialistenverfolgung – staatliche Sozialpolitik – bürgerliche Familie – proletarische Familie

Die Klassengesellschaft

INFO Der Klassenbegriff nach Karl Marx

Der Philosoph und Ökonom Karl Marx (1818–1883) analysierte die gesellschaftlichen Veränderungen. Marx versteht unter „Klasse" eine Gruppe von Menschen, deren Angehörige dieselbe ökonomische Stellung haben. Er unterteilt die Gesellschaft lediglich in zwei Klassen, die sich diametral gegenüberstehen: **Bourgeoisie** und **Proletariat.** Das Bürgertum (Bourgeoisie) besteht aus den Unternehmern, welche über die Produktionsmittel (Maschinen, Fabriken, Kapital) verfügen, während die Arbeiter (Proletariat), nur ihre Arbeitskräfte verkaufen können.

Im 19. Jahrhundert setzte eine Umwandlung der Sozialstruktur von einer Ständegesellschaft in eine Klassengesellschaft ein. Als Stände bezeichnet man relativ scharf umrissene, durch Tradition, Sitte und Recht festgelegte soziale Gruppierungen. Die Grundlage der Ständegesellschaft war die rechtlich fixierte Ungleichheit zwischen den Ständen. So besaßen einige Stände Rechte und Privilegien, die andere nicht hatten.
Im 18. Jahrhundert war die Gesellschaft grob in vier verschiedene Stände untergliedert, denen man durch die Geburt zugewiesen wurde. Man unterschied zwischen dem Stand des Adels, des Klerus, der Bürger und Bauern und darunter die sozial schlechter gestellten „unterbäuerlichen" Schichten der Armen, Nichtsesshaften und Juden. Diese ständische Ordnung begann sich im Laufe des 19. Jahrhunderts aufzulösen. Im 19. Jahrhundert wurde diese ständische Gesellschaftsordnung schlussendlich beseitigt und

[8] Thomas Nipperdey (1927–1992, Historiker), 3-bändiges Standardwerk „Deutsche Geschichte 1800–1918", ersch. 1983–1992

von der Klassengesellschaft abgelöst. Durch die Industrialisierung war zunächst eine neue gesellschaftliche Gruppe entstanden, die **besitzlose Arbeiterschaft (Proletariat).** Sie machte die Mehrheit der Bevölkerung aus. Zu ihr zählten Landarbeiter, Tagelöhner, Handwerksgesellen und Industriearbeiter.

Das Bürgertum

Zwischen dem grundbesitzenden Adel auf der einen und der bäuerlichen Bevölkerung auf der anderen Seite hatte sich das sogenannte Bürgertum etabliert. Zum Bürgertum des 19. Jahrhunderts zählte das **Besitzbürgertum,** das über das Produktionskapital verfügte, das Bildungsbürgertum und das Kleinbürgertum. Die Mitte der Gesellschaft wurde durch die Gruppe des **akademischen Bildungsbürgertums,** z. B. Architekten, Ärzte, Ingenieure, vertreten. Zu der Gruppe des sog. **Kleinbürgertums** zählten sowohl der „alte Mittelstand" aus Handwerkern, Händlern und Bauern, als auch der „neue Mittelstand" mit kleineren und mittleren Beamten und Angestellten. Zusammen machten diese Gruppen etwa acht bis zehn Prozent der Bevölkerung aus.

Das Bürgertum war eine äußerst heterogene Gruppe. Das verbindende Element der verschiedenen Gruppierungen war die bürgerliche Kultur mit gemeinsamen Werten und Normen. Zentrale Bedeutung fiel der Bildung zu, die die Umgangsformen untereinander sowie die Distinktion (Abgrenzung) gegen andere Gesellschaftsschichten bestimmte, insbesondere die Abgrenzung nach „unten" zur Arbeiterschaft. Werte wie Respekt und Leistungsbereitschaft waren hochgeschätzt, vermittelt durch die **bürgerliche Familie** mit einem engen Rollenkonzept: Der Mann als Familienpatriarch war für den Erwerb des Lebensunterhalts (Produktion) zuständig. Der Frau für den Nachwuchs (Reproduktion). Sogenannte niedere Arbeiten im Haushalt führten Dienstboten aus. Erst im 20. Jahrhundert übernahmen zunehmend Maschinen Teile der Haushaltsarbeit (z. B. Staubsauger, Waschmaschine). Das bürgerliche Ideal der Hausfrauenehe galt als Vorbild auch für proletarische Haushalte, die Realität sah dort jedoch in der Regel anders aus.

Die Arbeiterschicht

Auch die sozialen Unterschiede zwischen den Mitgliedern des sogenannten Proletariats waren enorm. Die einzelnen Arbeitergruppen unterschieden sich durch ihre regionale und soziale Herkunft, ihre Erfahrungen und Einstellungen, ihr Geschlecht und ihre Konfession. Neben vielen Unterschieden existierten aber auch Gemeinsamkeiten. Die Arbeitszeiten in der Produktion waren lang. Die Arbeit körperlich war anstrengend, schmutzig und häufig gefährlich, die Wohnsituation in den Städten eng und bedrückend. Mit Verlust des Arbeitsplatzes drohte die Verarmung einer ganzen Familie. Ein hohes Maß an Unsicherheit prägte das Leben der Arbeiterschaft.

In der proletarischen Familie verbrachte der Familienvater seinen Tag arbeitend in der Fabrik und die Abende in Vereinen oder Wirtshäusern. Auch die Frauen trugen durch Arbeit zum Lebensunterhalt bei, die Doppelbelastung für Haushalt und Kindererziehung jedoch meist allein. Kindheit war nur eine kurze Lebensphase, Bildung kaum vorgesehen. Schon im Kindesalter mussten viele zum Familieneinkommen beitragen. Armut, v. a. im Alter, war weitverbreitet.

Die Soziale Frage

Der Begriff „Soziale Frage" steht für die Gesamtheit der negativen Begleiterscheinungen und Auswirkungen der Industrialisierung im 19. Jahrhundert.

Die soziale Not der unteren Bevölkerungsschichten (u. a. durch Wohnraumknappheit, Armut, fehlende Sicherungsmechanismen, mangelnde Lohngerechtigkeit, Entfremdungserscheinungen) führte im Laufe des 19. Jahrhunderts zu wachsenden Spannungen zwischen den Gesellschaftsschichten. Besonders in der Frühindustrialisierung hatten das starke Anwachsen der Bevölkerung, die Mechanisierung der Arbeitsformen, das Überangebot an Arbeitskräften und die noch zu geringe Aufnahmefähigkeit der Industrie zu **massenhafter Verelendung (Pauperismus)** geführt. Lange Arbeitszeiten, geringe Löhne, Frauen- und Kinderarbeit und menschenunwürdige Wohnverhältnisse gehörten in der Frühphase der Industrialisierung zu den elementaren Erfahrungen der Arbeiterschaft. Im deutschsprachigen Raum gab es bereits seit Beginn der Industrialisierung Bestrebungen, dieser Entwicklung zu begegnen.

Kirchliche-karitative Lösungsansätze

Davon ausgehend, dass ein ungehemmtes Gewinnstreben auf der einen und die zunehmende Verelendung breiter Bevölkerungsteile auf der anderen Seite dem Gebot christlicher Nächstenliebe widerspreche, setzten sich die christlichen Kirchen und ihre Vertreter recht früh für eine Bewältigung der Sozialen Frage ein.

Auf protestantischer Seite engagierten sich z. B. Johann Hinrich Wichern und Friedrich von Bodelschwingh durch den Aufbau sozialer Einrichtungen für eine Verbesserung der Lebensverhältnisse in den verarmten Bevölkerungsschichten. Auf katholischer Seite setzte sich z. B. der Mainzer Bischof Wilhelm Emmanuel von Ketteler in seinen Predigten und Schriften für eine christliche Sozialpolitik ein und forderte eine Verbesserung der Arbeitsbedingungen durch Arbeitszeitverkürzung, Ruhetage, Lohnerhöhung, Gewinnbeteiligung, Mutter- und Kinderarbeitsschutz. Die Gründungen der Inneren Mission, der Caritas sowie zahlreicher christlicher Vereine und Gewerkschaften trugen durch konkrete und praktische Hilfe zwar maßgeblich dazu bei, die Not vieler Menschen zu lindern, führten jedoch nicht zu einer grundsätzlichen, strukturellen Lösung der Sozialen Frage. Des Weiteren ist hier die Sozialenzyklika **Rerum novarum** (1891) zu nennen, in der der Papst zu einer staatlichen Sozialpolitik aufrief und damit die katholische Soziallehre begründete.

Unternehmerische Lösungsansätze

Auch Unternehmer begannen, sich über die soziale Lage ihrer Arbeiter Gedanken zu machen. Dies begründete meist auf der Einsicht, dass die schlechten Lebens- und Arbeitsbedingungen der gewerblichen Arbeiter langfristig negative Auswirkungen haben würden. Des Weiteren hofften sie, für ihre Hilfe im Gegenzug Loyalität, Gehorsam und Arbeitskraft zu erhalten und verboten gewerkschaftliche oder sozialdemokratische Organisation. Durch die Einrichtung von Werkswohnungen, das Verbot von Kinderarbeit, Lohnerhöhungen, Freizeit- und Bildungsangebote oder Speiseanstalten die Situation ihrer Belegschaft verbessern.

Diese unternehmerischen Maßnahmen sind ambivalent zu beurteilen. Einerseits trugen sie tatsächlich zu einer Verbesserung der Lebens- und Arbeitsbedingungen bei, insofern können sie als Ansätze einer sozialen Betriebspolitik beschrieben werden. Andererseits fußten sie in einer vormodernen, patriarchalischen Ordnung **(Paternalismus),** die der sich demokratisierenden Gesellschaft des 19. Jahrhunderts diametral gegenüberstand.

Der Sozialismus als Lösung der Sozialen Frage

Aufgrund der immer größer werdenden sozialen Verwerfungen im kapitalistischen System begannen Philosophen wie **Karl Marx und Friedrich Engels** gemeinsam eine neue Wirtschafts- und Gesellschaftstheorie zu entwickeln. Der dabei entstandene **„Marxismus"** stellte sich den Ansichten des Liberalismus entgegen. Im Liberalismus wird das Streben des Einzelnen nach Wohlstand als treibende Kraft für die Gesellschaft verstanden. Im Marxismus aber werden Reichtum und Kapital ein zerstörerischer Charakter zugeschrieben. Denn der Reichtum gründe auf der Ausbeutung der proletarischen Arbeitskräfte durch den Unternehmer, der über das Eigentum an Produktionsmittel verfüge und sich durch den Verkauf der produzierten Güter einen Mehrwert verschaffen könne. Der Staat sei den Arbeitern keine Hilfe, denn er diene nur den Interessen der Unternehmer. Marx und Engels vertraten in ihrem **Kommunistischen Manifest (ersch. 1848)** deshalb die Ansicht, dass die Arbeiter ein **proletarisches Klassenbewusstsein** entwickeln müssten, um ihre Situation zu verändern. Durch das einende Klassenbewusstsein könne sich eine organisierte Arbeiterbewegung herausbilden, mit deren Hilfe eine Revolution zur Überwindung des kapitalistischen Systems ausgerufen werden könne: „Proletarier aller Welt, vereinigt euch!" Das Ziel dieser Revolution müsse es sein, das **Privateigentum an Produktionsmitteln abzuschaffen.** Der dann erreichte Sozialismus sollte die Grundlage für eine klassenlose Gesellschaft bilden. Diese sozialistische Revolution sei die „einzig wahre Lösung" der Sozialen Frage.

Die Arbeiterbewegung als Lösung der sozialen Frage

Gemäßigte Arbeiterführer schlugen vor, die soziale Frage durch Reformen (z. B. die Einführung des Arbeitsschutzes, Kündigungsschutzes, Achtstundentag) zu lösen. Um dieses Ziel zu erreichen, hatten sich die Arbeiter zusammengeschlossen. Um Einfluss auf die Politik nehmen zu können, gründete Ferdinand Lassalle 1863 in Leipzig den „Allgemeinen Deutschen Arbeiterverein". Mittels des allgemeinen Männerwahlrechts sollten Reformen zugunsten der Arbeitnehmer erreicht werden. Zwei Jahre später gründeten **Wilhelm Liebknecht** und **August Bebel** die **„Sozialdemokratische Arbeiterpartei".** Die beiden großen Arbeiterorganisationen schlossen sich 1875 zur Sozialistischen Arbeiterpartei (SAP, 1890 umbenannt in die SPD) zusammen. Da die Arbeiterschaft im Parlament stark unterrepräsentiert war, hofften deren Vertreter die Wählerstimmen der Arbeiterschaft zu erhalten und so deren Interessen in der Politik einbringen zu können. Ein radikaler Flügel der SPD setzte auf Klassenkampf und hoffte, durch Revolution eine kommunistische Gesellschaft zu erschaffen. Der gemäßigtere Flügel setzte stattdessen auf Reformen zur Verbesserung der Lebensverhältnisse. 1917 kam es schließlich zur Spaltung innerhalb der SPD und zur Gründung der Kommunistischen Partei Deutschlands (KPD).

In den 1860er- und 1870er Jahren bildeten sich in vielen europäischen Ländern sozialistische Parteien. Mit der Zeit begannen sich diese auch international zu vernetzen. Im Juli **1889** tagte in Paris der **Gründungskongress der II. Internationalen,** dort wurde der **1. Mai zum internationalen Tag der Arbeiterdemonstration** bestimmt. Diese Entwicklungen beunruhigten die Regierenden und das Bürgertum zusehends. Aber je intensiver Regierungen versuchten, die Arbeiterbewegung in ihrer Arbeit zu behindern oder deren Anhänger zu verfolgen, desto früher wurden sozialistische Parteien gegründet, die einen radikalen, revolutionäreren Kurs verfolgten.

Staatliche Lösungsversuche für die soziale Frage

Ein Mittel der Arbeiterbewegung, öffentlich ihre Interessen kundzutun und Forderungen zu stellen, war der Streik. In den Gründerjahren erlebte das Kaiserreich eine massive Streikwelle, welche schnell zu einer Massenbewegung avancierte. Im Jahr 1872 streikten beispielsweise 20 000 Bergleute im Ruhrgebiet für mehr Lohn. Diese Streiks waren den Regierenden ein Dorn im Auge, weshalb sie die Arbeiterbewegung ablehnten. Ein weiter Grund war die marxistisch-revolutionäre Strömung, die die Arbeiterbewegung dominierte.

Dies führte dazu, dass trotz des relativ liberalen politischen Klimas während der Reichsgründung rasch Maßnahmen gegen den heranwachsenden „inneren Reichsfeind" durchgesetzt wurden. Der Hochverratsprozess von 1872 gegen August Bebel und Wilhelm Liebknecht war ein erster Versuch, die Wortführer der jungen Arbeiterbewegung aus dem Verkehr zu ziehen. Als schließlich mit der Wahl 1877 zwölf Sozialisten in den Reichstag einzogen, fasste Bismarck den Entschluss, einen innenpolitischen Präventivkrieg gegen die Sozialdemokraten zu inszenieren.

Am 19. Oktober wurde der von Bismarck in den Reichstag eingebrachte Gesetzesentwurf gegen die „gemeingefährlichen Bestrebungen der Sozialdemokratie" verabschiedet. Dort wurde unter anderem festgeschrieben, dass Vereine, Versammlungen und Druckschriften, die eine sozialdemokratische, sozialistische oder kommunistische Tendenz zeigten, respektive sich einer solchen verdächtig machten, zu verbieten seien. Wer in irgendwelcher Form an verbotenen Anlässen, Organisationen oder Publikationen mitwirkte, riskierte Geldstrafen oder Gefängnis bis zu einem Jahr.

In den Reichstagsdebatten wurde Bismarcks **Repressionspolitik** mit der Zeit kritisch gesehen. Viele vertraten die Ansicht, dass der Kampf gegen die Sozialdemokratie so nicht zu gewinnen sei. Vielmehr müssten sozialpolitische Maßnahmen als ein Angebot unterbreitet werden, um die Situation der Arbeiter zu verbessern und sie für den Staat gewinnen und gegen die Bestrebungen der Sozialdemokratie zu immunisieren. Infolgedessen wurde eine neue **staatliche Sozialpolitik** zur Linderung der sozialen Frage aufgelegt. Ab 1883 sollte jeder Arbeiter eine **gesetzliche Krankenversicherung, Unfallversicherung** und **Alters- und Invaliditätsversorgung** erhalten. Diese verbesserten die soziale Lage der Arbeitskräfte spürbar, denn Krankheit oder Alter war nun nicht mehr gleichbedeutend mit dem Verlust jeglichen Einkommens. Andererseits halfen die Versicherungen nur in absoluten Notfällen und die Bezüge reichten oft nicht aus. Zusammenfassend Bismarcks Strategie auch als **Politik von Zuckerbrot (staatliche Sozialpolitik) und Peitsche (Sozialistenverfolgung)** bezeichnet werden.

Während Bismarcks Sozialversicherungssystem von Erfolg geprägt war und als Grundlage für den heutigen deutschen Sozialstaat gilt, war seine Repressionspolitik der „negativen Integration" nicht von Erfolg geprägt. Die staatliche Verfolgung ließ die Arbeiter erst recht zusammenrücken. Als das Sozialistengesetz aufgehoben wurde, gründeten sich die Sozialdemokratische Partei Deutschlands (SPD). Im Jahr 1912 wurde sie die stärkste Fraktion im Reichstag.

Migration

> **Zentrale Begriffe**
> Binnenmigration – Auswanderung – Zuwanderung – Integration

Auswanderung und Zuwanderung

Die Industrialisierung löste große Migrationsbewegungen aus. Sie war eines der zentralen Phänomene der Moderne. Zunächst migrierten die Menschen vor allem interregional und innerstaatlich (z. B. vom Land in die Stadt), später emigrierten sie dann auch über größere Distanzen, v. a. nach Amerika. Insgesamt wanderten von 1871 bis 1890 fast zwei Millionen Deutsche nach Übersee aus. Der absolute Gipfelpunkt der deutschen Auswanderung wurde 1882 erreicht, als eine Viertel Millionen Deutsche nach Amerika gingen. Man kann in diesem Zusammenhang von einer **„Massenauswanderung"** sprechen. Bei den Gründen für die Auswanderung spielen sogenannte **„Push- und Pull-Faktoren"** eine wichtige Rolle. Push-Faktoren drücken (to push) die Personen von einem Gebiet weg, Pull-Faktoren ziehen (to pull) die Menschen in ein Gebiet. In der Regel beeinflussen Push- und Pull-Faktoren Migrationsentscheidungen gleichermaßen.

Im 19. Jahrhundert waren die Gründe für die Auswanderung vielfältig und sowohl wirtschaftlicher, politischer und persönlicher Natur. In der ersten Hälfte des 19. Jahrhunderts galt v. a. die schlechte wirtschaftliche Lage als Push-Faktor. Ab etwa 1850 wurde das breite Arbeitsangebot in den USA zum bedeutendsten Pull-Faktor für die Auswanderungswilligen. Auch die verbesserte Ausreisebedingungen durch technische Fortschritte führten zu höheren Migrationszahlen. So dauerte die Reise von Deutschland nach Amerika 1683 noch 75 Tage, 1870 zwölf und um 1900 nur noch sieben Tage. Für die Auswanderungswilligen wurde die Reise dadurch nicht nur kostengünstiger, sondern auch das Risiko auf der Reise zu erkranken, zu sterben oder Opfer einen Schiffunglücks zu werden, minimierte sich. Innerhalb kürzester Zeit wurde die **transatlantische Auswanderung** zu einer gut organisierten Massenbewegung. Agenten priesen in Zeitungen und Flugblättern die Zuverlässigkeit der Schiffe und die Qualität der Verpflegung während der Überfahrt an und setzen so eine familiäre und auf einzelne Regionen begrenzte Kettenwanderung in Gang.

Erst in den 1890er-Jahren kehrte sich die negative Wanderungsbilanz des deutschen Kaiserreichs um. Die **konstante wirtschaftliche Wachstumsphase** in Deutschland und das steigende Angebot an Arbeitsplätzen waren die Hauptgründe für das Sinken der Emigrationszahlen. Stattdessen kam es im Deutschen Reich zu einer steigenden **Zuwanderung**. Vor allem Polen, Russen und Italiener mit agrarischem Hintergrund migrierten ins Deutsche Reich, um Arbeitsplätze in der Industrie anzunehmen. Innerhalb kurzer Zeit war Deutschland gleich nach den USA zum zweitwichtigsten Zuwanderungsland der Welt geworden.

Integration am Beispiel der „Ruhrpolen"

Die meisten arbeitswilligen Zuwanderer nach Deutschland drängten ins Ruhrgebiet. Bis zum Ausbruch des Ersten Weltkrieges wanderten rund eine halbe Million meist polnisch sprechende, katholische, preußische Staatsbürger ins Ruhrgebiet. Die Einwanderer fanden meist eine Arbeitsstelle im Bergbau, wobei sie sich in betriebseigenen Wohnquartieren der Großzechen zu günstigen Mieten wohnten, was sie jedoch abhängig von den Zechenbetreibern machte. Sie organisierten sich in eigenen Vereinen, in denen nicht nur die heimatliche Kultur und Sprache gepflegt wurden, sondern auch ein polnischer Nationalismus. Die Pflege der Sprache, des Katholizismus und des Nationalismus begründete eine „ruhrpolnische Identität", die zugleich die soziale Integration behinderte. Die deutsche Regierung betrachtete die Polen als Reichsfeinde an und forderte die sogenannte Germanisierung der Einwanderer. Die einheimischen Bergarbeiter wiederum sahen in den Polen eine Konkurrenz um die Arbeitsplätze.

INFO Formen der Integration

Akkulturation (gegenseitige Anpassung): Zuwanderer und Mehrheitsgesellschaft passen sich gegenseitig aneinander an; dadurch wandelt sich sowohl die Identität der Immigranten als auch die der ganzen Gesellschaft.
Assimilation: Zuwanderer passen sich vollständig an die Mehrheitsgesellschaft an. Sie übernehmen deren Sprache und kulturelle Identität.
Segregation: Zusammenleben von Zuwanderern und Aufnahmegesellschaft ist konfliktreich. Die Immigranten werden zunehmend ausgegrenzt oder grenzen sich selbst aus. Dabei spielen ethnische Unterschiede eine wichtige Rolle und können sich sogar gegenseitig verstärken.

Integration ist ein wechselseitiger Prozess: Damit sie gelingt, muss eine Empfängergesellschaft Migranten Möglichkeiten zur Integration und Inkorporation bieten muss. Gleichzeitig müssten die Einwanderer bereit sein, sich der neuen Gesellschaft in ihren Gewohnheiten und Praktiken annähern. Andernfalls droht Ausgrenzung oder Selbstsegregation. Nach der Wiedererrichtung des polnischen Staates durch den Versailler Vertrag 1919 kehrte etwa ein Viertel der Ruhrpolen wieder in ihre Heimat zurück (Re-Migration). Die geblieben Polen assimilierten sich und prägten das Leben im Ruhrgebiet mit.

Binnenmigration

Seit der Reichsgründung gewann die **Binnenmigration** eine enorme Bedeutung, die **Landflucht** kann als eine der größten Massenbewegung der deutschen Geschichte eingeordnet werden. Auf das gesamte Reich gesehen lebte an der Wende vom 19. zum 20. Jahrhundert rund die Hälfte der Bürger nicht mehr an ihrem Geburtsort. Ursächlich für den Anstieg von Binnenmigranten waren v. a. die **Freizügigkeitsgesetzgebung**, das **Bevölkerungswachstum** sowie der Wunsch nach Verbesserung ökonomischer und sozialer Chancen **(betterment migration)**.

Der Süden Deutschlands blieb relativ klein- und mittelbäuerlich, kleinstädtisch und kleingewerblich geprägt. In der Mitte Deutschlands zog sich ein Band stark industrialisierter Regionen von der preußischen Rheinprovinz im Westen über Westfalen und Sachsen bis nach Oberschlesien im Osten. Hinzu kamen wachsende Industriestandorte wie Berlin, die norddeutschen Hafenstädte und einige süddeutsche Zentren wie Augsburg, Nürnberg und Stuttgart. Diese **industriellen Zentren** zogen Hunderttausende Arbeitskräfte an. Die Historiker sprechen in diesem Zusammenhang von einer „Urbanisierung". Binnenmigration, **Urbanisierung** und Industrialisierung waren eng verflochten.

Die Phase zwischen Reichsgründung und Erstem Weltkrieg war durch außerordentlich hohe Mobilitätsraten auf allen Ebenen gekennzeichnet, befördert nicht zuletzt durch den Eisenbahnbau. Charakteristisch für das Kaiserreich war eine beidseitige Mobilität zwischen Land und Stadt und umgekehrt. In den größeren Städten herrschte ein permanentes Kommen und Gehen. So zogen beispielsweise im Laufe der 1880er-Jahre 1,6 Millionen Menschen nach Berlin zu und 1,2 Millionen von dort fort. In Phasen günstiger Konjunktur erfolgten Ortswechsel überwiegend freiwillig in der Hoffnung auf attraktivere Lebensbedingungen am neuen Heimatort. Die Wirtschaftskrise der späten 1870er-Jahre setzte erneut eine Welle der Arbeitsmigration in Gang. Auch Betteln und Landstreicherei nahmen zu.

Hochmoderne

> **Zentrale Begriffe**
> Hochmoderne – Urbanisierung – Massenkultur – Mobilität – Beschleunigung – Modernisierungsverlierer – Massenorganisation – Politisierung – Frauenbewegung

Die Urbanisierung

Der Historiker Ulrich Herbert[9] ordnet die „Hochmoderne" in Europa der Zeit ab etwa 1880 bis in die 1970er-Jahre zu. Technische Neuerungen im Transportwesen verliehen dieser Phase eine enorme Beschleunigung. Die staatlich geförderte Mobilität (Bahnhofsbau, Eisenbahn, Tunnelbau) initiierte den Industrialisierungsprozess und trieb ihn voran (Rohstoffe, Arbeitskräfte, Vernetzung).

Industrielle Nachfrage, erhöhter Güterverkehr und ein mobiles Arbeitskräftepotenzial ließen weitere Industriezweige (z. B. die Elektroenergie und Chemie) entstehen, die schnell zum Schrittmacher der Hochindustrialisierung wurden. In der Chemiebranche wurde Deutschland schnell zum weltweit führenden Hersteller mit einem Anteil am Weltexport von 28 Prozent, mit 250 000 Beschäftigten (1907) und jährlichen Wachstumsraten von über sechs Prozent. Die Entwicklungen in der elektrotechnischen Industrie verhalfen der Bevölkerung zu öffentlicher und privater Beleuchtung, Straßen- und U-Bahnen.

---

[9] Ulrich Herbert (*1951, Historiker, Fachgebiet: Nationalsozialismus), hier Bezug auf: Europe in High Modernity. Reflections on a Theory of the 20th Century (2007)

Bereits um 1910 waren zudem alle Großstädte und die meisten ländlichen Regionen in das Stromnetzwerk integriert. Dadurch änderte sich das Leben der Menschen rasant. Diese beschleunigte Modernisierung hatte zusammenfassend zwei Trends zur Folge: ein gewaltiges Bevölkerungswachstum und die Urbanisierung. Mit Urbanisierung ist hier neben der Zuwanderung in die Stadt auch die Durchsetzung eines neuen, urbanen Lebensstils gemeint, der sich vom traditionellen Leben in den Kleinstädten und Dörfern unterschied. Die Städte, allen voran Berlin, verkörperten den Durchbruch der modernen Zeit. Sie lockten mit mannigfaltigen Konsum-, Vergnügungs- und Bildungsangeboten sowie Begegnungs-, Informations- und Freizeitmöglichkeiten. Moderne Verkehrs- und Kommunikationsmittel standen zur Verfügung. Die Großstädte wirkten für den Rest des Landes als „Schaufenster der Moderne".

INFO Die Begriffe „Beschleunigung" und „Mobilität"

Beschleunigung ist ein Begriff für den rasanten Wandel, der im Zuge der Modernisierung sämtliche Lebensbereiche erfasste. Die Veränderungen schufen sowohl Fortschrittsoptimismus als auch Verunsicherung in der Gesellschaft.
Mobilität meint einerseits räumliche und andererseits soziale Mobilität. Räumliche Mobilität beschreibt z. B. das Pendeln zwischen Arbeitsplatz und Wohnort, aber auch die Binnenmigration in die Industriestädte oder Auswanderung in die USA. Soziale Mobilität meint den Wechsel von einer sozialen Gruppe in eine andere.

Aber die technischen Errungenschaften waren nur eine Seite der Medaille. Die Städte versuchten zunächst vergeblich, die **Infrastruktur** an den rasanten Bevölkerungszuwachs anzupassen. Es fehlte an Wohnungen, einem funktionierenden Verkehrswesen, schulischen und medizinischen Einrichtungen, einer gesicherten Entsorgung von Industrieabfällen, Abwasser- und Müllentsorgung.
Die hohe Veränderungsintensität führte außerdem zu einem kulturell-mentalen Wandel der Gesellschaft: Geschwindigkeit, Effizienzsteigerungen, erweitere Arbeitsteilung, die veränderte Wahrnehmung von Zeit und Raum richteten neue Anforderungen an den Einzelnen und wurden vielfach als Überforderung bzw. Orientierungskrise empfunden. Wo der Modernisierungsprozess besonders schnell verlief, z. B. in Deutschland, wirkte die Gesellschaft „verunsichert". Ulrich Herbert spricht von einem anbrechenden **„nervösen Zeitalter"**. Herkömmliche Orientierungsmuster, wie religiöse Deutungen, verloren zusehends an Bedeutung. Zwar waren eine religiöse Einstellung und kirchliche Zugehörigkeit weiterhin selbstverständlich, jedoch lässt sich ein Verbindlichkeitsverlust religiöser Normen erkennen. In dieses Vakuum stießen neue Weltanschauungen, die radikale Antworten auf die Krise gaben, z. B. der Sozialismus und ein v. a. bürgerliche Gruppen kennzeichnender Reichsnationalismus.
Neben dem **Zukunftspessimismus** um die Jahrhundertwende ist für die Moderne ein weit verbreiteter **Fortschrittoptimismus** kennzeichnend. Die Aufstiegsmöglichkeiten der Menschen, die neuen technischen Möglichkeiten und die prosperierende Wirtschaft erweckten vielerorts die Hoffnung auf eine bessere Zukunft. In diesem Zusammenhang sprechen Historiker von der „Ambivalenz der Moderne".

INFO Reichsnationalismus

Der Nationalismus fand großen Anklang in der Gesellschaft des Kaiserreichs. Wer als „deutsch" anzusehen war, wurde v. a. durch die Abgrenzung von Nicht-Deutschen definiert, was dem Nationalismus einen exklusiven Charakter verlieh. Auf diese Weise wurden die Franzosen im Westen zu „äußeren Reichsfeinden" deklariert, Katholiken, Sozialdemokraten und Juden als „innere Reichsfeinde". Diese Gruppen wurden für die Verwerfungen der Jahrhundertwende verantwortlich gemacht, weshalb man ihnen mit aggressiven Haltungen begegnete (z. B. mit antisemitischen Pogromen, Sozialistengesetzgebung, Kulturkampf). Durch ein Festhalten an traditionellen Werten und Ordnungsmustern (Militarismus, Monarchie) sollte Stabilität gewahrt werden.

Massenkultur

„Massenkultur" ist die Sammelbezeichnung für Waren, Dienstleistungen und Aktivitäten, die in modernen Industriegesellschaften der Unterhaltung und Vergnügung vieler dienten. Dazu zählten unter anderem die **Warenhäuser,** die zum Symbol der Massenproduktion wurden. Steigende Kaufkraft hatte zu einem Aufschwung der **Konsumgüterindustrie** geführt, die interkontinentale Dampfschifffahrt hatte die Globalisierung angetrieben, weshalb Luxusprodukte wie Porzellan und Südfrüchte schrittweise für die breite Masse zugänglich wurden.

In den USA, Frankreich und Großbritannien waren bereits Mitte des 19. Jahrhunderts Warenhäuser als moderne Orte des Konsums errichtet worden. In Deutschland entstanden um die Jahrhundertwende große, luxuriöse Warenhauspaläste. Das von dem Architekten Alfred Messel (1853–1909) am Leipziger Platz in Berlin entworfene und 1894 eröffnete Warenhaus Wertheim war das größte in Europa. Ein Besuch machte das Einkaufen zu einem Erlebnis und nahm häufig Formen eines Familienausflugs an. Auch der Schaufensterbummel entwickelte sich schnell zu einem beliebten Freizeitvergnügen. In Warenhäusern wurden den Kunden eine Vielfalt an Produkten zu festen Preisen angeboten. Des Weiteren bestand die Möglichkeit zum Umtausch gekaufter Waren. Sie traten damit in Konkurrenz zu den kleinen Einzelhändlern, die schnell zu „Modernisierungsverlieren" avancierten.

INFO Der Begriff „Modernisierungsverlierer"

Manche Gruppen der Bevölkerung verloren im Laufe der Modernisierung ihre ökonomische Stellung. Dazu zählten zahlreiche Kleinhändler, Handwerker und Landwirte. Großunternehmer setzten sich durch, z. B. Warenhäuser, kleinere Marktteilnehmer büßten ihre wirtschaftliche Selbstständigkeit ein und „proletarisierten". Auch der Adel zählte zu den Modernisierungsverlierern, denn die Grundherren verloren viele ihrer Funktionen an den Staat. Reaktion auf den gesellschaftlichen und ökonomischen Abstieg war ein Rückzug aus der Gesellschaft, die Ablehnung des bestehenden Systems und die Bereitschaft zu Gewalt und Kriminalität. Auch der etablierte Antisemitismus nahm noch stark zu.

Ein weiteres Beispiel für die Massenkultur waren die **Printmedien.** Durch die steigende Alphabetisierungsquote und die Entwicklung der Rotationspresse erhielten immer mehr Menschen den Zugang zu Büchern, Magazinen, Tages- oder Wochenzeitungen. Satirezeitschriften wie der „Kladderadatsch" und der „Simplicissimus" erfreuten sich großer Beliebtheit.

Ein weiteres Element der **Massenkultur** wurde der Massentourismus. Beamte und Arbeiter erhielten einen Urlaubsanspruch und der Zwölfstundentag sank allmählich auf zehn Stunden. All das führte zu mehr Freizeit. Die wohlhabenden Bürger verbrachten Ferien an Nord- und Ostsee, in den Alpen oder am Mittelmeer. Die neu gewonnene Freizeit verbrachten die Menschen zunächst mit sportlichen Wettbewerben wie Fußball oder Bahnradrennen oder der Kinobesuch, Tanzlokale und Kabaretts. Alternativen waren kulturelle **Freizeitaktivitäten** wie Kunstgalerien, Museen, Stadttheater und zoologische und botanische Gärten, welche zu einer Herausbildung einer kulturellen Infrastruktur in den Städten beitrug.

Vergessen werden darf jedoch nicht, dass die Teilnahme an der „Massen"-Kultur zu Beginn v. a. auf das Bürgertum beschränkt war, da untere Schichten weniger Freizeit und Geld zur Verfügung hatten. Die soziale Ungleichheit zeigt sich demnach auch im Bereich der Freizeitgestaltung.

Massenpolitisierung

Bereits im Deutschen Bund existierte eine Vielzahl an politischen und sozialen Verbänden und Interessengruppen. Mit der Reichsgründung gewannen diese immer mehr Mitglieder, bis man schließlich von einer politischen Massenmobilisierung sprechen konnte. Ursächlich war die steigende Alphabetisierungsquote durch Einführung der Schulpflicht und ein höheres Interesse infolge des neu eingeführten allgemeinen Wahlrechts: Immer mehr Menschen lasen Zeitungen, Magazine und Flugblätter. Die steigende Mobilität der Bevölkerung und neue Kommunikationsmedien erleichterten es, sich eine Meinung zu bilden, was zu einer spürbaren Politisierung beitrug. Durch den steigenden Einfluss des Parlaments wuchs die Bedeutung von Parteien. Diese bündelten politische Meinungen, gaben mit ihrem Programm Antworten auf politische Fragen und stellten sich mit ihren Kandidaten zur Wahl. Parteien wurden zu Massenorganisationen. Neben Parteien gab es um 1900 auch verschiedene Vereine, wie den katholischen Gesellenverein oder sozialistische Gewerkschaften. Die Mitglieder der Vereine konnten sich dort selbst organisieren und ihre Interessen artikulierten.

Trotz der Massenpolitisierung beruhte der deutsche Obrigkeitsstaat weiterhin auf konservativen, monarchischen Elementen. So schrieb die Reichsverfassung zwar ein demokratisches **Männerwahlrecht** vor, jedoch bevorzugten das **Mehrheitswahlrecht** und die **Wahlkreiseinteilung** konservative Parteien und benachteiligten die Arbeiterschaft strukturell.

Frauenbewegung

Frauen wurden **politisch gezielt benachteiligt.** Ausgeschlossen waren sie vom Wahlrecht und von jeder politischen Beteiligung. So verbot das preußische Vereinsgesetz von 1850 weiblichen Personen die Teilnahme an politischen Veranstaltungen. Auch das Zivilrecht diskriminierte sie. Gemäß Paragraf 1354 des Bürgerlichen Gesetzbuches stand dem Mann die Entscheidung in allen das Eheleben betreffenden Angelegenheiten zu. Des Weiteren hatten Frauen nur ein beschränktes Verfügungsrecht über ihr eigenes Vermögen und konnte ohne Zustimmung des Ehemanns keine Rechtshandlungen vornehmen. Die rechtliche und ökonomische Abhängigkeit der Frauen bildete den Ausgangspunkt für die Frauenbewegung. In Deutschland hatten Frauen erstmals in der Zeit des Vormärz auf ihre gesellschaftliche und politische Unterdrückung aufmerksam gemacht. Diese Frauenbewegung scheiterte jedoch mit der Niederschlagung der Revolution von 1848/49. Louise Otto-Peters, die sich bereits 1848/49 für Frauenrechte eingesetzt hatte, ergriff **1865** erneut die Initiative: Sie berief die **erste deutsche Frauenkonferenz** in Leipzig ein. Dort beschlossen etwa 150 Frauen aus verschiedenen deutschen Bundesstaaten die Gründung des **Allgemeinen Deutschen Frauenvereins (ADF)**. Der ADF setzte sich in seinen Statuten das Ziel, Frauen eine **höhere Bildung, Erwerbstätigkeit und freie Berufswahl** zu ermöglichen. 1888 reichte der ADF eine Petition an alle deutschen Unterrichtsministerinnen ein, mit der Forderung, Frauen zu höheren Lehramtsprüfungen und zum Arztberuf zuzulassen. Ende des 19. Jahrhunderts erhielten die Frauen aufgrund ihrer resoluten Forderungen schließlich den Zugang zum Abitur und zu den Universitäten. Seit 1900 war es Frauen in Baden erlaubt, sich an den Universitäten zu immatrikulieren. Bayern, Württemberg und Sachsen folgten kurz darauf. Gegenüber der Bildungsfrage spielten Forderungen nach politischer Gleichstellung in der früheren Frauenbewegung eine untergeordnete Rolle.

Innerhalb der Frauenbewegung kam es zu Spannungen zwischen bürgerlichen Frauen und proletarischen Arbeiterinnen. Während die bürgerlichen Frauen v. a. für Bildungs- und Erwerbsmöglichkeiten eintraten, wurde von sozialdemokratischer Seite die Meinung vertreten, dass sich die Lage der Frauen (ebenso wie die Lage der Arbeiter) erst in einer sozialistischen Gesellschaft bessern werde. Priorität hatte deshalb der Klassenkampf. Weil sich die proletarische Frauenbewegung den Zielen der Arbeiterbewegung unterordnete, agierte sie weniger radikal. Dennoch erreichten die sozialdemokratischen Frauen, dass sich ihre Partei zur Frauenemanzipation bekannte. Im **Erfurter Programm der SPD** von **1891** wurde die **volle rechtliche und politische Gleichstellung der Frauen** verankert.

In Deutschland erhielten die Frauen schließlich nach dem Ersten Weltkrieg das aktive und passive Wahlrecht. Die **Weimarer Verfassung** gewährte ihnen in Artikel 109 die **staatsbürgerliche Gleichheit.**

Herrschaftsmodelle im 20. Jahrhundert: Demokratie vs. Diktatur

Orientierung im Zeitraum

1917 Russische Revolution – 1922 Marsch auf Rom (Beginn von Mussolinis Diktatur in Italien) – 9.11.1918 Novemberrevolution – 1919 Weimarer Verfassung – 1927 Herrschaft Stalins (1927 – 1956 Stalinismus) – 9.11.1928 Hitler-Ludendorff-Putsch – ab 1930 Präsidialkabinette – 25.10.1929 Weltwirtschaftskrise – 1933 Franklin D. Roosevelt, US-Präsident (1933 – 1945) – 30.01.1933 Ernennung Hitlers zum Reichskanzler – 28.2.1933 Reichstagsbrandverordnung – 23.3.1933 „Ermächtigungsgesetz" – 15.9.1935 Nürnberger Gesetze – 9.11.1938 Novemberpogrom – 1.9.1939 Überfall auf Polen (Beginn Zweiter Weltkrieg) – 22.6.1942 Überfall auf die Sowjetunion – 6.5.1945 Bedingungslose Kapitulation

Das Modell des Liberalismus

Zentrale Begriffe

Liberalismus: Menschen- und Bürgerrechte – Partizipation – Pluralismus – Verfassung – Gewaltenteilung – Parlamentarisierung – Individualismus – Marktwirtschaft

Der **Liberalismus** war, in Fortführung der **Ideale der Aufklärung,** neben dem Konservativismus und dem Sozialismus eine zentrale **Ideologie** des 19. Jahrhunderts (vgl. S. 26), deren Kerngedanke es ist, dass die Menschen frei geboren, vernunftbegabt und zum Fortschritt fähig sind. Daraus ergibt sich
- das Recht auf Selbstbestimmung auf der Basis von Vernunft und Einsicht,
- die Freiheit gegenüber dem Staat,
- die Beschränkung politischer Macht,
- die Selbstregulierung der Wirtschaft auf der Basis persönlichen Eigentums. Aufgabe des Staates ist es, die notwendigen (Rahmen-)Bedingungen für einen freien Wettbewerb **(Marktwirtschaft)** zu schaffen und diesen sicherzustellen.

Als Gegenentwurf zum Absolutismus, geprägt von Ständegesellschaft und Kirche, ergaben sich daraus im 19. Jahrhundert als zentrale Forderungen:
- Beschränkung der Herrschaft des Monarchen,
- Beseitigung aller Privilegien des Adels,
- Enteignung des Kirchenbesitzes.

Die politischen Vorstellungen der Liberalisten beeinflussten den amerikanischen Unabhängigkeitskrieg (1775–1783) und die Französische Revolution (1789–1799). Mit der „Virginia Declaration of Rights" (1776) in den USA und der „Erklärung der **Menschen- und Bürgerrechte"** (1789) in Frankreich wurden zum ersten Mal allgemeingültige Grundrechte Bestandteil einer staatlichen Verfassung, die den Bürgern das Recht auf Freiheit, Eigentum, Sicherheit und Widerstand (gegenüber staatlicher Willkür) garantierten. Freiheit und Gleichheit sollten durch **Partizipation** und **Pluralismus** verwirklicht werden. Partizipation bedeutet, dass alle Bürger vor dem Gesetz gleich sind und sich auch aktiv an der Staatsgewalt beteiligen können (z. B. als gewählte Abgeordnete im Parlament). Pluralismus meint, dass die vielen unterschiedlichen Positionen innerhalb einer Gesellschaft auch organisiert, z. B. in Clubs, Gewerkschaften oder Parteien, zum Ausdruck gebracht werden können. Außer Meinungs- gilt auch Religionsfreiheit. Dem pluralistischen Weltbild folgend entsteht Fortschritt nur im Wettstreit der unterschiedlichen Ideen und Meinungen.

Politisches Mittel zur Umsetzung der zentralen Ideen ist die **Parlamentarisierung,** die jedem (männlichen) Bürger eine aktive Teilhabe an der Staatsgewalt möglich macht, indem er sich entweder als Abgeordneter (auf Zeit) zur Wahl stellt oder wählt. Die wichtigsten Aufgaben der Volksvertreter sind:

- die Verabschiedung von Gesetzen zum Wohle des Volkes,
- die Kontrolle der Regierung (= die vom Parlament abhängig ist).

Die Grundrechte sowie die Aufgaben der staatlichen Institutionen sind in der Verfassung festgeschrieben und somit überprüfbar. Es gilt **Gewaltenteilung (= Aufteilung der staatlichen Gewalt** in die gesetzgebende [Legislative], die vollziehende [Executive] und die rechtsprechende Gewalt [Judikative], die sich gegenseitig kontrollieren). In einer liberalen Verfassung muss das Parlament (Legislative) das Recht haben, die Regierung abzuberufen, und die Gerichte (Judikative) müssen die Missachtung von Gesetzen durch die Regierung (Exekutive) ahnden. Sonderformen wie die konstitutionelle Monarchie sind zwar möglich, stellen aber nicht die Idealform eines liberalen Staates dar. Ausgehend von der Freiheit des Einzelnen bildet sich der **Individualismus** aus. Diese Freiheit hat Grenzen, wo die Freiheit eines Anderen verletzt wird (z. B. Leben, Eigentum, Selbstbestimmung). Für den Schutz der individuellen Freiheit ist der Staat verantwortlich.

Das antiliberale Konzept des Sowjetkommunismus

Zentrale Begriffe

Kommunismus – Klassenkampf – Kaderpartei – Antipluralismus – „Diktatur des Proletariats" – sozialistische Revolution – Antiindividualismus

Eine weitere zentrale Ideologie des 19. und speziell des 20. Jahrhunderts ist der Sozialismus (hier in der Ausprägung des Sowjetkommunismus).

INFO Kommunismus und sozialistische Revolution

Karl Marx (1818–1883) und **Friedrich Engels** (1820–1895) waren die einflussreichsten Theoretiker des Sozialismus und des Kommunismus. Ihre Schriften, das „Kommunistische Manifest" (1848) und das „Kapital" (ab 1867), beeinflussten die Arbeiterbewegungen des 19. und 20. Jahrhunderts weltweit. Marx entwickelte in Auseinandersetzung mit den gegebenen wirtschaftlichen Theorien eine der ersten historischen Betrachtungen des ökonomischen Denkens. Zentrale Wirkkraft des Kapitalismus, so Marx, sei die Konkurrenz, die die Akteure des Marktes zwinge, stets neue kostensenkende Produktionsverfahren und Produkte einzuführen. Über Märkte und Preise erfolge die Koordination der arbeitsteilig produzierenden Unternehmer.

Mit dem **Kommunistischen Manifest** lieferten Marx und Engels einen theoretischen Lösungsansatz für die Soziale Frage: die Abschaffung des Kapitalismus. Ihrer Theorie folgend gibt es zwei Klassen, nämlich Kapitalisten (Bourgeoisie) und Arbeiter (Proletarier), vgl. S. 32. Infolge des durch die kapitalistischen Produktionsverhältnisse hervorgerufenen Elends der Arbeiter stehen sich die beiden Klassen, so Marx, unversöhnlich gegenüber. Durch eine **sozialistische Revolution** soll die bürgerliche Klasse enteignet, der Kapitalismus abgeschafft und die Produktionsmittel vergesellschaftet werden. Dieser **Klassenkampf** soll eine Diktatur des Proletariats (Herrschaft des Sozialismus, Klassendiktatur) ermöglichen, eine **klassenlose Gesellschaft.**

Die Vordenker des Sozialismus vertraten unterschiedliche Prognosen zu dessen Gelingen: Marx und Engels glaubten, dass Sozialismus nur in einer bereits industrialisierten Gesellschaft verwirklicht werden könne und weltweit durchzusetzen sei. Die sowjetischen Revolutionsführer bildeten weitere Perspektiven aus: Marx und Friedrich Engels waren der Meinung, dass der Sozialismus weltweit verwirklicht werden müsse und dass der Sozialismus nur in einer bereits industrialisierten Gesellschaft verwirklicht werden könne. Die sowjetischen Sozialisten bzw. Kommunisten vertraten teils andere Einschätzungen: Wladimir Iljitsch Lenin (1870-1924) sah den Erfolg der Revolution in Russland in Zusammenhang mit dem Fortschreiten der angestrebten Weltrevolution. Nach Lenins Tod trat Josef **Stalin** (1878–1953) seinem parteiinternen Konkurrenten Leo Trotzki (1879-1940) mit einem Schlagwort entgegen: Sozialismus in *einem* Land sei möglich.

Vor der sozialistischen Revolution fiel die **Industrialisierung im zaristischen Russland** weit hinter die Entwicklung westeuropäischer Staaten zurück. Die Wirtschaft war stark von der Landwirtschaft geprägt und auch dieser Sektor war kaum industrialisiert. Aus diesem Grund konnte der Agrarsektor dem starken Bevölkerungswachstum im ausgehenden 19. Jahrhundert nicht standhalten und es kam zu Versorgungskrisen und Hungersnöten. Der ungünstige Verlauf des Ersten Weltkriegs setzte das zaristische Regime innenpolitisch noch weiter unter Druck.

Im Februar 1917 lösten hungernde Arbeiter/-innen bei einer Demonstration für „Brot, Frieden und Freiheit" eine **Revolution** aus (Begriff vgl. S. 23). Der Zar musste abdanken und es wurde eine provisorische Regierung (der **Sowjet**) gebildet, bestehend aus der Gesamtvertretung der **revolutionären Räte** von Arbeitern, Bauern und Soldaten. Anfänglich hatten die gemäßigten Menschewiki die Mehrheit. Diese waren vielen aber zu zögerlich, sodass die Bolschewiki immer mehr Zulauf bekamen und schlussendlich die Mehrheit erlangten.

Lenin übernahm als Vorsitzender der Bolschewiki die Regierungsgewalt. Er entwickelte die Lehre des Marxismus weiter. Lenin war überzeugt, dass die **sozialistische Revolution** auch in rückständigen Staaten wie Russland möglich sei, ohne dass es zuvor eine bürgerliche Revolution geben müsse (wie es die Lehre des Marxismus vorsah, vgl. Infokasten oben). Lenin warf den gemäßigten Arbeiterparteien vor, dass sie die notwendige Revolution verhinderten, da sie die Klassen versöhnen wollten, statt den Klassenkampf voranzutreiben. Er formte aus den Bolschewiki eine straff organisierte Partei, bei der die wichtigsten Positionen von intensiv geschulten und ausgewählten Berufsrevolutionären, den Kadern, besetzt wurden. Diese „Partei neuen Typs" (die sog. **Kaderpartei**) wurde stilbildend für andere kommunistische Parteien in autoritären sozialistischen Regimen. Nachdem Lenin die Regierungsgewalt übernommen hatte, schied Russland trotz harter Friedensbedingungen als Gegner des Deutschen Reiches aus dem Ersten Weltkrieg aus. Den sich anschließenden russischen Bürgerkrieg (1918–1921) gewannen die Bolschewiki (die „Roten"). Ihr Hauptgegner in diesem Bürgerkrieg waren die vom zaristischen Militär und dem Ausland unterstützen „Weißen".

INFO Sowjet, Menschewiki und Bolschewiki

Der Begriff Sowjet (Rat) bezeichnet ursprünglich die aus den Revolutionen von 1905 und 1917 hervorgegangenen basisdemokratischen Arbeiter- und Soldatenräte. Später hießen auch die staatlichen Behörden und Organe in der Sowjetunion Sowjets. Umgangssprachlich wurden auch die Bewohner der sowjetischen Republiken als Sowjets bezeichnet.

1903 spaltete sich die 1898 gegründete Sozialdemokratische Arbeiterpartei Russlands in die Fraktionen der gemäßigten Menschewiki („Minderheitler") und der radikalen Bolschewiki („Mehrheitler") unter Lenin. 1912 konstituierten sich die Bolschewiki als selbstständige Partei. Ab 1918 nannten sich die Bolschewiki „Russische Kommunistische Partei" (später KPdSU). Die Menschewiki wurden nach der Oktoberrevolution von den Bolschewiki verfolgt.

Nach dem Sieg setzte Lenin einen Sowjetkommunismus nach seinen Vorstellungen durch. Er definierte den von Marx geprägten Begriff der „Diktatur des Proletariats" als eine unumschränkte Herrschaft seiner Partei, der kommunistischen Partei Russlands (später KPdSU). Seiner Überzeugung nach sollten nicht nur das Land und die Produktionsmittel enteignet und somit kommunistisch umgeformt werden, auch Arbeiter und Bauern mit „mangelhaftem Klassenbewusstsein" sollten entweder umerzogen oder eliminiert werden. Als „mangelhaftes Klassenbewusstsein" (= gegen die Revolution gerichtet) galt die Forderung nach libertären Grundrechten und Kritik an der Parteilinie. Dissidente (abweichende/oppositionelle) Meinungen galten im Sinne des **Antipluralismus** als „konterrevolutionär" und wurden streng verfolgt und bestraft. Die Menschen sollten ihre Ansprüche zugunsten eines **Antiindividualismus** zurückstellen und sich in den Dienst des Staates und der Partei stellen.

Während der Individualismus und der Pluralismus im Liberalismus als treibende Kräfte angesehen werden, ohne die ein gesellschaftlicher Fortschritt nicht möglich ist, werden sie im Sowjetkommunismus als Gefahr aufgefasst. Hier wird die Partei als Triebkraft für Fortschritt und Modernisierung verstanden, im Sinne der „Diktatur des Proletariats". In der Geschichtswissenschaft wird dies auch als **„Modernisierungsdiktatur"** bezeichnet. Das Sowjetregime baute mit Gewalt und Entschiedenheit das russische Wirtschafts- und Gesellschaftssystem um.

Innerhalb kürzester Zeit holte Russland die Entwicklungen des 19. Jahrhunderts nach:
- Trennung von Staat und Kirche,
- verpflichtende Einführung der Zivilehe,
- Gleichstellung und Zugang zu Schulen und Universitären für Frauen ebenso wie für die unteren Schichten,
- Verbesserung des Bildungsniveaus,
- Entstehung einer neuen Schicht von Ökonomen, Technikern und Wissenschaftlern (die sog. Sowjetintelligenz).

Sitten und Bräuche, die der Parteilinie widersprachen, waren verboten. Die Religion galt dem Regime als größter Feind des Fortschritts. Doch nicht nur in der Gesellschaft und der Wirtschaft musste alles weichen, was nicht der Parteilinie entsprach, auch Kunst und Kultur sollten sich der Linie der kommunistischen Partei unterordnen. Die Kunst sollte erzieherische und propagandistische Aufgaben erfüllen. Aus diesem Grund erfolgte 1932 die Auflösung aller künstlerischen Gruppierungen und gleichzeitig eine Gründung der Union der sowjetischen Künstler durch die kommunistische Partei. Von nun an wurde der **Sozialistische Realismus** als verbindliche Methode aller Kunstformen (Bildhauerei, Malerei, Literatur und Musik) verordnet. Abweichungen von dieser Norm wurden verfolgt und streng bestraft (Berufsverbot, Zwangsarbeit aber auch Ermordung).

Durchbruch und Scheitern des liberalen Modernisierungskonzepts am Beispiel der Weimarer Republik

> **Zentrale Begriffe**
> Systemwechsel – Novemberrevolution – Dolchstoßlegende – Versailler Vertrag – Kriegsschuldartikel – Weimarer Koalition – Elitenkontinuität – Selbstbestimmungsrecht der Völker – Revision – Verfassung – improvisierte Demokratie – Goldene Zwanziger – Weltwirtschaftskrise – Präsidialkabinett

Ende des Ersten Weltkriegs und Systemwechsel (vom Kaiserreich zur parlamentarischen Demokratie)

Schon am 29.9.1918 forderte Erich Ludendorff, Paul von Hindenburgs Stellvertreter in der Obersten Heeresleitung (OHL), ultimativ, dass eine neue Regierung sofortige Waffenstillstandsverhandlungen mit den Alliierten aufnehmen sollte. Am 3.10.1918 richtete Prinz Max von Baden, der neue Reichskanzler, ein Waffenstillstandsgesuch auf Grundlage des **14-Punkte-Plans** an den US-amerikanischen Präsidenten **Wilson.** Die deutsche Bevölkerung war nicht auf die Niederlage vorbereitet, sie erlitt einen regelrechten Schock. Die OHL hatte es darum vorgezogen, eine neue Regierung ein Waffenstillstandsangebot an die Kriegsgegner übermitteln zu lassen, was einer **Kapitulation** gleichkam. Indem sie ihre Verantwortung auf die deutsche Regierung abwälzte, konnte sie von ihren kriegstaktischen Fehlern ablenken und das Militär weiterhin als *unbesiegt* bezeichnen.

INFO Wilsons 14-Punkte-Plan

Der amerikanische Präsident Thomas Woodrow Wilson hatte einen 14-Punkte-Plan entwickelt, um eine **Grundlage für Friedensverhandlungen** zu schaffen.

Auf diese einzugehen, war die Reichsregierung jedoch erst nach dem Scheitern der Frühjahrsoffensive 1918 bereit, als sich abzeichnete, dass Deutschland den Krieg nicht gewinnen würde. Dieser Friedensplan sah u. a. Folgendes vor: Abrüstung, **Selbstbestimmungsrecht der Völker,** Frieden ohne Sieger und Besiegte, Gründung eines Staatenbundes, um den Weltfrieden zu sichern (Völkerbund). Wilsons Plan spielte bei der Pariser Friedenskonferenz (Januar 1919) eine wichtige Rolle. Vieles wurde jedoch von Großbritannien und Frankreich blockiert. Lediglich die Satzung des Völkerbundes, der in Zukunft den Frieden sichern sollte, wurde Teil des Versailler Vertrages. Der **Völkerbund** war indirekt die Vorläuferorganisation der UNO. Unter dem Selbstbestimmungsrecht der Völker verstand man, dass ein Volk das Recht haben sollte, frei über seinen politischen Status, seine Staats- und Regierungsform und seine wirtschaftliche, kulturelle und soziale Entwicklung zu entscheiden.

Die Deutschen erhofften sich von Wilsons **14-Punkte-Plan** einen milden Frieden, wurden jedoch zu weitreichenden („Oktober"-)Reformen genötigt. Wilson erklärte, dass nur mit einer demokratisch legitimierten Regierung über Waffenstillstandsverhandlungen gesprochen werde. Das Kaiserreich wurde notgedrungen zu einer parlamentarischen Monarchie, die Befugnisse des Kaisers eingeschränkt. Am 3.10.1918 wurde die **erste parlamentarische Regierung des Kaiserreiches** aus MSPD, Fortschrittspartei und Zentrum unter dem Kanzler Prinz Max von Baden gebildet. Ludendorff wurde am 26.10.1918 entlassen. Im November 1918 wurde in Preußen das Dreiklassenwahlrecht abgeschafft. Erst mit der Verfassungsänderung vom 28.10.1918 waren die Bedingungen für ein Waffenstillstandsabkommen (Entwaffnung, Demokratisierung Deutschlands) erfüllt.

Die Unabhängige Sozialdemokratische Partei **(USPD)** war 1917 aus dem linken Flügel der SPD hervorgegangen. Die USPD war nicht mehr bereit, weiterhin Kriegskredite zu bewilligen und den Krieg fortzuführen. Die SPD nannte sich fortan Mehrheitssozialdemokraten **(MSPD).**

Der **Spartakusbund** unter Führung von Karl Liebknecht und Rosa Luxemburg hatte sich schon 1916 aufgrund der Kriegspolitik der SPD von der Partei abgespalten. Aus ihm ging 1918 die Kommunistische Partei Deutschlands **(KPD)** hervor. Diese wurde von Karl Liebknecht und Rosa Luxemburg geführt.

Ziel der „Mehrheitsparteien" war es, eine ruhige demokratische Entwicklung herbeizuführen. Die Reichsregierung unter Prinz Max von Baden versuchte, im Sinne einer **Revolution von oben** Macht und Einfluss für die Eliten des Kaiserreiches zu erhalten. Doch dieses Bemühen scheiterte, es kam zu einer **Revolution von unten.**

Diese begann mit dem **Kieler Matrosenaufstand** am 4. November: Die Matrosen weigerten sich, zu einem sinnlosen Einsatz auszulaufen, und meuterten. Sie wählten Soldatenräte (= direkte Vertreter von Soldaten) und bewaffneten sich. Schließlich solidarisierten sich die Werft- und Industriearbeiter mit den Soldaten und begannen zu streiken. Dieser

Streik breitete sich in ganz Deutschland aus, überall rissen **Soldaten- und Arbeiterräte** (= direkte Vertretung der Arbeiter) die Macht an sich.

Nach der **Ausrufung der Republik in Bayern** durch Kurt Eisner dankte zunächst der bayerische König ab. Das Volk wandte sich gegen den Militär- und Obrigkeitsstaat, weshalb sich in ganz Deutschland ähnliche Situationen ereigneten, die dazu führten, dass die Fürsten innerhalb weniger Tage abdankten.

INFO Die Parteien der Weimarer Republik

Als Gründe für die Revolution von unten führt u. a. der Historiker Wolfram Pyta[2] Unzufriedenheit und Friedenssehnsucht der Menschen an. Der Kaiser wurde für die Fortführung des sinnlosen Leidens verantwortlich gemacht, da er und die OHL auf einen sog. Siegfrieden gepocht hatten. Damit geriet die Monarchie endgültig in Verruf und der Kaiser wurde gestürzt.

Unter einem **Siegfrieden** versteht man einen Frieden, der aufgrund eines militärischen Sieges geschlossen wird: Der Verlierer muss mit harten Auflagen und mit Gebietsverlusten (Annexionen) rechnen.

Bei einem Verständigungsfrieden, wie ihn die MSPD, das Zentrum und die Fortschrittliche Volkspartei 1917 forderten, wird auf Kontributionen (Wiedergutmachungsleistungen) und Annexionen verzichtet.

Am 9. November erreichte die Revolution Berlin. Wiederum wurden Arbeiter- und Soldatenräte gebildet. Es kam zu Demonstrationszügen und zu einem Generalstreik. Prinz Max von Baden verkündete eigenmächtig die Abdankung des Kaisers und übergab das Amt des **Reichskanzlers** an **Friedrich Ebert** (MSPD), der sich seine Legitimation bei den Berliner Arbeiter- und Soldatenräte holte. Ebert versprach sogleich eine Volksregierung und die Wahl einer verfassunggebenden Nationalversammlung. Am Nachmittag rief der **Sozialdemokrat Philipp Scheidemann** die **Republik** aus. Kurz danach proklamierte Karl Liebknecht die „freie sozialistische Republik Deutschland", in der das Proletariat die Herrschaft übernehmen werde.

Am 11.11.1918 endete mit der Unterzeichnung des **Waffenstillstandsvertrages** durch Außenminister Matthias Erzberger (Zentrum) sowie ranghohe Militärs der **Erste Weltkrieg.** Deutschland hatte den Krieg verloren. Die kriegsbeteiligten Staaten hatten mehr als 10 Millionen Tote und über 20 Millionen Verwundete zu beklagen.

Nationalversammlung und neue Verfassung

Friedrich Ebert und seine MSPD setzten alles daran, die parlamentarische Demokratie durchzusetzen. Er einigte sich mit dem gemäßigten Flügel der USPD am 10.11.1918 auf eine neue, provisorische Regierung, den sog. „Rat der Volksbeauftragten". Erste Aufgaben der neuen Regierung waren, für Ruhe und Ordnung zu sorgen, die Truppen nach Deutschland zurückzuführen (Ebert-Groener-Bündnis) und den Waffenstillstand zu

---

[2] **Wolfram Pyta** (* 1960, Historiker, Forschungsschwerpunkte: Struktur europäischer Mächte ab 1814, Weimarer Republik)

unterzeichnen. Auf dem im Dezember tagenden Rätekongress wurde mit überwältigender Mehrheit beschlossen, allgemeine Wahlen zur Nationalversammlung am 19.1.1919 abzuhalten. Die dann gewählte Nationalversammlung sollte über die Neuordnung Deutschlands entscheiden. Jedoch trat die USPD aus dem Rat der Volksbeauftragten Ende Dezember wieder aus. Ihr widerstrebte u. a. auch die Zusammenarbeit Eberts mit den alten Eliten des Obrigkeitsstaates, z. B. der Generalität und dem Offizierskorps.

Die im Januar gegründete KPD rief zu Protestkundgebungen (**Januaraufstand**) gegen die Regierung auf, die sehr schnell zu einem Aufstand wurden, den Ebert durch Regierungstruppen und Freikorps niederschlagen ließ. **Freikorps** hatten in der Weimarer Republik bis 1919 den Auftrag, im Namen des Rates der Volksbeauftragten und der Regierung Aufstände von links niederzuschlagen und die Grenzen des Reiches im Osten zu sichern. Gegründet wurden sie von ehemaligen Frontoffizieren. Den Freikorps gehörten vorwiegend ehemalige Soldaten an, die nach ihrer Rückkehr aus dem Krieg entlassen wurden. Freikorps-Soldaten ermordeten am 15. Januar auch die Führer der KPD, Karl Liebknecht und Rosa Luxemburg.

Das Resultat dieser gewalttätigen Niederschlagung war die **Spaltung der Arbeiterbewegung** in eine staatstragende und eine radikal-gewaltbereite Richtung.

Wegen der andauernden Unruhen in Berlin wurde als Tagungsort für die Nationalversammlung Weimar ausgewählt. Die Nationalversammlung erarbeitete eine neue Verfassung und wählte im Anschluss Friedrich Ebert zum Reichspräsidenten und Philipp Scheidemann zum Reichskanzler.

Die drei größten republikanischen und demokratischen Fraktionen SPD, Zentrum und DDP bildeten die sogenannte **Weimarer Koalition,** die zusammen mit 76 Prozent der Stimmen des Volkes eine deutliche Mehrheit hatte.

Nach fünf Monaten wurde eine neue Verfassung verabschiedet und das Deutsche Reich wurde mit dieser zu einer parlamentarischen Republik. Die Nationalfarben dieser jungen Republik waren „Schwarz, Rot, Gold" und ab 1922 war die Nationalhymne „Das Lied der Deutschen". Es gab allerdings von Anfang an Feinde der Republik, die schlussendlich mit zu ihrem Scheitern beitrugen:

- Anhänger aus dem rechten Spektrum der Monarchie oder einer anderen autoritären Staatsform,
- Anhänger aus dem linken Spektrum, denen die Revolution nicht weit genug gegangen war,
- rechtsradikale Freikorps, bestehend aus ehemaligen Berufssoldaten, stellten eine militärische Gefahr dar.

INFO Gründe für die Revolution 1918

Im Abitur kann es sein, dass Sie den **Standpunkt eines Politikers** bestimmen sollen. Deshalb ist es wichtig, die Parteien zu kennen. Hier ein knapper Überblick über die **Ziele der Parteien** von links nach rechts. Die staatstragenden Parteien sind fett hervorgehoben:

KPD: Revolution und Errichtung einer Räterepublik nach sowjetischem Vorbild, *Ziel:* Kommunismus / Weltrevolution

SPD: Arbeiterpartei, *Ziel:* Sozialismus, Erreichen der Ziele auf parlamentarischem Weg beabsichtigt, Zusammenarbeit mit bürgerlichen Parteien

DDP: linksliberal, 1918 aus der Fortschrittlichen Volkspartei hervorgegangen, Vertreterin des Bürgertums und des Mittelstands, *Ziel:* Republik

Zentrum/BVP: Repräsentation der katholischen Wähler (z. B. für eine Bekenntnisschule), *Ziel:* Republik, aber unterschiedliche Interessen der Anhänger

DVP: Interessensvertretung des national gesinnten, protestantischen Bürgertums, Förderung von Industrie und Mittelstand, *Ziel:* Monarchie, aber verantwortliche Mitarbeit in der Republik

DNVP: völkisch-national, antidemokratisch, antisemitisch; Interessenvertretung der Großgrundbesitzer, der Bauernschaft im Allgemeinen und der konservativen Teile der Beamtenschaft und des Mittelstandes, *Ziel:* Wiederherstellung der Gesellschaftsordnung des Kaiserreichs

NSDAP: rechtsradikal, rassisch begründeter Antisemitismus, *Ziel:* Errichtung eines Führerstaates

Belastungen der Weimarer Republik

Die Weimarer Republik hatte nur wenige Jahre Bestand, was viele Gründe hatte. In der Anfangszeit musste sie viele Probleme bewältigen.

Der Versailler Vertrag: Die Öffentlichkeit und Politiker hofften auf einen milden Frieden nach dem 14-Punkte Programm des amerikanischen Präsidenten Woodrow Wilson. Sein Ziel war das **Selbstbestimmungsrecht.** Jedes Volk sollte selbst über seinen politischen Status, seine Staats- und Regierungsform und seine wirtschaftliche, soziale und kulturelle Entwicklung entscheiden. Es sollte auch eine Fremdherrschaft ausgeschlossen werden. Diese Hoffnungen wurden aber durch den Friedensvertrag von Versailles enttäuscht, in welchem zentrale Punkte des Selbstbestimmungsrechts nicht umgesetzt waren. So waren z. B. die Verlierer an den Verhandlungen nicht beteiligt. Der deutschen Delegation wurde der fertige Vertrag in Form eines Ultimatums vorgelegt. Entweder sie unterschreiben, oder die Alliierten würden die Kriegshandlungen sofort wieder aufnehmen und Deutschland besetzen. Änderungswünsche von deutscher Seite wurden von den Alliierten abgelehnt.

Die Bestimmungen des Versailler Vertrags waren:

- Deutschland muss 13 Prozent seines Staatsgebiets abgeben, womit es auch ungefähr 10 Prozent seiner Bevölkerung verliert.
- Alle Kolonien müssen aufgegeben werden.
- Die Reichswehr wird eine Berufsarmee mit maximal 100 000 Soldaten.
- Deutschland verpflichtet sich, Reparationszahlungen in noch nicht festgelegter Höhe zu erbringen.
- Deutschland erkennt die alleinige Kriegsschuld an.

Die Öffentlichkeit reagierte mit Proteststürmen gegen das „Diktat von Versailles". Vor allem der **Kriegsschuldartikel**, der besagte, dass Deutschland und seine Verbündeten die alleinige Schuld an dem Krieg trügen, wurde abgelehnt. Die deutsche Delegation sah sich aber durch das Ultimatum der Alliierten gezwungen, den Vertrag zu unterschreiben, auch wenn sie ihn ablehnten. Die demokratischen Politiker wurden im Anschluss für den Versailler Vertrag verantwortlich gemacht, in den national-monarchistischen Kreisen wurden sie als „Erfüllungspolitiker" diffamiert.

Positiv – aber von der Bevölkerung und der deutschen Politik nicht beachtet – war, dass Deutschlands Einheit und damit das nationalstaatliche Gefüge erhalten blieb. Der Versailler Friedensvertrag war für Deutschland keineswegs existenzgefährdend, wie von rechtsradikalen und nationalistischen Kreisen behauptet. Im Gegenteil: Es war keineswegs ausgeschlossen, dass Deutschland eines Tages wieder in den Kreis der Großmächte würde zurückkehren können.

Alle Parteien der Weimarer Republik strebten nach einer **Revision des Vertrages von Versailles.** Die gemäßigten Parteien versuchten dies auf diplomatischem Wege. Die rechten Parteien warfen dagegen den gemäßigten vor, Deutschlands Interessen nicht nachdrücklich genug zu vertreten. Sie machten in ihrer Propaganda die demokratischen Politiker und die neue republikanische Ordnung für die Kriegsniederlage verantwortlich (s. „Dolchstoßlegende"). Verhandlungserfolge wie die Reduzierung der Reparationszahlungen (Dawes-Plan, 1924, und Young-Plan, 1929) oder die Wiederaufnahme Deutschlands in die Staatengemeinschaft (Beitritt zum Völkerbund, 1924) wurden von den rechten Parteien nicht anerkannt.

Die vergiftete Atmosphäre belastete die Republik von Beginn an und untergrub das Vertrauen der Bevölkerung in das politische System.

Die Dolchstoßlegende: Völlig unterschätzt wurde bei den republikanischen Parteien die Wirkung und die Sprengkraft der Dolchstoßlegende, besser der „Dolchstoßlüge": Da bei der Unterzeichnung des Vertrags kein verantwortlicher Militär dabei war, konnte Hindenburg im November 1919 vor einem Untersuchungsausschuss im Reichstag erklären, dass der Krieg gewonnen worden wäre, wenn die Parteien den Widerstandswillen der Heimat nicht erschüttert hätten. Schließlich hätten die Streiks der Arbeiter die Rüstungsproduktion beeinträchtigt. „Flotte und Heer" seien heimlich zersetzt, die Front sei zermürbt worden. Letztlich, so Hindenburg, sei die Armee von hinten „erdolcht" worden. Damit verschleierte er das Versagen des kaiserlichen Regimes. Statt dafür zu sorgen, dass die deutsche Öffentlichkeit über die Schuld der Führungsschicht des kaiserlichen Deutschlands an der Niederlage und den Friedensbedingungen aufgeklärt wurde, ließen die republikanischen Parteien die Verbreitung der Dolchstoßlüge durch kaiserliche Militärs und Politiker zu. Die Verantwortlichen lenkten mit dieser Lüge vom eigenen Versagen ab und boten dem Volk eine einfache Erklärung für die Niederlage. Die junge Republik wurde dadurch zum Sündenbock und ihre Akzeptanz nachhaltig beschädigt.

Politische Morde: Eine vorerst letzte, aber besonders harte Zerreißprobe hatte die Weimarer Republik 1923 zu bestehen. Man bezeichnet dieses Jahr deshalb als **Krisenjahr 1923,** weil die Republik durch eine Serie von Krisen erschüttert wurde, die sie aber allesamt bewältigte. In den Jahren zuvor war es immer wieder zu **politischen Morden** gekommen: Besonders die Morde an Reichsfinanzminister Matthias Erzberger (1921,

Zentrum) und an Außenminister Walther Rathenau (1922, DDP) standen symbolisch für die Ablehnung der neuen, ungeliebten Republik. Erwähnenswert ist, dass nationalsozialistische Motive für politische Morde vor Gericht strafmildernd wirkten, wohingegen politische Mordtaten, die von politisch linksstehenden Personen begangen wurden, vom Gericht mit aller Härte abgeurteilt wurden. Man kann somit sagen, dass die Justiz der Weimarer Republik auf dem „rechten Auge blind" war.

Rechte Putschversuche: Am 13.3.1920 kam es zu einem Rechtsputsch, angeführt von Wolfgang Kapp, ostpreußischer Generallandschaftsdirektor und DNVP-Mitglied. Daran beteiligt waren auch Ludendorff und General Walther von Lüttwitz. Ziel des **Kapp-Lüttwitz-Putsches** war die Errichtung einer Militärdiktatur zur Aushebelung des Versailler Vertrags. Da der Putsch schlecht geplant war, die Gewerkschaften zum Generalstreik aufgerufen hatten und die Behörden passiven Widerstand leisteten, brach der Putsch vier Tage später zusammen. Im Ruhrgebiet formierte sich im Kampf gegen die Putschisten aus Arbeiterwehren die linksradikale „Rote Ruhrarmee", die nun für die Einführung des Rätesystems kämpfte. Es dauerte einen Monat, bis der Aufstand von der Reichswehr niedergeschlagen werden konnte. Dass diese Ereignisse Spuren in der Bevölkerung hinterlassen hatten, zeigten die Reichstagswahlen von 1920. Die „staatstragende" **Weimarer Koalition** (SPD, DDP, Zentrum) musste eine erdrutschartige Niederlage hinnehmen. Ihr Stimmenanteil sank von 76,1 Prozent auf 43 Prozent, die SPD zog sich aus der Regierung zurück. Die Gegner der Republik (linke und rechte Parteien) konnten ihre Stimmen mehr als verdoppeln.
Eine weitere Belastungsprobe für die Republik stellte der **Hitlerputsch** (9.11.1923) dar. Adolf Hitler stürmte mit der SA (Sturmabteilung, paramilitärische Kampfeinheit der Nationalsozialisten) den Münchner Bürgerbräukeller, während der bayerische, diktatorisch regierende Generalstaatskommissar von Kahr eine Rede hielt. Hitler erklärte die bayerische und die Reichsregierung für abgesetzt und rief die „nationale Revolution" aus. Sein „Marsch auf Berlin" – der ähnlich wie der Marsch Mussolinis auf Rom verlaufen sollte – endete jedoch am 9. November an der Münchner Feldherrnhalle, wo es zu einem Feuergefecht mit der bayerischen Landespolizei kam, bei dem 13 Demonstranten und drei Polizisten starben. Hitler wurde lediglich zu fünf Jahren Festungshaft verurteilt, nach neun Monaten aber bereits entlassen. Während seiner Haft verfasste er sein Buch „Mein Kampf", in dem er die nationalsozialistische Ideologie entwickelte.

Ruhrkampf und Ruhrbesetzung: Als Deutschland bis Ende 1922 seinen Reparationsverpflichtungen, nämlich der Lieferung von Kohle und Holz an die Alliierten, nicht nachkam, legte die französische Regierung dies als Verletzung des Versailler Vertrags aus. Die geringen Lieferungen dienten Frankreich als willkommener Vorwand, das eigene Hegemonialstreben (Vormachtstreben) auf dem Kontinent durchzusetzen. Französische und belgische Truppen marschierten im Januar 1923 ins Ruhrgebiet ein, was zu einer nationalen Protestbewegung führte. Die Regierung rief die Bevölkerung am 13. Februar zum **passiven Widerstand** auf, die Beamten sollten nicht mit den Besatzern zusammenarbeiten. Die enormen Kosten des passiven Widerstands waren nicht lange tragbar, weshalb die Regierung ihn im September 1923 aufgeben musste.

Die Hyperinflation: Gleichzeitig mit dem Ruhrkampf erlebte die junge Republik die Inflation, die im Herbst 1923 ihren Höhepunkt erreichte und an deren Ende am 15. November eine **Währungsreform** mit der Einführung der sog. Rentenmark als Übergangswährung stand. Die angespannte Haushaltslage wurde durch den Wegfall der Produktion und der Steuereinnahmen im Ruhrgebiet sowie durch die Finanzierung und Unterstützung des passiven Widerstandes noch weiter verschärft. Um die Kosten zu decken, warf die Regierung die Notenpresse an. Dies führte dazu, dass die Preise immer stärker anstiegen und die Löhne und Gehälter mit diesen nicht mehr Schritt halten konnten. Aus der galoppierenden Inflation entwickelte sich eine **Hyperinflation.** Immer häufiger traten Naturalien als Zahlungsmittel an die Stelle des Geldes. Inflationsgewinner waren Schuldner, die sich von ihren Schulden befreien konnten, und auch der Staat, der ebenfalls seine Kriegsschulden bei den Bürgern abstreifen konnte. Allerdings hatte die Inflation einen verheerenden Einfluss auf das Vertrauen der Bürger in den Staat: Die Bezieher fester Einkommen, wie Arbeitnehmer, Händler, Beamte, Handwerker oder auch Sparer, verloren ihre materielle Unabhängigkeit und Sicherheit. Sie machten den Staat für ihre Misere verantwortlich.

Elitenkontinuität und die improvisierte Demokratie: Bereits seit ihrer Gründung bestand eine Belastung für die junge Republik darin, dass der erste Reichspräsident Friedrich Ebert mit den alten Eliten kooperierte, um möglichst schnell für Ruhe und Ordnung zu sorgen und eine längere Revolution zu vermeiden. Diese **Elitenkontinuität** führte dazu, dass der alte Verwaltungsapparat aus dem Kaiserreich übernommen wurde. Das Militär, die staatliche Verwaltung, die Justiz, die Schulen und Universitäten blieben besetzt mit Personen, die eine konservativ-monarchistische Gesinnung hatten. So konnten z. B. Richter und Offiziere ihre Abneigung gegen die neue Staatsform ungehindert ausleben, was auch dazu führte, dass die Justiz auf dem „rechten Auge" blind war. Neben der Kontinuität der Eliten gab es aber auch im Volk viele, die der Kaiserzeit mit ihrem „Glanz und Gloria" nachtrauerten. Alle waren im Geist des Kaiserreiches sozialisiert worden und viele empfanden die parlamentarische Demokratie als von außen – von den Siegermächten – aufgezwungen. Sie wurde nur so lange akzeptiert, wie es gut lief. Aber auch die Politiker waren mit dem neuen System und ihrer neuen Rolle noch unerfahren. Im Kaiserreich hatten sie nur die Rolle der Opposition gegenüber dem Kaiser inne, die keine wirkliche politische Verantwortung übernehmen musste. In einer parlamentarischen Demokratie wurde aber von ihnen verlangt, Kompromisse zu schließen und die direkte Verantwortung für ihre Entscheidungen zu übernehmen.
Ein weiteres Problem war, dass im Parlament links- wie rechtsradikale Parteien und Politiker saßen, deren ausgesprochenes Ziel es war, die Republik zu bekämpfen und abzuschaffen.

Vor diesem Hintergrund kann man die Weimarer Republik auch als eine **improvisierte Demokratie** bezeichnen.

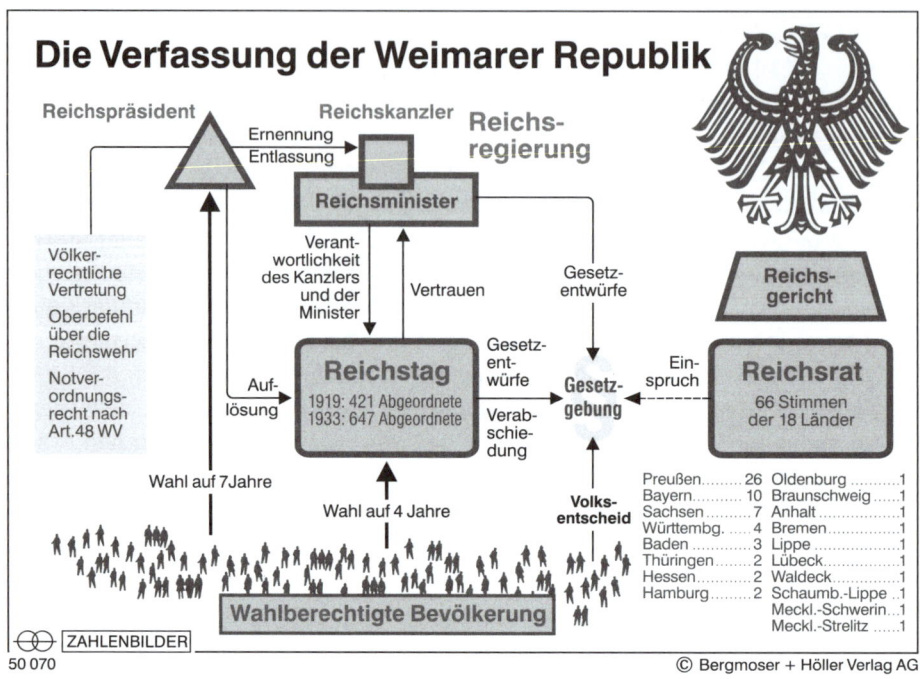

Die Verfassung der Weimarer Republik

Reichspräsident   Reichskanzler   **Reichs-**
    Ernennung   **regierung**
    Entlassung

Reichsminister

Völker-
rechtliche
Vertretung

Oberbefehl
über die
Reichswehr

Notver-
ordnungs-
recht nach
Art. 48 WV

Verant-
wortlichkeit
des Kanzlers
und der
Minister   Vertrauen

Gesetz-
entwürfe

**Reichs-
gericht**

Auf-
lösung

Reichstag
1919: 421 Abgeordnete
1933: 647 Abgeordnete

Gesetz-
ent-
würfe

Verab-
schie-
dung

**Gesetz-
gebung**

Ein-
spruch

Reichsrat
66 Stimmen
der 18 Länder

Wahl auf 7 Jahre

Wahl auf 4 Jahre

**Volks-
entscheid**

Preußen	26	Oldenburg	1
Bayern	10	Braunschweig	1
Sachsen	7	Anhalt	1
Württembg.	4	Bremen	1
Baden	3	Lippe	1
Thüringen	2	Lübeck	1
Hessen	2	Waldeck	1
Hamburg	2	Schaumb.-Lippe	1
		Meckl.-Schwerin	1
		Meckl.-Strelitz	1

Wahlberechtigte Bevölkerung

ZAHLENBILDER
50 070

© Bergmoser + Höller Verlag AG

Die Goldenen Zwanziger Jahre

Trotz all dieser Widrigkeiten hatte die Weimarer Republik auch ihre Hochphase, die man auch als die **„Goldenen Zwanziger Jahre"** bezeichnet. Ab 1924 erholte sich die Wirtschaft und es kam zu einer regelrechten Blüte in Literatur, Kunst, Theater, Film, Design und Architektur. Deutschlands Ansehen in der Welt wuchs und Berlin wurde kulturell zu einer der wichtigsten Metropolen in Europa. Diese Entwicklung beschränkte sich aber auf die großen Städte im Deutschen Reich. Gerade auf dem Land und auch in national-konservativen Kreisen wurde das alles als „verwestlicht" angesehen und als niveaulos abgelehnt. Historiker sprechen in dem Zusammenhang auch von einer „Scheinblüte", da die eigentlichen Probleme der „improvisierten Demokratie" lediglich verdeckt wurden und sich darunter nichts grundlegend änderte.

Die Weltwirtschaftskrise und ihre Folgen

Als am sog. **Schwarzen Freitag,** dem 25. Oktober 1929, in den USA die Börse zusammenbrach, hatte dies Auswirkungen auf die gesamte Weltwirtschaft. Ausgelöst wurde der Börsencrash durch die schleichende Agrarkrise seit 1926, Aktienspekulationen, Überinvestitionen in der Industrie und ein Überangebot an Waren sowie die unkontrollierte Kreditvergabe der Banken. Daraufhin fielen in den USA die Preise, die Produktion ging zurück, Löhne wurden gekürzt und Arbeitnehmer wurden entlassen. Aufgrund der rigiden US-Geldpolitik zogen die Vereinigten Staaten die Kredite vom internationalen Markt ab. Für Deutschland hatte dies einen **massiven Kapitalabfluss** zur Folge. Als Folge der Inflation von 1923 hatten die deutschen Banken nur einen geringen Eigenkapitalanteil und waren deshalb auf kurzfristige Kredite angewiesen, welche die Banken allerdings ihrerseits als langfristige Darlehen vergaben. Da die deutschen Banken nun plötzlich die kurzfristigen amerikanischen Kredite zurückzahlen mussten, kamen sie aufgrund ihrer langfristigen Vergabepraxis in Zahlungsschwierigkeiten: 1931 brach das Bankenwesen zusammen.

Die deutsche Wirtschaft, die sich schon seit 1928 in einer **Rezession** befand, wurde 1930 von der Krise erfasst: Die Produktion sank und somit auch die Einkommen. Die **Arbeitslosigkeit** stieg schon 1929 auf über drei Millionen und erreichte 1932 mit über sechs Millionen ihren Höchststand. Das Sozialversicherungssystem, v. a. die Arbeits-losenversicherung, war mit dieser hohen Zahl an Arbeitslosen schlichtweg überfordert und benötigte eine Sanierung. Die große Koalition (SPD, Zentrum, BVP, DDP, DVP) unter Reichskanzler Müller diskutierte verschiedene Möglichkeiten. Die SPD favorisierte eine Erhöhung der Beitragssätze zur Arbeitslosenversicherung. Die bürgerlichen Parteien, allen voran die DVP, die die Interessen der Großindustrie vertrat, wollten eine Erhöhung allerdings nicht akzeptieren. Die DVP strebte einen Abbau der Versicherungsleistungen an, was mit der SPD nicht zu machen war. Nachdem die SPD einen Kompromiss von Heinrich Brüning abgelehnt hatte, trat Reichskanzler Müller am 27.3.1930 zurück. Damit war die große Koalition gescheitert. Für die Weimarer Republik war die parlamentarische Phase vorbei.

INFO Dawes-Plan und Young-Plan

Der **Dawes-Plan** (entwickelt von dem US-amerikanischen Bankier Charles Dawes), der am 1.9.1924 in Kraft trat, verringerte zunächst die Reparationszahlungen:
Im Jahr 1925 sollten eine Milliarde Reichsmark (RM) gezahlt werden. Die Rate sollte dann in den folgenden Jahren weiter steigen, um schließlich 1928 die ursprünglich an-gesetzten 2,5 Milliarden RM zu erreichen.
Da der Dawes-Plan sich in der Weltwirtschaftskrise als nicht praktikabel erwies, wurde im August 1929 im **Young-Plan** (entwickelt von dem amerikanischen Wirtschaftsex-perten Owen D. Young) die Gesamtsumme der Reparationen herabgesetzt und eine Erholungsphase für Deutschland bis 1932 festgelegt. Gemäß Young-Plan sollten die letzten Zahlungen 1988 erfolgen, was zu einer Mobilmachung dagegen auf der rechten Seite führte. DNVP und NSDAP starteten ein Volksbegehren mit dem Ziel, die Höhe und die Bedingungen der Reparationen rückgängig zu machen, welches scheiterte.

Es folgten **Präsidialregierungen.** Reichskanzler wurde Brüning, dessen deflationistische Wirtschafts- und Finanzpolitik maßgeblich zur Verschärfung der Krise beitrug. Oberstes Ziel war die Streichung der Reparationen. Hierzu hätte er gemäß **Young-Plan** glaubhaft machen müssen, dass Deutschland trotz größter Anstrengungen die Raten nicht zahlen konnte. **Brünings Deflationspolitik** zeichnete sich aus durch
– Kürzung der Staatsausgaben,
– Kürzung der Löhne und Gehälter,
– Kürzung der Unterstützung für Arbeitslose und
– Aufschiebung von Investitionen.

Wie gewünscht sank das Preisniveau (**Deflation**). Aber durch diese Politik verschärfte Brüning die Krise zusätzlich, da die Binnennachfrage geschwächt wurde und die Menschen in die Arbeitslosigkeit entlassen wurden oder Einkommensverluste hinnehmen mussten.

Die Präsidialkabinette/-regierungen

Als Brüning zum Reichskanzler berufen wurde, hatte sein Kabinett keine parlamentarische Mehrheit mehr. Es bestand weiterhin aus den ehemaligen Regierungsparteien, mit Ausnahme der SPD, und Hindenburgs Vertrauensleuten aus der DNVP.

Die Präsidialregierungen wurden durch die verfassungswidrige Kombination des **Artikels 48 (Notverordnungsrecht)** mit dem **Artikel 25 (Auflösung des Reichstags durch den Reichspräsidenten)** der Weimarer Verfassung (WV) möglich gemacht. Das Kabinett stützte sich lediglich auf das Vertrauen des Reichspräsidenten, was als **Präsidialkabinett** bezeichnet wird. Der autoritäre Regierungsstil, der den Präsidialkabinetten zugrunde lag, widersprach eindeutig dem demokratischen Geist der Verfassung. Wie die Präsidialkabinette funktionierten, lässt sich eindrucksvoll an einem Beispiel zeigen: Nach dem Bruch der großen Koalition brachte Brüning im Reichstag eine Gesetzesvorlage ein, um die Arbeitslosenversicherung zu reformieren: Dazu sollten die Beiträge auf 4,5 Prozent erhöht sowie die Leistungen gekürzt werden. Außerdem sollten Beamte und Angestellte ein Notopfer erbringen. Nachdem die DVP unter der Großen Koalition eine Erhöhung der Beiträge abgelehnt hatte, stimmte sie nun dem Gesetz zu. Allerdings lehnte die Mehrheit des Reichstags die Gesetzesvorlage als sozial unausgewogen ab. Brüning setzte daraufhin das Gesetz in Form zweier Notverordnungen des Reichspräsidenten nach Art. 48 WV in Kraft, da seiner Meinung nach ein Verfassungsnotstand eingetreten und das Parlament zur konstruktiven Zusammenarbeit nicht fähig sei.

Eigentlich war das Instrument „Notverordnung" nur für innere Unruhen gedacht, jedoch wurde nie definiert, was darunter zu verstehen sei. Das **Regieren mit Notverordnungen** höhlte das parlamentarische System der Weimarer Republik immer weiter aus, da Politik gegen die Mehrheiten des Parlaments gemacht werden konnte. Auf Antrag der SPD stimmte das Parlament mit großer Mehrheit der Aufhebung der Notverordnung zu, woraufhin der Reichspräsident den Reichstag mit Art. 25 WV auflöste. Die Notverordnung wurde wieder in Kraft gesetzt und das Kabinett konnte nun 60 Tage lang ohne Zustimmung des Parlaments regieren, bis zur nächsten Wahl der Nationalversammlung. Durch diese Politik wurde das Parlament als Entscheidungszentrum für demokratische Prozesse ausgeschaltet.

Als dann am 14.9.1930 Neuwahlen anstanden, verbuchte die **NSDAP** einen **Erdrutschsieg.** Sie erlangte 18,3 Prozent der Stimmen, war damit zweitstärkste Fraktion (107 Sitze) hinter der SPD. Drittstärkste Kraft wurde die KPD, die Zugewinne verbuchen konnte. Die SPD musste herbe Verluste hinnehmen. In diesen Wahlen spiegelt sich die Weltwirtschaftskrise wider, da v. a. die Mittelschichten die NSDAP wählten, denn sie fürchteten den sozialen Abstieg. Die demokratisch orientierten Parteien hatten es nun noch schwerer, eine ordentliche Parlamentsarbeit zu leisten, da sie oftmals von den antidemokratischen Parteien durch Tumulte o. Ä. gestört wurden (**Obstruktionspolitik**).

Die SPD befand sich nach den Wahlen in einem Dilemma: Entweder sie tolerierte die Politik Brünings und nahm damit in Kauf, die Interessen ihrer Wähler nicht mehr zu vertreten, oder sie riskierte eine erneute Auflösung des Parlaments mit der Gefahr weiterer Stimmenzuwächse bei den radikalen Parteien, v. a. der NSDAP. Sie entschied sich für die **Tolerierungspolitik.** Der Reichspräsident regierte zunehmend mit Notverordnungen, der Reichstag kam immer seltener zu Sitzungen zusammen. Geschickt wurde die Verfassung ausgehebelt.

Nach 20 Monaten verlor Brüning das Vertrauen des Präsidenten und wurde am 30.5.1932 entlassen: Hindenburg hatte, wenn auch nur knapp, im ersten Wahlgang die absolute Mehrheit verfehlt; gewählt wurde er von den Anhängern von SPD und Zentrum. Ihm selbst war dies ein Dorn im Auge, denn seine Anhänger wählten vornehmlich Hitler, der 30,1 Prozent der Stimmen erhalten hatte. Hindenburg wurde erst im zweiten Wahlgang gewählt.

Nun wurde von Papen zum Reichskanzler ernannt und das unter Brüning verhängte SA-Verbot aufgehoben. Im Juli 1932 fanden abermals Reichstagswahlen statt. Diesmal ging die NSDAP als stärkste Kraft aus den Wahlen hervor, und als der Reichstag der Regierung im September abermals das Vertrauen entzog, löste Hindenburg den Reichstag wieder auf. Bei den Novemberwahlen 1932 büßte die NSDAP erstmals Stimmen ein. Der Nimbus des ständigen Aufstiegs war gebrochen. Nach diesen Ergebnissen wollte von Papen ohne den Reichstag regieren, was Hindenburg ablehnte, da er vor einem offenen Verfassungsbruch zurückschreckte. Nach der Entlassung von Papens wurde von Schleicher am 4. Dezember zum Reichskanzler bestellt, musste aber am 28. Januar 1933 zurücktreten. Von Papen hatte erreicht, dass Prominente aus der Wirtschaft mit der Bitte an Hindenburg herantraten, Hitler das Kanzleramt zu übertragen. Er wollte Hitler in einer Regierung aus Rechtskonservativen zähmen. **Hindenburg ernannte Hitler** widerwillig **am 30. Januar 1933 zum Reichskanzler.** Die Weimarer Republik endete nach nur 14 Jahren.

Die Herrschaftspraxis des Stalinismus (1927–1953)

Zentrale Begriffe

Diktatur – Massenmobilisierung – Massenorganisation – Fünfjahresplan – Kollektivierung – Industrialisierung – Propaganda – Personenkult – Massenkultur– Terror – GULag – Schauprozess – Deportation – Klassendiktatur – „Sozialismus in einem Land" – „Entkulakisierung" – Loyalitätsdefizit

Nach Lenins Tod setzte sich Stalin als Führer innerhalb der KPdSU durch und setzte die **sozialistische Revolution** fort. Im Gegensatz zu Lenin setzte er aber den Fokus auf die Durchsetzung des **„Sozialismus in einem Land".** Die Sowjetunion sollte zum Musterbeispiel einer Klassendiktatur für alle anderen sozialistischen Staaten werden und gleichzeitig ein Bollwerk gegen alle kapitalistischen Staaten.

Stalin hatte das Ziel, aus dem agrarisch geprägten Land durch eine staatlich gesteuerte **Industrialisierung** eine Weltmacht zu machen. Zu diesem Zweck verkündete das

Politbüro auf Druck Stalins 1929 den ersten **Fünfjahresplan.** Dieser beinhaltete die Kollektivierung der Landwirtschaft und einen forcierten Ausbau der Schwerindustrie. Laut Angaben der Sowjetunion verdoppelte sich innerhalb dieses Fünfjahresplans die Stahlerzeugung und die Produktion im Maschinenbau verzehnfachte sich. Durch den Bau gewaltiger Wasserkraftwerke vervielfachte sich die Stromproduktion innerhalb der fünf Jahre. Industriestädte, die in dieser Zeit aus dem Boden gestampft wurden, wurden zum Aushängeschild der sowjetischen Industrialisierung. Bis 1936 stieg die UdSSR zur zweitgrößten Industrienation nach den USA auf. Dieser Erfolg wurde allerdings erkauft durch ein schrumpfendes Angebot und durch einen staatlich verordneten Konsumverzicht für die Bevölkerung. Als Konsequenz bliebt der Lebensstandard niedrig und sank bis 1940 sogar um 25 Prozent im Vergleich zu 1928.

Mit dem Fünfjahresplan begann auch die Verfolgung der tatsächlichen oder vermeintlichen Gegner von Stalin. Eine Kritik an seiner Politik wurde als **Loyalitätsdefizit** aufgefasst – gleichgültig, ob die Kritik aus der Wirtschaft, der Gesellschaft oder sogar aus der eigenen Partei kam. Stalin sah sich förmlich umzingelt von Verrätern und Verschwörern und sah sich daher gezwungen diese zu beseitigen. Die ersten Opfer seines **Terrors** waren Kritiker aus der Wirtschaft, die Zweifel an dem forcierten Ausbau der Schwerindustrie äußerten. Sie wurden in **Schauprozessen** als „Saboteure" oder „Spione" angeklagt, verurteilt und in Arbeitslager verschleppt.

INFO Schauprozess

Als Schauprozess bezeichnet man ein Gerichtsverfahren, bei dem der Ausgang bereits vorher festgelegt ist. Diese Art von Prozess soll nur vordergründig ein rechtsstaatliches Verfahren vorspielen. Schauprozesse dienen dazu, politische Gegner zu beseitigen und sind ein Mittel von antiliberalen, undemokratischen Regimen.

Schauprozesse waren zum Beispiel die Moskauer Prozesse gegen die politischen Gegner Stalins während des Großen Terrors in der Sowjetunion der 1930er-Jahre oder der Prozess gegen die Hitler-Attentäter des 20. Juli 1944.

Ab 1934 griff der Terror auch auf die kommunistische Partei über. Die „Säuberung" der Partei fand in drei großen Schauprozessen statt, dabei wurden prominente Kritiker Stalins in der Partei und auch führende Männer der Oktoberrevolution zum Tode verurteilt und hingerichtet. Den Höhepunkt erreichte die Welle des Terrors in den Jahren 1937 bis 1938. In diesen Jahren wurden schätzungsweise 680 000 Menschen (Führungskräfte Wirtschaft, Verwaltung und Militär) erschossen und weitere hunderttausende wurden in Straf- und Arbeitslager **(GULag)** deportiert.

INFO GULag

Der GULag (ein russisches Akronym, was sinngemäß mit „Hauptverwaltung der Lager" übersetzt werden kann) war die Regierungsbehörde, die für die sowjetische Zwangs- und Arbeitslager verantwortlich war. Errichtet wurde sie unter Lenin und hatte ihren Höhepunkt während der Herrschaft von Stalin. Im allgemeinen Sprachgebrauch wird der Begriff GULag auch für alle **Zwangsarbeitslager** in der stalinistischen Sowjetunion verwendet. Die Lager waren ein zentraler Bestandteil von Stalins Unterdrückungspolitik. Insgesamt waren zwischen 1930 und 1953 ca. 20 Millionen Häftlinge im GULag, wobei 20 bis 30 Prozent politische Häftlinge waren.

Die „Entkulakisierung"

Unter dem Begriff der **„Entkulakisierung"** versteht man die **Kollektivierung** der Landwirtschaft im Rahmen der Planwirtschaft. Stalins Ziel war es, die Bauern zu enteignen und die Landwirtschaft in eine Kollektivwirtschaft (russ. „Kolchosen") zu überführen Die eigenständigen Bauern (russ. „Kulaken") wollten aber ihr in der Revolution gerade erst erhaltenes Land nicht freiwillig wieder hergeben.

Die Missernten der Jahre 1927/28 gaben Stalin schließlich den Anlass zur zwangsweisen Kollektivierung der Bauern. Die eigenständigen und teilweise wohlhabenden „Kulaken" wurden zu Feinden des Sozialismus erklärt. Auch wenn mit dem Begriff „Kulaken" nur die wohlhabenden Bauern bezeichnet wurden, traf die „Entkulakisierung" auch alle anderen eigenständigen Bauern.

Die Zwangskollektivierung führte in einigen Regionen zu Widerstand und teilweise bürgerkriegsähnlichen Zuständen. Um diesen Widerstand der Bauern zu brechen, schreckte der Staat nicht vor radikalen Mitteln zurück. So wurden widerständige Bauern hingerichtet und ganze Dorfgemeinschaften auseinandergerissen und **deportiert.** Diese Zerstörung der traditionellen Landwirtschaft durch die Entkulakisierung und das organisatorische Unvermögen der planwirtschaftlichen Kolchosenleitung führten zu einer katastrophalen Nahrungsmittelkrise. Diese mündete schließlich in der Hungersnot von 1923/33.

Im Zuge der Kollektivierung kam es zu einer Landflucht und der ländlich geprägte Agrarstaat verwandelte sich nach und nach in einen städtisch geprägten Industriestaat.

TIPP zum Punktesammeln

Die **Hungerkatastrophe der Sowjetunion** in den **1930er-Jahren** war die größte in der russischen Geschichte. Während die Hauptphase die Jahre 1932/33 betrifft, ist der Beginn umstritten. Ausgelöst wurde die Katastrophe durch die Zwangskollektivierung. In der Ukraine, die damals zu Sowjetunion gehörte, wurde die Hungersnot gezielt durch Abtransport verbliebenen Getreides verstärkt. Ihr fielen zwischen drei und sieben Millionen Menschen zum Opfer.

Seit 1991 bemüht sich die Regierung der Ukraine um eine internationale Anerkennung dieser Hungerkrise, als **„Holodomor"** bezeichnet, als Völkermord. Die aktuelle Geschichtsforschung befasst sich mit der Frage, ob der Holodomor eine Folge des Klassenkampfes oder ein geplanter Genozid an der ukrainischen Bevölkerung war.

Der Charakter der stalinistischen Diktatur

Unter der Herrschaft Stalins wurde die Sowjetunion zu einer totalitären Diktatur – sein Wille wurde zum Willen der Partei und damit zum Willen des Staates.

- **Massenorganisationen** wie die Gewerkschaften oder die Jugendorganisation Komsomol dienten zum einen der Beseitigung sozialer Unterschiede und zum anderen auch zur Kontrolle und Disziplinierung der Bevölkerung.
- Abweichende Haltungen und Meinungen wurden unterdrückt.
- Alle Künstler mussten sich an die von Stalin ausgegebene Richtlinie halten. Durch diese **Massenkultur** sollte die Bevölkerung im Sinne der vorherrschenden Ideologie erzogen werden.
- Es gab **keine Meinungsfreiheit** oder politische Opposition mehr.
- Partei und Medien erzeugten um Stalin einen quasi religiösen **Personenkult.**
- Es gab einen staatlichen **Propagandaapparat.** Dieser schreckte auch nicht davor zurück, die Geschichte zu manipulieren und diese sog. „optimierte Geschichte" der kommunistischen Ideologie anzupassen.

Anfänglich inszenierte sich Stalin noch als getreuer Schüler Lenins. Spätestens aber mit seinem 50. Geburtstag wandelte sich diese Inszenierung dahingehend, dass von nun an er – Stalin – als Vollender der Revolution im Zentrum des Personenkults stand. Nach dem „Großen Vaterländischen Krieg" (Bezeichnung des Zweiten Weltkriegs in Russland) erreichte der **Personenkult** um Stalin seinen Höhepunkt. Von nun an wurde er als Verteidiger des Vaterlands und unumstrittener Führer des Kommunismus verehrt. Obwohl im Kommunismus eigentlich das Kollektiv – die Gemeinschaft – im Vordergrund steht und ein Personenkult unüblich ist, verstand es Stalin, Personenkult und **Massenmobilisierung** zu verbinden. Er erweckte bei öffentlichen Huldigungen den Eindruck, als nehme er diese nur widerwillig an, obwohl er den Personenkult durch die **Propaganda** aktiv forcierte. Angestrebt war der Mythos eines „Väterchen Stalin". Dies führte auch dazu, dass die Bevölkerung die Verbrechen unter seiner Herrschaft nicht ihm, sondern seinen Untergebenen anlastete. In der Bevölkerung hieß es: „Wenn davon Väterchen Stalin wüsste ...".

Die Diktatur des Nationalsozialismus

Die Wurzeln des nationalsozialistischen Weltbildes lagen im 19. Jahrhundert. Beeinflusst wurde es maßgeblich durch den französischen Rassentheoretiker Gobineau, der die Meinung vertrat, die „weiße Rasse" sei den anderen „Rassen" überlegen, die „niederen Rassen" würden deshalb nur zur Knechtschaft taugen. Hitler legte mit seinem Buch „Mein Kampf" (1925) sein Weltbild dar, das gleichzeitig die Grundlage der nationalsozialistischen Ideologie lieferte. Seine Weltanschauung war totalitär und allumfassend. Vor diesem Hintergrund kann man die nationalsozialistische Diktatur auch als eine **Rassendiktatur** bezeichnen, die besagt, dass die „überlegene arische Rasse" alle „minderwertigen Rassen" dominieren sollte. Ziel war es, dies nicht nur in Deutschland umzusetzen, sondern auch im zu erobernden slawischen Teil Osteuropas. Langfristiges Ziel dieser Theorie war die Weltherrschaft.
Im Zusammenhang mit der Rassenpolitik spielt auch der Begriff der **„Umvolkung"** eine bedeutende Rolle. Ziel war es, dass Deutschstämmige, die in anderen Ländern lebten, durch die Annektierung dieser Gebiete in die „Volksgemeinschaft" zurückgeholt

werden sollten. Zugleich sollten Bevölkerungsgruppen, die als „rassisch minderwertig" eingestuft wurden, aus Deutschland, aber auch aus den eroberten Gebieten, „entfernt" werden. So sollte Platz geschaffen werden für **„neuen Lebensraum im Osten"** um dort „Volksdeutsche" anzusiedeln.

Die Ideologie des Nationalsozialismus

> **Zentrale Begriffe**
> Nationalsozialismus – Rassismus – Antisemitismus – Führerprinzip – „Volksgemein-schaft" – Antiliberalismus – Antiindividualismus – „Lebensraum im Osten"

Die Ideologie des Nationalsozialismus setzte sich aus verschiedenen Ideen bzw. Ideologien zusammen: Sie war völkisch (deutschnational, fremdenfeindlich), rassistisch, antisemitisch, antiindividualistisch, antiliberalistisch, antiparlamentarisch und antimarxistisch. Zentrale Begriffe waren „Volksgemeinschaft", „Lebensraum", „Führerprinzip", „Rassismus" und „Antisemitismus".

Volksgemeinschaft: In der Ideologie des NS waren alle sozialen Gruppen und Klassen in einem einheitlichen ethnischen Verband zusammengeschlossen. Soziale Unterschiede gab es nicht mehr, alle „Volksgenossen" waren „gleich". Die „Volksgemeinschaft" sollte in völliger Harmonie leben und um diese nicht zu zerstören, wurden alle Parteien und Interessengruppen abgelehnt. Insofern bedeutete der Begriff **nationaler Sozialismus** die Aufhebung aller sozialen Unterschiede sowie die Vereinigung aller Individuen (sofern sie zur Volksgruppe gehörten, denn alle anderen waren ausgeschlossen!) mit der Volksgemeinschaft. Fundamental konträr hierzu stand die sozialistische Umgestaltung im Sinne der Arbeiterbewegung.

Lebensraumdoktrin: Die **sozialdarwinistische Vorstellung,** dass die menschlichen Rassen permanent um „Lebensraum" kämpfen müssten, war ein weiterer wichtiger Bestandteil der NS-Ideologie. Im Weltbild der Nationalsozialisten waren die Deutschen ein „Volk ohne Raum", für das im Osten Lebensraum geschaffen werden sollte. Unausweichlich würde es deshalb zum Expansionskrieg kommen, der die Versklavung oder Vernichtung der zuvor dort ansässigen Menschen in Kauf nehmen würde, v. a. der angeblich unterlegenen slawischen Völker.

Rassismus: Ein weiterer Aspekt dieser Ideologie war der Rassismus, dessen Grundlage die pseudowissenschaftliche Rassenlehre bildete. Sie teilte Menschen in höher- oder minderwertige Kategorien ein. Auf der einen Seite sah man die kulturbildenden „Arier", die zur Herrschaft über die Menschheit bestimmt seien (daher „Herrenmenschen"), auf der anderen, näher am Tierreich, die „Untermenschen", u. a. die „slawische Rasse", über die geherrscht werden sollte, und als unterste Gruppe das „Judentum", das auszulöschen war. Auch hier zeigt sich eine sozialdarwinistische Interpretation der Geschichte, der zufolge sich der Stärkere, also der „Arier", über den Schwächeren hinwegsetzen werde. Für Hitler war die Rasse eine in sich abgeschlossene Art, deren Vermischung mit anderen Rassen einen Verstoß gegen die Natur bedeutete.

Antisemitismus: Der Antisemitismus sieht die Juden als Ursache allen Übels. Die jüdische Bevölkerung wurde im Nationalsozialismus als „Feindrasse", als „Feind der Menschheit" bezeichnet. Man unterstellte allen Juden, nach der Weltherrschaft zu streben. Gegenüber der „germanisch-arischen Rasse" betrachtete man Juden als minderwertig (Rassen-Antisemitismus). Sowohl der Kapitalismus als auch der Kommunismus seien, so die Ideologie, Erfindungen der Juden, um die Herrschaft der Arier zu zerstören. Der Antisemitismus der Nationalsozialisten stellt somit ein **„Welterklärungsmodell"** dar und entspricht im Wesentlichen Hitlers Weltbild.

Letztlich sollte die Ideologie der Nationalsozialisten sinnstiftend wirken, die Führerherrschaft legitimieren und den Deutschen Orientierung geben (Pseudoreligion). Weil der Nationalsozialismus es verstand, Gefühle, Stimmungen und Ängste anzusprechen, konnte diese Ideologie zur Staatsdoktrin werden, die einfache Antworten auf eine von den meisten Menschen als kompliziert und bedrohlich empfundene Welt gab.

Führerprinzip: Die zentrale Rolle im Staat nahm Hitler ein, der als „Führer" alle Gewalten (Exekutive, Legislative und Judikative) in sich vereinte. Hitler stand an der Spitze des „Führerstaats" und dieses „Führerprinzip" wiederholte sich überall in den Strukturen der NSDAP. Eine Führerrolle konnte nur der übernehmen, der eine anscheinend „herausragende Persönlichkeit" besaß.
Hitler forderte die widerspruchslose Unterordnung des Einzelnen unter seine Person, ihm war unbedingter Gehorsam zu leisten (Führerprinzip). Dass man den „Führer" nicht mit einem modernen Diktator vergleichen kann, zeigt die Ideologie der Nationalsozialisten, der zufolge Führer und Volk „eins" waren. Der Führerkult der Nationalsozialisten diente der Legitimation im Volk: Man stellte Hitler als „nationalen Retter" und „Messias" dar. Die Erfolge in der Bekämpfung der Arbeitslosigkeit und die – aus zeitgenössischer Perspektive! – vielen außenpolitischen Erfolge (Revision des Versailler Vertrages) festigten diesen Glauben. Die Nationalsozialisten bedienten sich aller möglichen Kanäle der **Propaganda** (Volksempfänger, Presse, Kino), um den Führerkult im Volk fest zu verankern und zu stärken. Joseph Goebbels, der Propagandaminister, sorgte dafür, dass Hitlers Reden im ganzen Reich übertragen wurden und dass in der Presse darüber berichtet wurde. Die Propaganda diente zur religiösen Überhöhung des Nationalsozialismus. **Symbole** wie das Hakenkreuz als Heilszeichen oder Hitlers Reden, die als Offenbarung zu verstehen waren, festigten das Führerprinzip: Die Menschen wurden in ihren Werthaltungen stark beeinflusst.

Antiliberalismus: Die NS-Propaganda bezeichnete den Liberalismus, Sozialismus, Marxismus und Kommunismus als jüdische Erfindungen. Der Antiliberalismus richtete sich gegen das politische System der Weimarer Republik, gegen „schwächlichen", „undeutschen" Liberalismus. Im Gegensatz zu den liberalen freiheitlichen Werten, stellten die Nationalsozialisten „Treue", „Dienstbereitschaft" und „absoluten Gehorsam" über die Grundrechte eines jeden Einzelnen.

Der Marxismus wurde als Bedrohung angesehen, ihn galt es zu zerstören. Der Nationalsozialismus sollte für die Arbeiterschaft eine Alternative zu sozialistischen bzw. marxistischen Ideen darstellen. Der Nationalsozialismus sollte ein „Sozialismus der Tat" sein und eine Rettung aus dem Elend der Weltwirtschaftskrise, womit man neben den Arbeitern auch die Mittelschicht für sich gewinnen wollte, die infolge der Wirtschaftskrise den sozialen Abstieg fürchtete.

NS-Innenpolitik: Aufstieg, Machterwerb und Festigung der Macht

Zentrale Begriffe
„Machtergreifung" – NSDAP – Pseudolegalität – „Gleichschaltung" – Diktatur – Massenmobilisierung – Massenorganisation – Propaganda – Vierjahresplan – Aufrüstung – „sozialer Volksstaat" – Terror – Personenkult – Konzentrationslager – Verfolgung – „Euthanasie" – Deportation – „Umvolkung" – Rassendiktatur – „Lebensraum im Osten" – Massenloyalität – Widerstand

Machterwerb und Herrschaftspraxis

Wie konnte aus einer anfänglichen Sammlungs- eine solche **Massenbewegung** werden? Neben der Propaganda und der Fokussierung auf die Person Hitlers wurden gezielt Verbände gegründet, deren Aufgabe es war, Überzeugungsarbeit für die Nationalsozialisten zu leisten (z. B. NS-Ärztebund, NS-Lehrerbund). Hitlers Versprechen, den Versailler Vertrag zu beseitigen und innerhalb kurzer Zeit Arbeit für mehr als sechs Millionen Arbeitslose zu schaffen, traf bei den Wählern auf Zustimmung, was sich bei den Juli-Wahlen 1932 niederschlug. Katholiken und die sozialdemokratische Arbeiterschaft zeigten wenig Interesse an der nationalsozialistischen Bewegung. Die Mitglieder der NSDAP kamen räumlich v. a. aus dem protestantischen Norden und Osten, gesellschaftlich vorwiegend aus dem Mittelstand (Kaufleute, Gewerbetreibende, kleine/mittlere Angestellte, Selbstständige). Er machte mehr als die Hälfte der Mitglieder aus. Existenz- und Zukunftsängste spielten bei der Wahl der NSDAP eine große Rolle, antidemokratisch gesinnte Wähler wollten zudem an der autoritären Tradition festhalten. Während des Höhepunkts der Krise wählten jedoch alle Schichten die **NSDAP: aus Protest** gegen die Situation. Trotz rückläufiger Stimmen bei der Wahl im November 1932 ernannte Hindenburg auf Betreiben des ehemaligen Reichskanzlers von Papen Hitler am **30.1.1933** zum Reichskanzler. Von Papens Plan, Hitler in einer Koalition mit konservativen Ministern „einzurahmen" und zu entzaubern, scheiterte. Da Hermann Göring als geschäftsführender Innenminister im wichtigsten Land Preußen über die Polizeigewalt verfügte, besaßen die Nationalsozialisten nun die entscheidenden Posten, um ihre Gegner auszuschalten. Das Datum der Machtübertragung, Nationalsozialisten sprachen von **„Machtergreifung",** markiert den Beginn der Zerstörung der parlamentarischen Demokratie in Deutschland.

Als Vorbedingung für die Bildung einer Koalitionsregierung forderte Hitler Neuwahlen, da er die absolute Mehrheit erhalten wollte. Am 1.2.1933 löste Hindenburg den Reichstag auf, **Neuwahlen** wurden für den 5. März angesetzt.

Nicht nur die genannten **Gründe** waren für den **Aufstieg der Nationalsozialisten** bis zur Machtübernahme ausschlaggebend, sondern auch:

- die Verharmlosung der Machtübernahme durch die Zeitgenossen,
- die Unfähigkeit der Politiker, Kompromisse zu schließen,
- das Verhaftetsein der Verantwortlichen aus Politik und Gesellschaft in ihren traditionellen, obrigkeitsstaatlich-autoritären Denkweisen (alte Eliten),
- die Gewöhnung an den sich ständig wiederholenden Verfassungsbruch durch die Präsidialkabinette,
- das Ziel der Schwer- und Großindustrie, die SPD und die Gewerkschaften zu schwächen.

TIPP zum Punktesammeln

Der nationalsozialistische Begriff „Machtergreifung" beinhaltet eine aktive Rolle („ergreifen"). Er legt die Vorstellung nahe, dass es sich um eine Art Revolution handelte. Dies war aber nicht der Fall, denn **Hindenburg ernannte Hitler zum Reichskanzler.** Getreu der Politik der Präsidialkabinette übertrug er Hitler die Macht, indem er ihn mit der Bildung einer Regierung beauftragte. Der nationalsozialistische Begriff entspricht nicht der historischen Wirklichkeit, sondern es ist angemessener, von **„Machtübertragung"** zu sprechen.

Sofort nach der **Machtübertragung** begannen die Nationalsozialisten mit der Festigung ihrer Herrschaft. Für die Wahlen zum Reichstag am 5. März strebten sie die absolute Mehrheit an. Erreicht werden sollte dies durch die Bekämpfung der (politischen) Gegner (also KPD und SPD) mittels Terrors und durch die Einschränkung der Grundrechte, insbesondere des Versammlungsrechts und der Pressefreiheit. Göring setzte **SA (Sturmabteilung), SS (Schutzstaffel)** und „Stahlhelm" (der bewaffnete Arm der DNVP) als Hilfspolizei ein. Die SA als paramilitärischer Arm der NSDAP hatte durch Terror auf der Straße maßgeblich zum Aufstieg der NSDAP beigetragen. Die SS, zunächst eine Unterabteilung der SA, wurde zum Schutz von Hitler gegründet. Alle Polizisten sollten gegen „Staatsfeinde" von der Schusswaffe Gebrauch machen.

Nach dem **Brand des Reichstages am 28.2.1933,** die Nationalsozialisten sprachen von einer „kommunistischen Verschwörung", erließ Hindenburg ein weiteres Ermächtigungsgesetz, die **Verordnung zum „Schutz von Volk und Staat" (Reichstagsbrandverordnung),** die bis 1945 alle Grundrechte außer Kraft setzte. Jetzt konnten politische Gegner ohne Grund verhaftet werden. Innerhalb kürzester Zeit wurden mehr als 20 000 Kommunisten und Sozialdemokraten in „Schutzhaft" genommen und erste **Konzentrationslager** eingerichtet. Trotz Propaganda, Terror und Einschüchterungen schafften die Nationalsozialisten es nicht, bei der Wahl die absolute Mehrheit zu erreichen. Zwar konnten sie ihre Stimmenzahl auf 43,9 Prozent steigern, doch sowohl SPD als auch

Zentrum hielten ihren Stimmenanteil konstant. Erst mit der DNVP erreichte die Koalition knapp 52 Prozent der Stimmen.

Mit dem **Ermächtigungsgesetz** vom **23.3.1933,** dem „Gesetz zur Behebung der Not von Volk und Staat", wurde die **Gewaltenteilung abgeschafft.** Für einen Zeitraum von vier Jahren sollte der Regierung das Recht eingeräumt werden, Reichsgesetze ohne Mitwirkung der Legislative (Reichstag und Reichsrat) zu erlassen. Mit diesem Gesetz wurde die Weimarer Verfassung nicht nur verändert, sondern ihres demokratischen Kerns beraubt. Das Gesetz blieb trotzdem bis 1945 offiziell in Kraft. Einzig die SPD stimmte gegen die Annahme dieses Gesetzes. Die KPD-Abgeordneten konnten nicht an der Sitzung teilnehmen, weil sie verfolgt wurden. Wahrscheinlich hätten die Nationalsozialisten auch ohne „Ermächtigungsgesetz" eine **Diktatur** durchgesetzt, so aber konnten sie sich auf eine Art **Pseudolegalität** berufen und die „Machtübertragung" als einen scheinbar legalen Vorgang darstellen.

In den nun folgenden Monaten wurde die „Gleichschaltung" vollzogen. „Gleichschaltung", ein NS-Euphemismus, bedeutet letztlich die Durchsetzung der nationalsozialistischen Diktatur bis hinab zur kommunalen, ja dörflichen Ebene.

INFO Deutsche Arbeitsfront (DAF)

Die *Deutsche Arbeitsfront* war eine Organisation der NSDAP, in der sowohl Arbeitgeber als auch Arbeitnehmer organisiert waren. Genau wie die NSDAP war sie nach dem Führerprinzip in Bezirke, Gaue, Kreise, Ortsgruppen, Betriebsgemeinschaften, Zelle und Blöcke gegliedert. Im Sinne der „Volksgemeinschaft" war sie v. a. zur Integration der Arbeiterschaft wichtig. Die beliebte Organisation *Kraft durch Freude* (KdF), die zur DAF gehörte, führte Freizeitaktivitäten durch, wodurch die Arbeiterschaft an die Organisation gebunden werden sollte. Gleichzeitig konnten damit erstmals Arbeiter eine Reise antreten, die erschwinglich war.

Indem die Anhängerschaft der Nationalsozialisten auf der Straße mobilisiert wurde und die Reichsregierung Druck auf die Länder ausübte, wurden die Länderregierungen unterworfen. Zunächst wurden die Länderregierungen durch „Reichsstatthalter" ersetzt, die Landtage aufgelöst und entsprechend dem regionalen Wahlergebnis der Reichstagswahl neu zusammengesetzt. Die Stimmen der KPD wurden nicht gewertet. 1934 wurden die Länderparlamente abgeschafft, der öffentliche Dienst wurde gleichgeschaltet: Juden und als nicht zuverlässig geltende Beamte wurden vom Dienst suspendiert bzw. entlassen. Am 2. Mai erfolgte die Zerschlagung der Gewerkschaften, an deren Stelle die DAF (Deutsche Arbeitsfront) trat.

Nachdem im Juni 1933 die SPD verboten worden war, beschlossen die bürgerlichen Parteien ihre Selbstauflösung. Ein neues Gesetz (14.7.1933) verbot von nun an die Neubildung von Parteien, die **NSDAP** wurde **Staatspartei** und erhielt den Status einer Körperschaft des öffentlichen Rechts mit eigener Gerichtsbarkeit über ihre Mitglieder.

Ende Juni 1934 ließ Hitler Ernst Röhm und die gesamte Führung der SA ermorden, weil diese angeblich einen Staatsstreich geplant hatte. Röhm forderte eine soziale Revolution und die Umgestaltung der bürgerlich-kapitalistischen Ordnung. Tatsächlich wurde die SA aufgrund ihrer Größe und Macht zu einer Gefahr für die Reichswehr, denn die Pläne Röhms sahen eine Eingliederung der Reichswehr in die SA vor. Hitler wollte sich der Loyalität der Reichswehr versichern, aber auch die innerparteiliche Opposition ausschalten. Die SS stieg nach dem **Röhm-Putsch** unter Heinrich Himmler zum zentralen Terrorinstrument des NS-Regimes auf.

Als Hindenburg am 2.8.1934 starb, wurden die Ämter des Reichspräsidenten und Reichskanzlers zusammengelegt: Hitler war nun Führer und Reichskanzler. Die Reichswehr wurde auf Adolf Hitler vereidigt. Damit war die Festigung der Macht abgeschlossen.

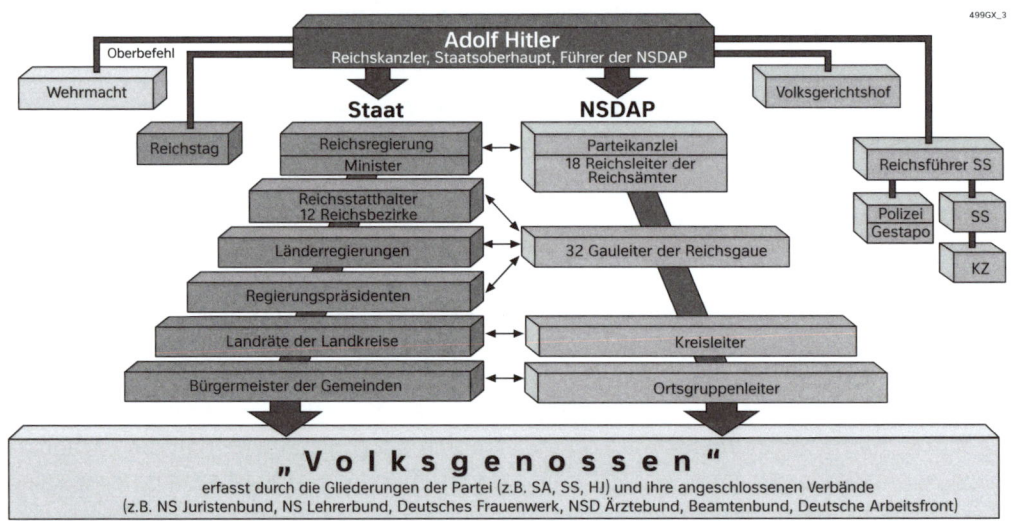

Wirtschaftliche und soziale Erfolge der Nationalsozialisten

An die Stelle der Gewerkschaften trat nach deren Verbot die Deutsche Arbeitsfront, ihr Ziel war nicht die Vertretung der Arbeitnehmerinteressen, sondern die weltanschauliche Schulung der Mitglieder im Sinne der NS-Ideologie. Die Arbeiter hatten von nun an keine Mitbestimmungsrechte mehr und auch die Tarifautonomie wurde abgeschafft. Im Gegenzug gab es den **„sozialen Volkstaat",** er bot Kündigungsschutz, Verlängerung des bezahlten Urlaubs, verbesserte Sozialleistungen und eine moderne soziale Absicherung. Vordergründig konnte die NSDAP so ihr Wahlversprechen erfüllen, die wirtschaftlichen und sozialen Probleme zu lösen. Der Preis dafür war hoch: längere Arbeitszeiten, die Verdrängung weiblicher Arbeitskräfte, eine extrem hohe Staatsverschuldung.
Der Abbau der Arbeitslosigkeit war ein weiteres zentrales Wahlversprechen Hitlers. Dies gelang ihm durch Subventionen des Baugewerbes, durch Arbeitsbeschaffungsprogramme und durch Investitionen in die Infrastruktur, z. B. den Bau von Autobahnen, die Pläne dafür stammten jedoch aus der Weimarer Republik. Die Autobahnen hatten eine militärische Funktion: Sie sollten der Wehrmacht Truppenverlegungen erleichtern. Die Arbeitslosigkeit sank infolge der sich erholenden Weltwirtschaft, aber auch durch Wiedereinführung der **Wehrpflicht** für zwei Jahre (1935) sowie den vorausgehenden

sechsmonatigen **Reichsarbeitsdienst** (RAD), den jeder junge Deutsche zu absolvieren hatte. Das NS-Regime investierte Unsummen in die Rüstungsindustrie, um Deutschland kriegsfähig zu machen. Deshalb wurde jede arbeits- oder wirtschaftspolitische Entscheidung dahingehend überprüft, ob sie der Kriegsfähigkeit des Deutschen Reiches zugutekam. Die **Aufrüstung** war jedoch nicht allein aus Steuereinnahmen des Staates zu finanzieren, weshalb der Reichsbankpräsident und Reichswirtschaftsminister Hjalmar Schacht den Mefo-Wechsel zur Finanzierung einführte.

INFO Mefo-Wechsel

Der Wechsel (Wertpapier, ähnlich einem Scheck) war eine elegante Möglichkeit, die Rüstung für eine gewisse Zeit auf Kreditbasis zu finanzieren, ohne dafür die Notenpresse anwerfen zu müssen. Wenn ein Unternehmen mit der Ausführung eines Rüstungsauftrags betraut war, konnte es anstelle von Bargeld bei einer Bank einen Mefo-Wechsel einlösen, der mit einer staatlichen Bürgschaft abgesichert war. Das Unternehmen erhielt das Geld von der Bank, die bei der Rückzahlung auf den Staat vertraute. Letztlich sollten die Schulden durch die Kriegsbeute bezahlt werden.

Die Staatsverschuldung und damit die Inflationsgefahr stiegen aber weiter an. Hjalmar Schacht initiierte deshalb einen bilateralen Tauschhandel zwischen Deutschland und v. a. ost- und südosteuropäischen Staaten (sie lagen im Interessensbereich der Deutschen für ihre Eroberungspolitik). Diese lieferten Rohstoffe zum Bau von Kriegsgerät und Nahrungsmittel zur Ernährung der Deutschen. Das Deutsche Reich lieferte im Gegenzug Produkte von gleichem Wert. Später wurden genau diese Länder mit jenen Waffen unter nationalsozialistische Kontrolle gebracht. Zentral für den wirtschaftlichen Aufschwung war somit die durch Schulden finanzierte Aufrüstung und aber auch, dass dieser in eine Zeit fiel in der weltweit die schlimmsten Verwerfungen der Weltwirtschaftskrise überwunden waren und sich ein weltweiter Aufschwung einstellte.

Neben der Senkung der Arbeitslosigkeit stand die Ausrichtung auf einen zukünftigen Krieg im Fokus: Der **Eroberungskrieg** war **Teil der Wirtschaftspolitik.** Mit der Verkündung des Vierjahresplanes 1936 stellte Hitler unmissverständlich klar, dass in vier Jahren sowohl die deutsche Armee einsatzbereit als auch die Wirtschaft kriegsfähig sein müsse, was neben Aufrüstung wirtschaftliche Autarkie bedeutete, z. B. in Bezug auf lokale Bodenschätze und die synthetische Herstellung von z. B. Benzin und Gummi.

Massenmobilisierung, Massenorganisationen und Propaganda

Die **Massenmobilisierung** war ein wichtiges Ziel der Nationalsozialisten. Massenaufmärsche signalisierten Größe und Gemeinschaft und waren ein wichtiges Element nationalsozialistischer **Propaganda.** Ihre Abläufe glichen religiösen Festen. Höhepunkt war meist eine Rede des „Führers" (zum **Personenkult** um Hitler s. S. 64). Ferner bedienten sich die Nationalsozialisten des Radios und des Films, beide neue Massenmedien schon in der Weimarer Republik. Massenveranstaltungen, z. B.. Reichsparteitage, wurden in der Breite übertragen, zentral über den Rundfunk („Volksempfänger"). Im Kino setzten

„Wochenschauen" nationalsozialistische „Wohltaten" und „Erfolge" propagandistisch in Szene.

In Kunst und Kultur fand eine Rückbesinnung auf das „germanische" Erbe sowie die Verherrlichung der „arischen Rasse" statt. Kunst, die nicht ins ideologische Weltbild passte, wurde als „entartet" gebrandmarkt und aus den Museen entfernt. Kontrolliert wurde der Kulturbetrieb seit 1933 von der Reichskulturkammer, die dem Propagandaministerium von Joseph Goebbels unterstand.

Ein weiterer wichtiger Bestandteil des NS-Systems waren die NS-**Massenorganisationen**, über die jeder Einzelnen in das NS-Regime eingebunden werden sollte. Kinder mussten ab einem Alter von zehn Jahren in die **Hitlerjugend (HJ)** und die Mädchen zum **Bund Deutscher Mädel (BDM),** wo sie in der nationalsozialistischen Ideologie erzogen wurden. In der HJ sollten soziale Unterschiede durch Zeltlager, Wettkämpfe und militärisch anmutende Geländespiele beseitigt werden und die Kameradschaft gefördert werden. Außer der HJ und dem BDM wurden alle anderen Jugendverbände verboten. Der Reicharbeitsdienst führte anschließend die ideologische Ausrichtung der Jugendverbände fort.

Auch die meisten Berufe hatten der NSDAP untergeordnete Verbände, so gab es den NS-Lehrerbund, den NS-Ärztebund u. a. m.

Terror, Verfolgung und Holocaust

Für den Machterhalt setzte der Nationalsozialismus neben der Erzeugung von **Massenloyalität** auch auf Terror und Gewalt gegen diejenigen, die das System kritisierten, oder jene, die laut NS-Definition nicht zur „Volksgemeinschaft" gehörten.

Nach der „Gleichschaltung" und der Ausschaltung der SA (Schutzabteilung) begann der Aufstieg der **SS (Schutzstaffel).** Sie verkörperte die Ideologie der Nationalsozialisten und sicherte deren Macht ab, indem sie wichtige Ämter bei der Polizei und der Gestapo (Geheime Staatspolizei) besetzte und damit staatliche Aufgaben übernahm. Weil Himmler sowohl Reichsführer SS als auch Chef der Polizei war, konnte er den Terror gegen die Gegner des Regimes organisieren. Die SS war darüber hinaus mit ihren Unterorganisationen (Waffen-SS und den Wachmannschaften der KZ, Totenkopfverbände genannt) für die begangenen **Massenmorde** und den **Holocaust (Shoah)** verantwortlich. Sie führte und verwaltete zentral die Konzentrationslager (KZ).

> **INFO** Unterschied zwischen Konzentrations- und Vernichtungslager
>
> In **Konzentrationslagern,** einem der Terrorinstrumente, wurden politische Gegner, Juden, „Asoziale", Homosexuelle oder Kriminelle ohne rechtliche Grundlage ihrer Freiheit beraubt und umgebracht. Oftmals starben die Häftlinge auch an Krankheiten oder Unterernährung („Vernichtung durch Arbeit").
>
> Die **Vernichtungslager** in Polen (z. B. Sobibor) und der Sowjetunion dienten v. a. der Ermordung und Vernichtung von Juden durch Gas, Massenerschießungen oder „durch Arbeit". Vernichtungslager wurden ausschließlich für die Ermordung der Deportierten errichtet.

Die Konzentrationslager als Instrument des Terrors entstanden schon gleich nach der Machtübernahme. In sie wurden am Anfang die politischen Gegner eingewiesen. 1935 begann die systematische **Deportation** von „Volksschädlingen". Juden wurden ausgegrenzt, ihre Geschäfte boykottiert oder beschädigt. Mit den „Nürnberger Gesetzen" (1935) wurden als Staatsbürger mit all den dazugehörigen Rechten nur noch „Arier" anerkannt und Ehen zwischen „Ariern" und Juden verboten beziehungsweise für nichtig erklärt. Als Konsequenz der Ausgrenzung wanderten bis 1938 ein Drittel (ca. 170 000) der Juden aus Deutschland aus.

Die Maßnahmen von der Ausgrenzung bis hin zum Völkermord an den europäischen Juden lässt sich grob in vier Phasen unterteilen:

Erste Phase (1933 bis 1935): Einzelne scheinlegale Maßnahmen
– 1. April 1933: Boykott jüdischer Geschäfte.
– 7. April 1933: Gesetz zur Wiederherstellung des Berufsbeamtentums. Nahezu alle jüdischen Beamten wurden aus dem Dienst entlassen. Es folgten weitere Gesetze für andere Berufsgruppen.
– ab Frühjahr 1933: Errichtung erster Konzentrationslager und zunehmender Druck zur Auswanderung nach Palästina.
– 22. September 1933: Reichskulturkammergesetz verbietet jüdisches Kulturschaffen.
– Sommer 1933: Aktion „Juden unerwünscht".

Zweite Phase (1935 bis 1938): Die Nürnberger Gesetze und die Folgen
– 15. September 1935: **Nürnberger Gesetze.** Die Nürnberger Rassegesetze definierten, wer Jude war. Damit einhergehend wurden Juden zu Bürgern zweiter Klasse („Staatsangehörige") degradiert, ihnen wurden alle politischen Bürgerrechte genommen. Verboten wurden sog. „Mischehen" („Blutschutzgesetz"; „Rassenschande" wurde mit Zuchthaus bestraft). Mit den Nürnberger Rassegesetzen war die Judenemanzipation, die seit dem 19. Jahrhundert eingesetzt hatte, rückgängig gemacht worden. Neuen Diskriminierungsmaßnahmen waren Tür und Tor geöffnet.
– In den folgenden Jahren ergingen immer wieder **Berufsverbote** für Juden.
– Juli/August 1938: „Kennkarten" für Juden; jüdische Frauen mussten den Namen „Sara", Männer den Namen „Israel" tragen.
– 5. Oktober 1938: In den Reisepass musste ein rotes „J" gestempelt werden.

Dritte Phase (1938 bis 1941): „Die Reichspogromnacht" und die Folgen
– November 1938: Ausschluss jüdischer Kinder von staatlichen Schulen.
– 9./10.11.1938: Über Deutschland rollte eine Welle von **Pogromen** (Reichspogromnacht, verharmlosend im Jargon der Nationalsozialisten: „Reichskristallnacht"), bei denen die SA jüdische Geschäfte zerstörte, Synagogen in Brand steckte und jüdische Bürger misshandelte. In dieser Nacht wurden mehr als 100 Synagogen abgebrannt und zwischen 90 und 100 Juden ermordet. Das Regime rechtfertigte diese Pogrome mit dem Attentat auf den deutschen Legationssekretär in Paris durch den jüdischen Deutschpolen Herzel Grynszpan. In den folgenden Tagen wurden mehr als 30 000 jüdische Männer verhaftet und in die KZs Dachau, Buchenwald und Sachsenhausen

verschleppt. Die Mehrheit der Deutschen verharrte schweigend und zeigte wenig Mitgefühl. Allerdings ließ sich die Allgemeinheit trotz der Beeinflussung durch die Propaganda nicht zu Gewalt an Juden aufhetzen.

- Im Anschluss an die Reichspogromnacht mussten die Juden für den durch die SA und NSDAP entstandenen Schaden eine „Sühneleistung" von mehr als einer Milliarde Reichsmark erbringen, eine wirtschaftliche Ausplünderung.
- Ab 1939 wurde Juden der Besuch von Kinos, Schwimmbädern und Theatern untersagt. Sie hatten keinen gesetzlichen Schutz mehr. Es wurden „Judenhäuser" eingerichtet, um die Deportation zu vereinfachen.
- 1.1.1939: „Arisierung" jüdischer Betriebe. Das bedeutete den vollständigen Ruin.
- 1.9.1939: Ausgangssperre ab 21 Uhr im Sommer, im Winter ab 20 Uhr.
- Juli 1940: Juden durften in Berlin nur von 16 bis 17 Uhr Lebensmittel einkaufen.
- 1940: Erste Deportationen in Ghettos im Osten.
- Februar 1941: Befehl des Arbeitseinsatzes für alle „arbeitsfähigen" Juden.
- 1.9.1941: Juden mussten einen gelben Stern auf der Kleidung tragen (Judenstern), um sie öffentlich zu demütigen.

Vierte Phase (1941 bis 1943): Der Holocaust
- ab Oktober 1941: Beginn der systematischen Deportation der Juden nach Polen in Arbeits- bzw. Vernichtungslager.
- 20. Januar 1942: „Wannseekonferenz" über die „Endlösung der Judenfrage" (So wurde die planmäßige Ermordung der europäischen Juden genannt).
- 9. Juni 1942: Einstellung jeglichen Schulunterrichts für Juden
- ab Juni 1942: In Auschwitz beginnen die ersten Massenvernichtungen.

Das beispiellose Verbrechen des **Völkermords an den europäischen Juden** steht in enger Verbindung zum Zweiten Weltkrieg. Durch den Krieg gegen Polen und gegen die UdSSR fielen viele Millionen Juden in den deutschen Machtbereich. Auf der **Wannsee-konferenz 1942** (20. Januar), zu der Heydrich (Leiter des RSHA) geladen hatte, wurde beschlossen, die Tötung von Juden effizienter zu gestalten, da die Massenerschießungen als nicht effektiv genug eingestuft wurden. Somit wurde hier die Organisation der sog. „Endlösung der Judenfrage" beschlossen, u. a. die **Einrichtung von Massenvernich-tungslagern.** Diese ergänzten die Konzentrationslager. Vernichtungslager gab es in Sobibor, Belzec, Chelmno, Maidanek, Treblinka und Auschwitz. Auschwitz II-Birkenau erhielt als erstes dieser Lager vier große Gaskammern, in denen allein 1,4 Millionen Menschen ermordet wurden. Insgesamt wurden durch die Nationalsozialisten circa sechs Millionen Juden ermordet. Die Begriffe **Holocaust** (gr. *holocaustum* – „ganz verbrannt") bzw. **Shoah** (hebr. „Katastrophe") bezeichnen diesen in der Menschheitsgeschichte mit nichts gleichzusetzenden, industriell zu nennendem Genozid (**Völkermord**).

Neben Juden wurden in den Vernichtungslagern auch zwischen 200 000 und 500 000 Sinti und Roma ermordet. Bis zum Ende des Krieges wurden zudem über 100 000 behinderte und kranke Menschen, die als „lebensunwert" abgestempelt wurden, im Rahmen des sog. **Euthanasie-Programms („Aktion T4")** ermordet. Da hiervon hauptsächlich

Deutsche betroffen waren, gab es dagegen ab 1941 Proteste seitens Angehöriger und der Kirchen. Aus diesem Grund wurde das Programm ab 1942 offiziell eingestellt, aber im Verborgenen bis Kriegsende weiter betrieben.

Akzeptanz der NS-Diktatur: Die Problematik des Widerstands in totalitären Systemen

Auffallend ist, dass es während der zwölf Jahre nationalsozialistischer Herrschaft nur vereinzelt Widerstand gab. Einerseits duldete der totalitäre Anspruch der National-sozialisten keine Abweichung. Andererseits standen sicherlich nicht alle Deutschen hinter dem NS-Regime, doch hatte sich eine große Zahl mit dem Regime arrangiert: Wirtschaftserfolge „auf Pump" und das nationale Auftreten der Regierung Hitler ver-schafften ihm Ansehen und auch Zustimmung. Die Verfolgungs- und Rassepolitik war den Deutschen eher gleichgültig, wenn sie sie nicht sogar unterstützten. Außerdem war der Nationalsozialismus in der deutschen Bevölkerung mindestens bis 1943 sehr popu-lär. Man kann annehmen, dass Widerstand nicht unterstützt worden wäre. Dass es so gut wie keinen Widerstand gegen das verbrecherische Regime gab, lässt sich auch mit der Ausschaltung der politischen Gegner, v. a. der Kommunisten, seit 1933 erklären. Es war prinzipiell schwierig, seine Ablehnung bzw. seine ablehnende Haltung zu zeigen, da dies KZ-Haft o. Ä. nach sich gezogen hätte.

Der Akt des **Widerstands** lässt sich in verschiedene Formen aufteilen: unangepasstes Verhalten (Nonkonformität), Verweigerung, Protest und (offener) Widerstand. **Unange-passtes Verhalten** und **offenen Widerstand** gab es in vielfältiger Weise:

- Ein Beispiel hierfür sind die **Edelweißpiraten,** die sich von der HJ abzugrenzen ver-suchten, indem sie z. B. einen eigenen Kleidungsstil pflegten (Halstücher, Wander-schuhe) und als Erkennungsmerkmal das Edelweiß trugen.
- Einzelne Menschen verweigerten z. B. den Hitlergruß oder nahmen bewusst nicht an Feiern oder Kundgebungen des Regimes teil. Andere wanderten aus: Thomas Mann, Stefan Zweig etc.
- Die Studentengruppe um Hans und Sophie Scholl **(Weiße Rose)** leistete mit Flugblät-tern Widerstand gegen das Herrschaftssystem. Sie forderte die Menschen auf, nicht am Vernichtungskrieg teilzunehmen.
- **Georg Elser,** ein Schreiner aus Heidenheim, verübte am 8.11.1939 im Bürgerbräukeller in München ein Bombenattentat auf Hitler, dem dieser jedoch unverletzt entkam.
- Der katholische Bischof von Münster, von Galen, prangerte öffentlich das Euthana-sieprogramm an (ohne sich jedoch gegen die Judenverfolgung auszusprechen). Die **Bekennende Kirche** (darunter Bonhoeffer) distanzierte sich vom Nationalsozialismus. Der Widerstand der Kirchen blieb alles in allem jedoch eher verhalten.
- Um den **Kreisauer Kreis** bildete sich der bürgerliche Widerstand, der sich mit der Neuordnung Deutschlands nach der Niederlage beschäftigte.
- Der sog. **Goerdeler-Kreis** um Carl Goerdeler bestand aus bürgerlichen Politikern, Sozialdemokraten, Gewerkschaftern und Mitgliedern der „Bekennenden Kirche". Ziel war es, einen Staatsstreich durchzuführen.
- Der militärische Widerstand um **Claus Graf Schenk von Stauffenberg** verübte am **20.7.1944** ein **Attentat auf Hitler,** das dieser leicht verletzt überlebte. Stauffenberg,

zunächst Anhänger des Nationalsozialismus, wandte sich aufgrund seiner humanistischen Überzeugung von Hitler ab. In engem Kontakt mit der Gruppe um Goerdeler wurde das Attentat geplant. Stauffenberg und die anderen am Anschlag beteiligten Personen wurden standrechtlich erschossen.

NS-Außenpolitik: Von der Revision des Versailler Vertrags bis zum Zweiten Weltkrieg

Anfangs versuchte Hitler den Eindruck zu erwecken, dass er an einer friedlichen Außenpolitik interessiert sei und dass es sein Ziel wäre, lediglich die bereits von Weimar begonnen Politik der **Revision** des Versailler Vertrags fortzusetzen. Im Geheimen wurde aber die Aufrüstung vorangetrieben.

Zentrale Begriffe

Revision – Expansion – Appeasement – Isolationismus

Revision des Versailler Vertrages und aggressive Expansion

Schon 1933 trat das Deutsche Reich, entgegen den Bestimmungen des Versailler Vertrages, aus dem Völkerbund aus. 1935 wurde im Saarland eine Volksabstimmung über dessen Status abgehalten (Ergebnis: Wiedereingliederung ins Reich). Bei dieser Volksabstimmung stimmten 91 Prozent für eine „Rückkehr ins Reich". Dies wurde von der Propaganda als großer Erfolg der Politik des NS-Regimes gefeiert, obwohl die Abstimmung schon im Versailler Vertrag vorgesehen war. Einen klaren Bruch des Versailler Vertrages waren die Wiedereinführung der Wehrpflicht 1935 und die Besetzung des entmilitarisierten Rheinlands 1936. Im gleichen Jahr schlossen Deutschland und Japan den **Antikomintern-Pakt,** der sich gegen die Sowjetunion richtete. Kurze Zeit später trat diesem auch Italien bei.

Im November 1937 stellte Hitler seine Kriegspläne erstmals vor Offizieren der Wehrmacht vor **(Hoßbach-Niederschrift),** mit denen die außenpolitischen Ziele der Nationalsozialisten deutlich wurden. Am 12.3.1938 erfolgte der **Anschluss Österreichs** an das Reich: ein massiver Verstoß gegen den Versailler Vertrag. Auf einer von Mussolini vorbereiteten Konferenz **(Münchner Konferenz)** einigten sich Großbritannien, Frankreich und Italien unter Ausschluss der Tschechoslowakischen Republik (ČSSR) darüber, den Forderungen Deutschlands nach der **Einverleibung des Sudetenlandes** zuzustimmen. Hitler argumentierte dabei geschickt mit dem Selbstbestimmungsrecht der Völker. Als im März 1939 **Böhmen und Mähren** schließlich eingegliedert wurden, blieb von der Tschechoslowakei nur noch die Slowakei als Satellitenstaat bestehen. Erst jetzt wurde den Westmächten schlagartig klar, dass Hitlers Friedensbekundungen nur der Verschleierung seiner wahren Absichten gedient hatten und er eine aggressive **Expansion** vorantrieb. Großbritannien gab daraufhin eine Bestandsgarantie für Polen ab, Frankreich betonte ebenfalls seine Verbundenheit. Die sog. **Appeasement-Politik** der Westmächte war gescheitert.

Im April kündigte Hitler den **Deutsch-polnischen Nichtangriffspakt** auf, am 23.8.1939 schlossen das Deutsche Reich und die Sowjetunion den sog. **Hitler-Stalin-Pakt,** der die

Neutralität beider Staaten bei einem eventuellen Krieg festschrieb. Obwohl Hitler und die Nationalsozialisten immer den „Bolschewismus" als den großen Feind dargestellt hatten, kam dieser Vertrag zustande. In einem geheimen Zusatzprotokoll steckten beide Staaten ihre Interessenssphären in Osteuropa ab.

INFO Appeasement-Politik

Appeasement meint das Anliegen, internationale Spannungen und Konflikte durch Verhandlungen zu lösen. Hitler sah darin eine Schwäche der Briten und stellte immer weitergehende Forderungen. Großbritannien vertrat die Überzeugung, dass Deutschland im Versailler Vertrag ungerecht behandelt worden sei und dessen **Revision** mit dem Grundsatz des Selbstbestimmungsrechts der Völker vereinbar sei. Dass weder Großbritannien noch Frankreich sich Hitler in den Weg stellen konnten, lag v. a. an den wirtschaftlichen Problemen bei der Modernisierung beider Staaten, den innenpolitischen Konflikten in Frankreich und an den Unabhängigkeitsbestrebungen der britischen Kolonien, die das britische Empire bedrängten.

Die einzige weitere Macht, die sich Hitler hätte entgegenstellen können, waren die **USA.** Deren außenpolitischer Grundsatz war aber seit 1836 **Isolationismus.** Die Abkehr von dieser Leitlinie im Ersten Weltkrieg hatte in den Augen der amerikanischen Bevölkerung einen unverhältnismäßig hohen Preis an Menschenleben und Material gekostet. Es herrschte daher der Wunsch nach einer „Rückkehr zur Normalität" und somit zum Isolationismus vor. Man wollte sich nicht mehr in die Angelegenheiten auf dem europäischen Kontinent oder anderswo auf der Welt einmischen. Erst in der „Quarantänerede" 1937 von Präsident Franklin D. Roosevelt deutete dieser an, den Isolationismus zu beenden. In dieser Rede forderte er alle demokratischen Regierungen zum Handeln gegen totalitäre Regierungen auf und reagierte dadurch auf die gegenseitige Annäherung von Deutschland, Italien und Japan.

Der Zweite Weltkrieg, ein Vernichtungs- und Weltanschauungskrieg

> **Zentrale Begriffe**
> Zweiter Weltkrieg – Vernichtungskrieg – Weltanschauungskrieg – SS – Wehrmacht – Zwangsarbeit – „Endlösung" – Deportation – Holocaust/Shoah – totaler Krieg

Am 1.9.1939 begann mit dem **Überfall auf Polen** der Zweite Weltkrieg. Deutsche Truppen marschierten in Polen ein, worauf Frankreich und Großbritannien am 3.9. dem Deutschen Reich den Krieg erklärten. Nach nur wenigen Wochen musste Polen, das den Deutschen in Artillerie, Panzern und in der Luftwaffe weit unterlegen war, kapitulieren. Hitlers **Blitzkrieg-Strategie** ging auf, Polen wurde unterworfen und zwischen dem Deutschen Reich und der UdSSR – sie war am 17.9. in Polen einmarschiert – aufgeteilt. Schon beim Krieg gegen Polen zeigten sich die Merkmale der NS-Kriegsführung. Erklärtes Ziel war zunächst, die polnische Intelligenz sowie die jüdische Bevölkerung, den Klerus und den Adel zu „beseitigen", mithin zu ermorden. Die übrige Bevölkerung sollte entweder versklavt, vernichtet oder schließlich im Sinne der Ideologie „germanisiert" werden. Beteiligt an der Ermordung und **Deportation** waren nicht nur Himmlers **SS**-Schergen, sondern auch die **Wehrmacht.** Das Völkerrecht wurde in Polen, wo der NS-Ideologie nach „Untermenschen" lebten, nicht respektiert. Obwohl Frankreich und Großbritannien dem Deutschen Reich den Krieg erklärt hatten, kam es bis zum 10.5.1940 zu keinen Kampfhandlungen (frz. *drôle de guerre* = Sitzkrieg). Frankreich verschanzte sich hinter der Maginot-Linie. Weil die Franzosen die Neutralität der Benelux-Staaten wahren wollten, griffen sie Deutschland nicht an. Bevor es zu Kampfhandlungen mit Frankreich kam, besetzte Hitler Ende 1939 **Dänemark** und **Norwegen.**

Am 10.5.1940 durchbrachen schließlich deutsche Panzer die Ardennen und überzogen die **Benelux-Staaten** und **Frankreich** mit einem Blitzkrieg. Frankreich unterlag, unterzeichnete am 22.6.1940 ein Waffenstillstandsabkommen mit Deutschland und wurde in zwei Teile aufgeteilt: die besetzte Zone und die freie Zone mit der Hauptstadt Vichy, regiert von Maréchal Pétain. Deutschland annektierte das Elsass, Lothringen und Luxemburg. In der **Luftschlacht um England** mit dem Ziel, die britische Luftwaffe zu zerstören, um in England landen zu können, musste die deutsche Luftwaffe ihre erste Niederlage einstecken.

Im Winter 1940 gab Hitler den Befehl zur Vorbereitung des Angriffs auf die UdSSR. Hitler nahm somit einen Zweifrontenkrieg in Kauf, um ein riesiges Kolonialreich im Osten zu errichten. In diesem **Vernichtungs-** und **Weltanschauungskrieg** sollten Kriegsverbrechen der deutschen Soldaten an Zivilisten folgenlos bleiben. Es war auch geplant, dass sich die Wehrmacht aus den eroberten Gebieten versorgen sollte, die übrigen Nahrungsmittel sollten nach Deutschland geschafft werden. Man nahm also den Hungertod von russischen Zivilisten schon bei der Planung in Kauf.

Am 22.6.1941 überfiel die Wehrmacht die **UdSSR.** Der Eroberungsfeldzug hieß **„Unternehmen Barbarossa".** Der Begriff steht auch für den Vernichtungskrieg gegen Juden, Slawen und Bolschewisten. Mobile „Einsatzgruppen", geführt von der SS, gingen hinter der Front brutal gegen die jüdische Bevölkerung und gegen angehörige der kommunistischen Partei vor. Die Besatzungspolitik im Osten war geprägt von der Rassenideologie der Nationalsozialisten: Unterwerfung der Bevölkerung und Ausbeutung der eroberten Gebiete. Der Krieg war kein „normaler Krieg", sondern ein **Vernichtungskrieg.** Die Deutschen begingen Kriegsverbrechen: SS, Wehrmacht und Einsatzgruppen gingen z. B. mit aller Härte gegen die als „Untermenschen" betrachteten sowjetischen Soldaten und Freischärler (Partisanen) vor. Die Zivilbevölkerung wurde entweder vertrieben, ermordet oder zu **Zwangsarbeit** (in Deutschland) verurteilt. Zwischen 1941 und 1945 starben ca. 2.8 Millionen sowjetische Soldaten durch dieses Vorgehen.

Zeitgleich mit dem Angriff auf die Sowjetunion erhielt der SS-Obergruppenführer Reinhard Heydrich den Auftrag für die **„Endlösung der Judenfrage"** (so wurde die planmäßige Ermordung der europäischen Juden genannt). 1942 veranstaltete Heydrich die „Wannseekonferenz", bei der der Massenmord an den europäischen Juden geplant wurde (**Holocaust/Shoah**, s. S. 72). 1942/43 wurden alle polnischen Ghettos aufgelöst und die Insassen in die Vernichtungslager deportiert. Auch alle anderen Juden, die sich in den von Deutschland besetzten Gebieten befanden, wurden in die Vernichtungslager deportiert. In den Gaskammern der Lager Treblinca, Sobibor, Belzec und Auschwitz wurden die Juden durch die SS und ihre Helfer ermordet. Ein kleiner Teil der Juden wurde zur Zwangsarbeit für die deutsche Rüstungsindustrie abgestellt. Teilweise hatten die Rüstungsunternehmen sogar direkt neben den Lagern Außenstellen, in denen die Zwangsarbeiter arbeiten mussten.

Der Krieg im Osten und der Vernichtungsprozess in den Lagern war Teil des **„totalen Krieges",** den Joseph Goebbels 1943 ausgerufen hatte.

Ende und Bilanz des Zweiten Weltkriegs

In den letzten Kriegsmonaten wendete sich die Gewalt gegen Deutschland. An der Ostfront konnte die Rote Armee immer weiter Richtung Deutschland vordringen und die Westalliierten verschärften den Bombenkrieg gegen deutsche Städte und Industrieanlagen. Das NS-Regime bot alle Kräfte auf, um die sich abzeichnende Niederlage noch abzuwenden:

- Jugendliche und Rentner (der sog. „Volkssturm") wurden bewaffnet und in den Kampf geschickt.
- Gegner wurden als sog. „Wehrkraftzersetzer" hingerichtet.
- KZ-Haftlinge und Zwangsarbeiter wurden bis zum Erschöpfungstod für die Kriegsrüstung ausgebeutet. So starben z. B. mehr Häftlinge bei der Produktion der sog. „Wunderwaffen", als Menschen bei deren Einsatz umkamen.

Der Zweite Weltkrieg lässt sich als **„Zivilisationsbruch"** beschreiben. Nicht nur wegen der kaum zu begreifenden Zahlen an Opfern, sondern auch wegen des industriell geplanten Massenmords (Holocaust/Shoah).

Fenster zur Welt: Die Expansion des faschistischen Italiens

> **Zentrale Begriffe**
> Italienisch-Ostafrika – Kolonie – Imperium

Auch das liberale Italien hatte eine expansive, koloniale Außenpolitik verfolgt, die nach der Machtübernahme Mussolinis an Aggressivität zunahm. Die faschistische Ideologie sah in Bezug auf die Weltpolitik einen **„Kampf der Nationen",** bei dem die überlegenen Nationen im Sinne des Sozialdarwinismus immer **neuen „Lebensraum"** benötigten. Ziel des Faschismus war es, durch eine permanente Revolution und Krieg einen neuen Menschentypus mit kriegerischen Tugenden zu erschaffen.

Wie schon im Römischen Reich sollte das Mittelmeer zum italienischen Meer werden, ganz wie das *„mare nostrum"* (lat. unser Meer) zur Zeit des Römischen Imperiums. Die Expansion sollte die Wirtschaft Italiens stärken und es unabhängig machen von den internationalen Rohstoff- und Finanzmärkten.

Aus diesem Grund führte Mussolini nach seiner Machtübernahme 1922 den bereits bestehenden Feldzug gegen Libyen fort. Arbeitslose Italiener sollten die eroberten Gebiete als Siedlungsland erhalten. Diesen Krieg gegen Libyen konnte Italien erst 1934 für sich entscheiden und Libyen zur italienischen **Kolonie** erklären. Obwohl die Propaganda große Erfolge verkündete, war die Kolonie eine große finanzielle Belastung und auch die italienischen Siedler wollten nicht in Libyen bleiben. Nichtdestotrotz hielt das faschistische Italien an seiner expansiven Kolonialpolitik fest. 1935 marschierten Truppen in Abessinien ein (das neben Liberia einzige nicht kolonialisierte Gebiet in Afrika; heute ungefähr das Gebiet von Eritrea und Äthiopien.)

Nach diesem Feldzug verkündete Mussolini in Rom das neue italienische **Imperium.** Die Gebiete im Osten Afrikas wurden zur Kolonie **Italienisch-Ostafrika (A.O.I.).** Diese Kolonie sollte allerdings nur eine Zwischenetappe dazu sein, ganz Nordafrika unter italienische Kontrolle zu bringen. Dieses Ziel wurde nicht nur mit militärischen Mitteln verfolgt, sondern auch durch destabilisierende Eingriffe (z. B. Unterstützung der Opposition, Einsatz von Agenten, öffentliche Diffamierungen).

Bei der Eroberungspolitik schreckte Mussolini vor nichts zurück. Es gab
– Flächenbombardements von zivilen Zielen,
– Deportation der Bevölkerung in Konzentrationslager,
– Massenerschießungen,
– Einsatz von muslimischen Söldnern,
– Einsatz von Giftgas.

Die europäischen Großmächte schritten nicht ein. Dies lag einerseits an der Schwäche des Völkerbunds, aber andererseits auch an der Absicht, Mussolini für eine Koalition gegen das nationalsozialistische Deutschland zu gewinnen. Der „Duce" gab jedoch seine neutrale Haltung gegen Deutschland und den Anschluss Österreichs auf. Im Gegenzug billigte Hitler Italiens Afrikapolitik. Beide Diktatoren einigten sich und bildeten ab 1936 die sog. **„Achse Berlin-Rom".**

Gemeinsamkeiten und Unterschiede der antiliberalen Modernisierungsdiktaturen

Zentrale Begriffe
Totalitarismus – Modernisierungsdiktatur – Erziehungsdiktatur – Gefälligkeitsdiktatur – Singularität der nationalsozialistischen Verbrechen

Schon früh untersuchte man die Diktaturen des Nationalsozialismus und des Stalinismus im Vergleich. Beide Systeme stellen antiliberale Alternativen der Moderne dar. In der Geschichtswissenschaft werden sie als Beispiele für den **Totalitarismus** beschrieben:
– Eine einzige Partei bestimmt das politische und gesellschaftliche Leben.
– Es gibt einen Gewaltapparat, der die Loyalität der Bevölkerung mittels Terrors sicherstellt.
– Eine für alle verbindliche Weltanschauung wird der Bevölkerung durch Propaganda und Personenkult eingehämmert.
– Die totale Erfassung und Mobilisierung des Einzelnen ist das Ziel.
– Nicht das Individuum steht im Zentrum, sondern das Kollektiv und damit der Staat und dessen Führung.

– Das Leben der Menschen ist durch eine sinnstiftende Ideologie vereinheitlicht.
– Der Staat kontrolliert alle Bereiche des Lebens.
– Der Staat wird von einem „Führer" gelenkt, hinter dem eine Massenpartei steht.
– Alle Mittel und Wege der Kommunikation werden kontrolliert.
– Es gibt eine Geheimpolizei.
– Die Wirtschaft wird gelenkt und kontrolliert.

DEBATTE Vergleich zwischen Nationalsozialismus und Stalinismus legitim?

Nachdem man den Nationalsozialismus für überwunden hielt, wurde das **Konzept des Totalitarismus** hauptsächlich auf den Stalinismus angewendet. Vor dem Hintergrund des Kalten Krieges benutzte der Westen es, um auf die stalinistischen Verbrechen und den Terrorcharakter dieses Regimes aufmerksam zu machen. In den Augen der Fachwissenschaft verlor das Konzept durch die politische Inanspruchnahme seine wissenschaftliche Geltung. Zudem kritisierten auch andere Geschichtswissenschaftler, dass die Kategorien des landläufigen Totalitarismus-Konzepts zu grob gefasst seien und z. B. die Ziele und Inhalte der politischen Systeme nicht erfasse bzw. berücksichtige.

Besonders deutsche Historiker befürchteten, dass durch den vergleichenden Ansatz zur Erklärung von Totalitarismus die nationalsozialistischen Verbrechen verharmlost und relativiert würden. Es wurde auch diskutiert, ob nicht durch einen solchen Vergleich das passive Verhalten des liberalen und konservativen Bürgertums gegenüber dem Nationalsozialismus relativiert werde. Für manche Historiker ist es fraglich, ob Unternehmen, Verbände, Vereine oder Kirchen wirklich keine andere Option hatten, als sich zu unterwerfen, oder ob sich nicht wenige doch freiwillig aus wirtschaftlichen Interessen einbinden ließen.

Erziehungs-, Modernisierungs- und Gefälligkeitsdiktatur

Neben der Totalitarismus-Theorie gibt es aber auch andere Erklärungsansätze für die Entwicklung und Ausprägungen der Diktaturen im 20. Jahrhundert.

Historiker wie Ralf Dahrendorf oder Rainer Zitelmann sahen im Nationalsozialismus eine Entwicklungs- bzw. **Modernisierungsdiktatur,** welches kontrovers diskutiert wird. Deren Ziel war es, durch die Förderung von Technik und Naturwissenschaft eine moderne Gesellschaft zu schaffen. Allgemein ist der Begriff Modernisierung eher positiv besetzt. Mit dem Begriff der Modernisierungsdiktatur wird aber der Fokus auf den **radikal forcierten Wandel** im Nationalsozialismus und Stalinismus gelegt:

– Auflösung der traditionellen gesellschaftlichen Bindungen zugunsten einer „Volksgemeinschaft" bzw. dem sowjetischen Kollektiv, mit jeweils eigenen Massenorganisationen,
– Staatsfeiern und Rituale als Religionsersatz,
– Ausbildung einer Antizivilgesellschaft, die alle Ansätze zur Begrenzung der Staatsmacht zerstören.

Der Historiker Götz Aly[2] bezeichnet in seinem Buch „Hitlers Volksstaat" (2005) den Nationalsozialismus als eine **„Gefälligkeitsdiktatur"**. Alys Analyse zufolge erkauften sich das NS-System die Loyalität der schweigenden Mehrheit durch:
- Steuerprivilegien,
- Millionen von Tonnen geraubter Lebensmittel aus den eroberten Gebieten, die zur Versorgung der eigenen Bevölkerung nach Deutschland verschickt wurden, während die lokale Bevölkerung verhungerte,
- Umverteilung des „arisierten" Eigentums der jüdischen Bevölkerung,
- Finanzierung des Krieges durch die Ausbeutung der eroberten Gebiete,
- Karrieremöglichkeiten in den eroberten Gebieten.

Laut Aly profitierten vom „konsequentesten Massenraub" der Geschichte nicht nur hochrangige NS-Funktionäre, sondern die ganze Bevölkerung.

Beide Diktaturen können auch als **„Erziehungsdiktaturen"** bezeichnet werden. Der Fokus liegt hier auf der Beeinflussung der Jugendlichen. Ziel ist, die Ausbildung von Individualität und kritischem Denken zu verhindern, indem man Jugendliche früh dem elterlichen Einfluss entzieht, um sie ideologiegerecht zu erziehen.

DEBATTE Der „Historikerstreit"

In der Geschichtswissenschaft gab es unterschiedliche Positionen in Bezug auf den **Stellenwert von Nationalsozialismus und Holocaust in der deutschen Geschichte.** Die einen wollten den Nationalsozialismus „historisieren" und ihn in die historische Gesamtentwicklung, den deutschen Faschismus in Verbindung mit den vorhergehenden Epochen zu erklären und zu verstehen. Die anderen sahen in dieser „Historisierung" die Gefahr, dass die nationalsozialistischen Verbrechen dadurch „normalisiert" und „relativiert" würden.

Diese Kontroverse gipfelte schließlich 1986 im sog. **„Historikerstreit".** Auslöser war ein Artikel des Historikers Ernst Nolte, der den Holocaust als eine Reaktion des Nationalsozialismus auf vorhergehende Verbrechen im sowjetischen GULag gewesen sei. Das zentrale Therma dieses Historikerstreits war, inwiefern der von Deutschland verübte Holocaust mit anderen Massenverbrechen vergleichbar sei oder, ob dadurch die **Singularität der nationalsozialistischen Verbrechen** verharmlost würde. In diesem Streit vertrat der Philosoph Jürgen Habermas und andere Historiker die Position, dass der Holocaust so einzigartig („singulär") sei, dass er sich nicht mit anderen Massen- und Völkermorden vergleichen ließe.

[2] Götz Aly (* 1947, Historiker/Politikwissenschaftler, Forschungsschwerpunkte: NS-Zeit, Holocaus)

West- und Osteuropa nach 1945

Wege in die post-industrielle Zivilgesellschaft

Orientierung im Zeitraum
8.5.1945: bedingungslose Kapitulation Deutschlands – ab 1947: Kalter Krieg – 1949: Gründung von BRD und DDR – ab 1950: Wirtschaftsboom in Ost- und Westeuropa – 17.6.1953: Volksaufstand in der DDR – 1961: Mauerbau – ab 1968: Internationale Jugendproteste, neue soziale Bewegungen – 1973/74: erste Ölkrise – ab 1980: Strukturwandel in Westeuropa, Wirtschaftskrise in Osteuropa – ab 1985: Glasnost, Perestroika – 1989: Ende des Kalten Kriegs, Revolutionen in Osteuropa – 9.11.1989: Mauerfall – 3.10.1990: Deutsche Einheit – 1991: Ende der UdSSR – 1992: Vertrag von Maastricht

Europa nach dem Zweiten Weltkrieg

Zentrale Begriffe
Zusammenbruchsgesellschaft[1]: Flucht und Vertreibung

Potsdamer Konferenz und alliierte Besatzungsherrschaft

Welche Chancen und Probleme ergaben sich bei der Herausbildung einer postindustriellen Zivilgesellschaft in West- und Osteuropa nach der **bedingungslosen Kapitulation Deutschlands am 8.5.1945?**

Die bedingungslose Kapitulation *(unconditional surrender)* beendete die Kampfhandlungen in Europa und die nationalsozialistische Herrschaft in Deutschland. Am 5.6.1945 erklärten die Regierungen der alliierten Siegermächte USA, UdSSR (Union der Sozialistischen Sowjetrepubliken; auch „Sowjetunion") , Großbritannien und Frankreich die Übernahme der obersten Regierungsgewalt in Deutschland. Durch die Errichtung eines Alliierten Kontrollrats, die Aufteilung in vier Besatzungszonen und die gemeinsame Besetzung und Aufteilung Berlins in vier Sektoren verlor Deutschland jede Entscheidungs- und Handlungsgewalt.

Im **Potsdamer Abkommen vom 2.8.1945** wurden die Ziele der alliierten Besatzungspolitik festgelegt (sogenannte **„4-Ds"**).
– Demilitarisierung,
– Denazifizierung,
– Dezentralisierung und
– Demokratisierung.

---

[1] Begriff geprägt von Christoph Kleßmann: Die doppelte Staatsgründung. Deutsche Geschichte 1945–1955. Schriftenreihe der Bundeszentrale für politische Bildung, Bd. 193. Bonn 1986, S. 37

Nach der Zerschlagung der deutschen Wehrmacht und aller nationalsozialistischen Organisationen richtete sich das Ziel der **Demilitarisierung** auf die Vernichtung der Kriegsmittel. Im Frühjahr 1946 erfolgte ein erster Industrieplan für Deutschland, der auf der Grundlage der Potsdamer Beschlüsse die Waffen- und Munitionsproduktion sowie andere Produktionszweige (darunter schwere Werkzeugmaschinen, Treibstoffe und zahlreiche Chemikalien) vollständig verbot.

Das Ziel der **Denazifizierung** (auch: Entnazifizierung) der deutschen Gesellschaft wurde im Dezember 1945 durch einen Befehl des Kontrollrats noch einmal ausdrücklich bekräftigt. Die Entscheidung über die Bestrafung der Hauptkriegsverbrecher wurde durch ein Abkommen der vier Mächte unverzüglich geregelt: Der erste Nürnberger Prozess gegen die Hauptkriegsverbrecher begann schon im November 1945. Bis 1949 folgten zwölf weitere Prozesse gegen Diplomaten, Juristen, Militärs, Industrielle und andere Repräsentanten des NS-Regimes. Bei der Entnazifizierung der gesamten deutschen Bevölkerung jedoch gingen die Besatzungsmächte unterschiedlich vor. In der US-amerikanischen Besatzungszone entschieden ab 1946 örtliche Spruchkammern auf der Grundlage von Fragebögen, die jeder Deutsche über 18 Jahre auszufüllen hatte, ob eine Person als Hauptschuldiger, Belasteter, Minderbelasteter, Mitläufer oder Entlasteter einzustufen war. 1947 wurde dieses Verfahren von den beiden anderen westlichen Besatzungsmächten übernommen. In der Sowjetischen Besatzungszone (SBZ) wurden in der unmittelbaren Nachkriegszeit nicht nur rigorose Säuberungsmaßnahmen durchgeführt, im Zuge der Entnazifizierung, die hier schon 1948 als abgeschlossen galt, wurden auch umfangreiche Enteignungsmaßnahmen („demokratische Bodenreform") vorgenommen.

Die **Demokratisierung** der deutschen Bevölkerung sollte durch die Gründung demokratischer Parteien und die Zulassung von Wahlen erreicht werden. Während sich in der SBZ mit der neu gegründeten KPD die erste Partei schon am 11.6.1945 an die Öffentlichkeit wandte, folgten die Westmächte mit ihrer Erlaubnis zu Parteigründungen erst später einem Beschluss der Potsdamer Konferenz, in ganz Deutschland demokratische Parteien zuzulassen.

Auch die **Dezentralisierung** Deutschlands wurde rasch vorangetrieben. In der SBZ wurden auf Befehl der Sowjetischen Militäradministration (SMAD) schon im Juli 1945 die Länder Brandenburg, Mecklenburg-Vorpommern, Sachsen, Sachsen-Anhalt und Thüringen gebildet. Im September 1945 folgte durch Proklamation der US-Militärregierung die Bildung der Länder Bayern, Hessen und Württemberg-Baden.

Geopolitische Neuordnung Mittel- und Osteuropas

Das **Potsdamer Abkommen** regelte nicht nur die politische Neuordnung Deutschlands, sondern auch die geografische. Der Beschluss, das nördliche Ostpreußen unter sowjetische Verwaltung zu stellen, die übrigen Gebiete östlich der Oder-Neiße-Linie der polnischen Verwaltung zu übergeben und die deutschen Bevölkerungsgruppen aus den ehemaligen deutschen Reichs- und Siedlungsgebieten in Ost-, Mittelost- und Südosteuropa nach Deutschland zu überführen, führte zu einer Wanderungsbewegung ungeheuren Ausmaßes. Nachdem schon in den letzten Kriegsmonaten hunderttausende Deutsche auf der **Flucht** vor der Roten Armee in den Westen geströmt waren, folgte nun die **Vertreibung** deutscher Bevölkerungsgruppen aus den ehemaligen Ostgebieten.

Durch die Versorgung und Eingliederung von insgesamt etwa zwölf Millionen Flüchtlingen und Vertriebenen, die nicht nur ihre Heimat, sondern auch ihr Hab und Gut verloren hatten, verschärfte sich die Lage in der unmittelbaren Nachkriegszeit zusätzlich. Die in Trecks, meist zu Fuß und ohne Besitz, in die verbliebenen deutschen Gebiete einströmenden Flüchtlinge und Vertriebenen trafen auf Menschen, die häufig selbst kaum das Nötigste zum Leben besaßen. Besonders in den zerbombten Städten mangelte es an Trinkwasser, Lebensmitteln, Medikamenten und Kleidung. Der Verlust ehemaliger deutscher Reichsgebiete bedeutete auch den Verlust großer landwirtschaftlicher Flächen. Das Absinken der landwirtschaftlichen Produktion, aber auch zerstörte Verkehrs- und Transportwege, die Entnahme von Reparationen und die Demontagen führten zu einer katastrophalen Versorgungslage.

INFO Flucht und Vertreibung

Die bereits in den letzten Kriegsmonaten einsetzende Flucht und Vertreibung der deutschen Bevölkerung aus den besetzten und ehemaligen deutschen Reichs- und Siedlungsgebieten lässt sich in vier Phasen einteilen:
- Die **erste Phase** beginnt im Herbst 1944: Evakuierung der deutschen Minderheiten aus ihren Siedlungsgebieten in den südosteuropäischen Ländern.
- Die **zweite Phase** setzt im Januar 1945 ein: meist überstürzte Flucht vieler Deutscher aus Ostpreußen, Schlesien und Pommern vor der Roten Armee.
- Die **dritte Phase** im Frühjahr und Sommer 1945 wird durch die „wilden", d. h. unkontrollierten und von gewaltsamen Übergriffen begleiteten Vertreibungen der Menschen gekennzeichnet, die ihre Heimat in Ostpreußen, Pommern, Schlesien und dem Sudetenland nicht verlassen hatten.
- Die **vierte Phase** umfasst die v. a. 1946 infolge der Potsdamer Beschlüsse stattfindende Überführung deutscher Bevölkerungsteile nach Deutschland.

Leben in der Zusammenbruchsgesellschaft

Die Wohnbedingungen erschwerten den Alltag in den Besatzungszonen zusätzlich. Millionen von Flüchtlingen und Vertriebenen, Ausgebombten, Kriegsheimkehrern und ehemaligen KZ-Häftlingen waren auf der Suche nach Unterkunft, und wer über unzerstörte Räume verfügte, konnte sicher sein, dass er sie bald mit Fremden teilen musste. Vor allem in den größeren deutschen Städten war die Wohnungssituation katastrophal. Städte wie Berlin, Köln, Heilbronn oder Würzburg glichen nach den alliierten Bombardierungen einer Ruinenlandschaft. Unter den ersten Eindrücken vom völlig zerstörten Berlin glaubten viele gar nicht mehr daran, dass man die Stadt überhaupt wiederaufbauen könne und meinten – ähnlich wie für Warschau –, man solle einen anderen Platz für den Wiederaufbau suchen. Für viele Menschen stellte die Situation nach Kriegsende 1945 zudem in ihrer Vita einen tiefen persönlichen Einschnitt dar. Das bisherige Leben in den Jahren der NS-Diktatur und des verlustreichen Zweiten Weltkriegs schien beendet und das tägliche Überleben stellte sie vor neue Herausforderungen. Da viele Männer im Krieg gefallen oder in Gefangenschaft geraten waren, lag die Hauptlast des täglichen Existenzkampfes bei den Frauen. Die für die Aufräumarbeiten eingesetzten „Trümmerfrauen" beseitigten in den zerbombten Städten die Kriegstrümmer und sicherten zugleich das Material für den Wiederaufbau. Eine Arbeitsstelle besaßen unmittelbar nach Kriegsende nur wenige. Häufig war in dieser existentiellen Krise beim täglichen Versuch zu überleben außerhalb der eigenen Familie keine Hilfe oder Solidarität zu erwarten. Hunger und Güterknappheit hatten insbesondere in den Städten zu einer Verrohung der Sitten geführt. Da Lebensmittel streng rationiert waren, versorgten sich die Menschen auf dem Schwarzmarkt oder durch sog. „Hamstern" (Diebstähle, z. B. auf dem Land). Die Angst vor Übergriffen, Racheakten und Vergewaltigungen durch die Besatzungssoldaten war ein ständiger Begleiter.

Die **Bezeichnung „Stunde Null"** für den Neubeginn in Deutschland nach 1945 spiegelt sowohl die Vorstellung einer totalen Niederlage als auch die Hoffnung auf einen unbelasteten Neuanfang wider. Sie ist jedoch in der Forschung mittlerweile umstritten.

Grundstrukturen des Kalten Krieges

> **Zentrale Begriffe**
> Systemkonflikt – Machtkonflikt – Rüstungswettlauf – Kapitalismus/Sozialismus – Marktwirtschaft/Zentralverwaltungswirtschaft – Kalter Krieg – Stellvertreterkrieg – Blockbildung – Bipolarität – Propaganda

Die Ursachen des Kalten Krieges wurzeln in gegensätzlichen ideologischen Positionen in der westlichen und der östlichen Hemisphere, die in einen tiefgreifenden **Systemkonflikt** mündeten: Spätestens seit 1917, mit der russischen Revolution und der Gründung des ersten kommunistischen Staates, verschärften sich die Gegensätze zwischen den demokratisch gesinnten, vorwiegend marktliberalen Kräften USA und Großbritannien auf der einen und der sozialistischen Sowjetunion auf der anderen Seite. Nachdem das nationalsozialistische Deutschland den Krieg in die ganze Welt getragen hatte, bildeten diese Mächte trotz auseinanderstrebender Interessen eine Allianz, um NS-Deutschland und das mit ihm verbündete Japan zu besiegen und vollständig zu entwaffnen. Historiker bezeichnen diesen gemeinsamen Kampf der Anti-Hitler-Koalition (USA, Sowjetunion, Großbritannien) auch als „unnatürliche Allianz", ein Zweckbündnis trotz großer ideologischer Unterschiede, für das beide Seiten Kompromisse eingingen: So akzeptierte der Westen **1943** auf der **Konferenz von Teheran** die sowjetischen Annexionen in den baltischen Staaten und Ostpolen (Hitler-Stalin-Pakt).

Außerdem schloss sich Stalin im Jahre 1943 den **Prinzipien der Atlantikcharta (1941)** an und akzeptierte die sog. vier Freiheiten (Selbstbestimmungsrecht der Völker, Garantie der Unabhängigkeit, wirtschaftliche Gleichberechtigung, Verzicht auf Gebietserweiterungen), nicht ohne diese kurz darauf bei den Vertreibungen der Ostpolen und der deutschen Schlesier zu ignorieren. Auf der **Konferenz von Jalta** (auch: Krim-Konferenz, Februar 1945) beschlossen die Siegermächte (Churchill, Roosevelt und Stalin) darüber hinaus die Einrichtung von Besatzungszonen und die Gründung der Vereinten Nationen (UNO). Obwohl Stalin der „Erklärung über das befreite Europa" zustimmte, gelang es den Westmächten nicht, das Selbstbestimmungsrecht der osteuropäischen Staaten zu garantieren, da die Sowjetunion einen „Sicherheitspuffer" zur westlichen Welt haben wollte. Mit der **Potsdamer Konferenz** (Juli/August **1945)** war das beide Seiten verbindende Element weggebrochen: Seit der Kapitulation und dem Tod Hitlers gab es keinen gemeinsamen Feind mehr.

Der Ost-West-Konflikt keimte wieder auf und verschärfte sich zu einem **Machtkonflikt zwischen den USA und der UdSSR** um die Vorherrschaft in Europa, der schließlich zu einem Scheitern der Viermächte-Regierung durch den Alliierten Kontrollrat im besiegten Deutschland führte. Während des Kalten Krieges veränderte sich der Aggregatzustand des Ost-West-Konflikts fortwährend, wurde jedoch zumindest auf europäischem Boden nie so „heiß", dass hier erneut Krieg geführt worden wäre. Stattdessen gab es bald Stellvertreterkriege in vielen anderen Teilen der Welt (z. B. Vietnam, Korea, Angola, s. S. 86 f.).

Der Prozess der Blockbildung

Mit in Relation geringen Verlusten an Menschenleben gingen die USA als überragender Sieger aus dem Zweiten Weltkrieg hervor: Zum einen hatten sie das **Atomwaffen-Monopol** (Atomwaffen kamen gegen Japan zum Einsatz), zum anderen waren sie wirtschaftlich stark gewachsen. Die durch den Krieg ökonomisch geschwächte Sowjetunion hingegen hatte mehr als 20 Millionen Tote zu beklagen, konnte aber aufgrund ihrer Gebietserweiterungen neben den USA zur Weltmacht aufsteigen. Russland war und ist geografisch nahezu schutzlos (ohne z. B. hohe Gebirgsketten im Westen) und wurde bereits zu Beginn des 19. Jahrhunderts in den Napoleonischen Eroberungszügen förmlich überrannt. Während des Großen Vaterländischen Krieges (russ. Bezeichnung für den Zweiten Weltkrieg) erlebte es erneut einen breit angelegten Einmarsch und hohe Verluste. Ihr Sicherheitsbedürfnis veranlasste die UdSSR deshalb nach dem Zweiten Weltkrieg, in Osteuropa einen territorialen Schutzgürtel *(cordon sanitaire)* einzurichten. Inwieweit der Besitz von Atomwaffen auf Seiten der USA zur Verschärfung des Ost-West-Konflikts beitrug, ist in der Forschung umstritten: Stalin zeigte sich von dem Einsatz der Atombombe gegen Japan eher unbeeindruckt (und trieb die Entwicklung eigener Atomwaffen voran), verfügte er doch über das größte konventionelle Heer der Welt. Dennoch nutzte der Westen (Briten und Amerikaner) das Atomwaffen-Monopol, um seine Macht gegenüber Stalin zu demonstrieren. Man verweigerte in der Atomfrage die Zusammenarbeit mit Stalin. Sicherlich führte dies zu weiteren Spannungen zwischen Ost und West. Der amerikanische Botschaftsrat in Moskau, George Frost Kennan, formulierte 1946 die Konsequenzen aus der aggressiven Expansionspolitik Stalins: Um die Ausbreitung des Kommunismus zu verhindern, sollten die USA die vom Kommunismus bedrohten Staaten finanziell und wirtschaftlich unterstützen. Diese Idee bildete die Grundlage der sog. Byrnes-Rede: James F. Byrnes, der amerikanische Außenminister, erklärte 1946 in Stuttgart, die USA nähmen lieber eine Teilung Deutschlands in Kauf, als dass Deutschland unter sowjetischen Vorzeichen vereinigt würde. Die **Containment-Politik** (Eindämmung des Kommunismus; *containment policy)* wurde durch US-Präsidenten Harry S. Truman (Truman-Doktrin vom 12.3.1947) zum Grundprinzip der amerikanischen Außenpolitik erklärt. Als die UdSSR sich weigerte, ihre Truppen aus der Türkei abzuziehen und ihre Unterstützung für die kommunistischen Guerillas im griechischen Bürgerkrieg aufzugeben, gewährte Truman Griechenland und der Türkei Wirtschafts- und Militärhilfe in

Höhe von 400 Millionen Dollar. Die eigentliche Sprengkraft seiner Doktrin zeigte sich jedoch darin, dass er allen vom Kommunismus bedrohten Staaten die Unterstützung der USA zusagte. Diese **Truman-Doktrin** beendete die Kooperation mit der Sowjetunion endgültig, der ideologische Gegensatz war unüberbrückbar und entfaltete sich weltumspannend. Der **Marshall-Plan** zum Wiederaufbau Europas und die Truman-Doktrin wurden von sowjetischer Seite als Versuch der USA interpretiert, andere Staaten in ihre Abhängigkeit zu bringen.

Die UdSSR reagierte 1947 mit der Gründung des Kominform (Kommunistisches Informationsbüro), 1949 folgte dann der RgW (Rat für gegenseitige Wirtschaftshilfe). Der Vorsitzende des Kominform, Andrej Schdanow, stellte die **Theorie der zwei Lager:** Die Welt sei in das aggressiv imperialistisch-demokratische Lager der USA, das den Sozialismus mit der Unterstützung faschistischer Systeme zugrunde richten wolle, und das friedliebende, antiimperialistisch-demokratische Lager der UdSSR aufgeteilt, das den Imperialismus bekämpfe. Mit Schdanows Rede vom September 1947 hatte der **Kalte Krieg** begonnen, der in einer **Blockbildung** und einer Zweiteilung in eine westliche (unter Führung der USA) und in eine östliche (von der UdSSR kontrollierte) Hemisphäre mündete.

Manifestationen der bipolaren Weltordnung

Diese Bipolarität war Ausdruck der gegensätzlichen Gesellschaftsordnungen und ökonomischen Systeme beider Machtblöcke. Während sich die Staaten des westlichen, von den USA dominierten Blocks dem **liberal-demokratischen Modell (Kapitalismus und Marktwirtschaft)** verbunden fühlten, waren die Länder des Ostblocks unter der sowjetischen Hegemonie auf eine Spielart des **Staatssozialismus (Sozialismus und Zentralverwaltungs-/Planwirtschaft)** festgelegt.

Zwei Krisen trugen entscheidend zur weiteren Blockbildung bei:
– die erste Berlin-Krise (1948–1949),
– der Korea-Krieg (1950–1953).

Korea war seit 1945 geteilt, auch dies eine Folge des Zweiten Weltkriegs. 1948 wurde in Nordkorea eine prosowjetische Regierung, im Süden eine prowestliche Regierung eingerichtet. 1950 überfiel Nordkorea Südkorea – die UdSSR war an der Vorbereitung des Überfalls beteiligt und lieferten Waffen –, woraufhin der Westen sofort mit dem Einsatz von US-Truppen mit UNO-Mandat reagierte. Zunächst überrannten nordkoreanische Truppen den Süden, dann konnten diese mithilfe einer amerikanischen Invasion über den 38. Breitengrad (Trennlinie beider Staaten) zurückgeworfen werden, die nordkoreanische Hauptstadt Pjöngjang wurde eingenommen. Nach einem groß angelegten, erfolgreichen Gegenangriff mit Unterstützung durch chinesische Truppen zogen sich die Amerikaner wieder bis zum 38. Breitengrad zurück. Nun folgte ein mehrere Jahre dauernder Stellungskrieg. Das am 27.7.1953 unterschriebene Waffenstillstandsabkommen gilt heute noch.

Der Korea-Krieg steht in unmittelbarem Zusammenhang mit der Änderung der US-Politik. Diese setzte immer stärker auf das **Konzept des Rollback** (dt. zurückdrängen), da der Nationale Sicherheitsrat der USA einen Krieg zwischen den Supermächten und deren Verbündeten befürchtete. Auch die Wiederbewaffnung der BRD muss vor dem Hintergrund des Korea-Krieges betrachtet werden. Nach der Berlin-Krise gründete der Westen im April 1949 die **NATO** *(North Atlantic Treaty Organization),* ein Militär- und Verteidigungsbündnis. Zentral ist Artikel 5 des Vertrages. Darin heißt es, „dass ein bewaffneter Angriff gegen eine oder mehrere von ihnen [gemeint sind die Mitgliedsstaaten] in Europa oder Nordamerika als ein Angriff gegen sie alle angesehen wird". Das östliche Gegenstück zur NATO, der **Warschauer Pakt** („Vertrag über Freundschaft, Zusammenarbeit und gegenseitigen Beistand"), entstand 1955 als Reaktion auf die Aufnahme der BRD in die NATO. Mit dem Korea-Krieg nahm der **Rüstungswettlauf** zwischen Ost und West an Umfang (Zahl der beteiligten Staaten) und Tempo zu. Technologischer Fortschritt ließen vorhandene Rüstungsgüter wie Flugzeuge oder Marschflugkörper schnell veralten. Das Wettrüsten führte zu einer Kostenexplosion und zur bislang größten Aufrüstungswelle der Geschichte. Der Kalte Krieg war auch ein Krieg der **Propaganda.** Diese zielte sowohl auf amerikanischer als auch auf sowjetischer Seite auf die Manipulation der öffentlichen Meinung ab und betonte die „Errungenschaften" und Vorteile des jeweils eigenen Systems, während sie das andere dämonisierte. Ein Beispiel ist der Euphemismus „antifaschistischer Schutzwall" im öffentlichen Sprachgebrauch der DDR für die Berliner Mauer. In **Stellvertreterkriegen** griffen die Supermächte indirekt als Bündnispartner der kriegführenden Parteien (z. B. durch Waffenlieferungen), aber auch unmittelbar ein, um die eigene Machtposition zu behaupten. Der Konflikt der Systeme wurde weltweit ausgetragen. Das klassische Beispiel eines Stellvertreterkriegs ist der **Vietnam-Krieg:** Nachdem Frankreich den Kolonialkrieg von „Indochina" 1954 verloren hatte – als Sieger ging Ho Chi Minh (Führer der Kommunisten) hervor –, wurde Vietnam am 17. Breitengrad geteilt. Nordvietnam, das den kommunistischen Vietcong („Nationale Front für die Befreiung Südvietnams") im Guerillakrieg im kapitalistischen Südvietnam unterstützte, wurde von China und der UdSSR finanziell unterstützt. Im Sinne der **Dominotheorie** befürchteten die USA, dass weitere Staaten Südostasiens kommunistisch werden könnten, sollte es zu einem Umsturz in Südvietnam kommen. Aus diesem Grund griffen die USA seit 1961 aktiv in den Konflikt ein, wobei auch sog. schmutzige Waffen (Chemiewaffen, Napalmbomben), eingesetzt wurden, was international heftig kritisiert wurde. Von 1971 bis 1973 zogen die USA ihre Truppen aus Vietnam v. a. deshalb ab, weil es innenpolitisch keinen Konsens für diesen Krieg mehr gab. Weitere Gründe waren die hohen eigenen Verluste im Guerillakrieg und die Befürchtung, der Krieg sei nicht zu gewinnen. Am 27.1.1973 wurde ein Waffenstillstand zwischen geschlossen, doch nach einer erneuten Offensive des Nordens 1974 musste der Süden 1975 kapitulieren. Vietnam wurde kommunistisch, Laos und Kambodscha ebenso. **Weitere Stellvertreterkriege** fanden in **Afrika** (z. B. Angola, Somalia, Äthiopien) und **Mittel- bzw. Südamerika** (Guatemala, Nicaragua, Chile) und im **Mittleren Osten** (Afghanistan 1979) statt. In Afrika beteiligten sich die Supermächte nicht direkt an den Kriegen, sondern stellten Waffen und Geld bereit.

Weichenstellungen in Deutschland (1945–1949)

> **Zentrale Begriffe**
> Blockbildung – Eiserner Vorhang – parlamentarische vs. Volksdemokratie – Markt- vs. Zentralverwaltungswirtschaft – Marshall-Plan

Die USA und Großbritannien beobachteten die Errichtung von Volksdemokratien im Osten Europas sehr kritisch, denn v. a. die Amerikaner sahen hierdurch das Prinzip der **Open Door Policy** und somit den freien Zugang zu den Märkten bedroht. Obwohl beide Staaten bereit waren, die sowjetische Vorherrschaft in Osteuropa zu dulden, konnten sie mit der Herabstufung der osteuropäischen Staaten zu sowjetischen Satellitenstaaten nicht einverstanden sein. In diesem Zusammenhang prägte der britische Premier Winston Churchill 1946 den bekannt gewordenen Begriff des **Eisernen Vorhangs,** der durch Europa gehe und es teile. Die zunehmende Konfrontation zwischen den westlichen Besatzungsmächten und der Sowjetunion führte 1949 zur Gründung zweier deutscher Staaten. Der Wettlauf der Systeme zeigte unmittelbare Auswirkungen im besetzten Deutschland, da die Trennlinie zwischen den sich herausbildenden Blöcken (**Blockbildung**) mittendurch verlief.

Politische Neuordnung

Von entscheidender Bedeutung für eine politische Neuordnung Deutschlands nach der bedingungslosen Kapitulation war die Zulassung demokratischer Parteien.
Nachdem in der Sowjetischen Besatzungszone (SBZ) schon am 9.6.1945 durch Befehl der Sowjetischen Militäradministration (SMAD) politische Parteien erlaubt worden waren, gründeten sich innerhalb weniger Wochen die KPD (11.6.), die SPD (15.6.), die CDU (26.6.) und die LDP (5.7.). Am 14.7.1945 schlossen sich auf Druck der SMAD alle Parteien zu einem antifaschistischen Block zusammen. Damit blieb das Mehrparteiensystem zwar formal erhalten, da jedoch das Blocksystem nicht von parlamentarischen Mehrheiten, sondern von der Einstimmigkeit aller Entscheidungen ausgeht und die KPD mithilfe der Besatzungsmacht innerhalb des Blocks sehr schnell eine Vormachtstellung aufbauen konnte, spielten die anderen Parteien eine untergeordnete Rolle. Mit der auf Druck der sowjetischen Besatzungsmacht und trotz Widerstands aus der SPD erfolgten Zwangszusammenlegung von KPD und SPD zur Sozialistischen Einheitspartei Deutschlands (SED) am 22.4.1946 wurde schließlich eine **Einparteienherrschaft** eingeleitet.
Im Gegensatz zur sowjetischen Besatzungsmacht, die Parteigründungen massiv vorantrieb, verboten die Westmächte in ihren Zonen in den ersten Monaten nach der Kapitulation jede Parteigründung. Erst nachdem auf der Potsdamer Konferenz die Zulassung demokratischer Parteien, öffentlicher Diskussionen und Versammlungen beschlossen worden war, erlaubten zunächst die Amerikaner, dann auch die Engländer und Franzosen die Gründung von Parteien. Vor dem Hintergrund der Absicht, in Deutschland eine **parlamentarische Demokratie westlichen Musters** zu errichten, fanden in der amerikanischen Besatzungszone schon im Januar 1946 Gemeindewahlen statt. Bereits im Frühjahr 1946 wurden in den Ländern der amerikanischen Besatzungszone Verfassungsausschüsse gebildet, deren Ergebnisse von gewählten Landesversammlungen

übernommen und der Bevölkerung Ende 1946 zur Abstimmung vorgelegt wurden. Ein im Oktober 1945 gegründeter Länderrat koordinierte die Zusammenarbeit der Länder in der US-Zone. Damit hatten die Amerikaner den Grundstein für eine föderalistische Ordnung Deutschlands gelegt und gleichzeitig eine Entscheidung getroffen, der sich die beiden anderen westlichen Besatzungsmächte schon aufgrund der wirtschaftlichen Stärke der USA anschlossen.

Kulturelle Neuordnung

Insbesondere die amerikanische und die sowjetische Besatzungsmacht maßen dem kulturellen Sektor eine zentrale Bedeutung bei. Mit dem Ziel, die **ideologische Umerziehung** der deutschen Bevölkerung *(Reeducation)* voranzutreiben, kam es bereits 1945 zu einer allmählichen Wiederbelebung des Kulturbetriebes. Wurde noch wenige Tage nach der bedingungslosen Kapitulation ein Verbot von Druckerzeugnissen, Rundfunkstationen, Film und Theater verkündet, bildeten sich schon im Laufe eines Jahres zentrale Kulturinstitutionen wie der Rundfunk im amerikanischen Sektor (RIAS) im November 1945 und die Deutsche Film-AG (DEFA) in Potsdam-Babelsberg im Mai 1946. Zugleich konnte sich unter Kontrolle der Besatzungsmächte mit der Lizenz-Presse eine neue Presselandschaft herausbilden.

Ein weiterer Schritt zur gesellschaftlichen Neuordnung war die **Umgestaltung des Bildungswesens in der SBZ** 1945/46. Ein einheitliches Schulwesen und das Verbot privater Schulen sollten den Angehörigen der unteren Schichten alle Bildungschancen einräumen. Darüber hinaus wurde mit der Freien Deutschen Jugend (FDJ) am 7.3.1946 eine Jugendorganisation geschaffen, die neben der Schule als Fundament einer sozialistischen Gesinnungsbildung dienen sollte.

Wirtschaftliche Neuordnung

Obwohl Deutschland in den Potsdamer Beschlüssen zu einer Wirtschaftseinheit erklärt worden war, verliefen die Entwicklungen unterschiedlich.

Die sowjetische Besatzungsmacht leitete **in den Ländern der SBZ** eine Entwicklung in Richtung **Zentralverwaltungswirtschaft** ein, die sich von den wirtschafts- und gesellschaftspolitischen Vorstellungen der Westalliierten fundamental unterschied: Im September 1945 wurden alle landwirtschaftlichen Betriebe mit mehr als 100 Hektar (Bodenreform) entschädigungslos enteignet, Betriebe konfisziert, deren Besitzer geflüchtet, Kriegsverbrecher oder Nationalsozialisten waren, Großbetrieben in Sowjetische Aktiengesellschaften und große Industrie-, Handels- und Bergbauunternehmen in Volkseigene Betriebe (VEB) umgewandelt. Nachdem der Alliierte Kontrollrat im Juni 1946 auf Antrag der Sowjetunion die Demarkationslinie zwischen der SBZ und den Westzonen abgesperrt hatte, waren die Spannungen unübersehbar. Dies und die Ausweitung der sowjetischen Machtsphäre auf Ost- und Südosteuropa führten 1946 zu einem Kurswechsel bei Amerikanern und Briten. Als der amerikanische Außenminister Byrnes sich am 6.9.1946 in einer Rede für die Stärkung der deutschen Wirtschaft aussprach, war klar, dass man den Einfluss der Sowjetunion in Deutschland eindämmen wollte. 1948 wurde der nach US-Außenminister George C. Marshall benannte Marshall-Plan, offiziell

als ERP *(European Recovery Program)* be[...]
US-amerikanischen Kongress auf den We[...]

Die Bedeutung des Marshall-Plans

Mit Blick auf den o. g. Strategiewechsel [...]
Jahres den Zusammenschluss ihrer Besa[...]
1.1.1947 (mit dem Beitritt Frankreichs im [...]
weitert) vertiefte die Spaltung zwischen d[...]
zungsmacht. Während die Sowjetunion a[...]
die Auflösung der Bi-Zone, die Beibehaltu[...]
Reparationsforderungen und eine Beteil[...]
langte, forderten Amerikaner und Briten c[...]
föderative Ordnung Deutschlands. Noch [...]
rikanische Präsident Harry Truman in eine[...]
Hilfe und Unterstützung aller „freien" Völke[...]
die **Truman-Doktrin** als auch das von d[...]

[Handschriftliche Notiz:]
Rekonstruktionseffekt
→ durch Wiederaufbau
   zu größerem Wachstum
Wirtschaftswunder
   ↳ Multikausal

initiierte **Hilfs- und Wiederaufbauprogramm (Marshall-Plan)** dienten ausdrücklich
der Eindämmung des Kommunismus und der sowjetischen Machtausbreitung, weshalb
der sowjetische Außenminister Molotow in der Konferenz der europäischen Länder am
12.7. die Beteiligung seines Landes am Marshall-Plan ablehnte. Nachdem die osteuropäischen Länder wie Polen oder Ungarn unter Druck der Sowjetunion die amerikanische
Wirtschaftshilfe ebenfalls nicht annehmen konnten, beschränkte sich das Hilfs- und
Wiederaufbauprogramm auf die Länder Westeuropas. Während die Zurückweisung
der Marshall-Plan-Hilfen durch die Sowjetunion im beginnenden Kalten Krieg zu einer
Vertiefung der deutschen Spaltung beitrug, beinhaltete die umfangreiche wirtschaftliche Unterstützung des ERP de facto für die annehmenden Staaten und die westlichen
Besatzungszonen die Anerkennung der US-amerikanischen Führung im ökonomischen
und darüber hinaus auch im politischen Bereich. Für die westlichen Besatzungszonen
bedeutete dies u. a. die Entscheidung für die von den USA favorisierte Weststaatenlö-
sung und die außenwirtschaftliche Integration in den Westen als Basis für die weitere
Westintegration der späteren Bundesrepublik ab 1949, die mit dem Beitritt zur OEEC
(Organization for European Economic Cooperation) im Oktober 1949 begann.
Als Reaktion auf das ERP wurde der **RgW (Rat für gegenseitige Wirtschaftshilfe)** unter
Führung der Sowjetunion 1949 als Gegengewicht zur OEEC gegründet. Die DDR trat dem
RgW im September 1950 bei und war damit ökonomisch und politisch fest im Ostblock
verankert. Neben der Wiederherstellung einer funktionierenden europäischen Wirtschaft
unter Einschluss der deutschen zielte das ERP auf die Schaffung eines europäischen
Absatzmarktes für amerikanische Produkte ab. Die Maßnahmen des ERP umfassten
die Lieferung von Rohstoffen und Fertigprodukten sowie die Gewährung von Krediten.
Zur Koordinierung der ERP-Gelder und zur wirtschaftlichen Zusammenarbeit in Europa wurde die OEEC als intergouvernementale (Regierungszusammenarbeit „zwischen
Staaten") Organisation gegründet. Die westlichen Besatzungszonen erhielten etwa 10
Prozent der gesamten Mittel, welche wichtige Anschubhilfen für den ökonomischen Wie-
deraufbau darstellten. Auch andere europäische Staaten wie beispielsweise Frankreich

wurden mit 20 Prozent und Großbritannien sogar mit knapp 25 Prozent der Marshall-Plan-Hilfen in erheblichem Maße von den USA unterstützt, ohne dass sich dort eine vergleichbare wirtschaftliche Dynamik wie in der späteren Bundesrepublik entwickelt hätte. Das hohe Wachstum in den 1950er-Jahren lässt sich als Rekonstruktionseffekt erklären, d. h. vor allem dort, wo die Kriegszerstörungen am größten waren, ist es durch den Wiederaufbau auch zu den größten Wachstumsraten und zugleich zu einer Modernisierung der Fabriken sowie der Infrastruktur gekommen. Im Zusammenspiel mit dem Rekonstruktionseffekt und wirtschaftspolitischen Maßnahmen (z. B. Währungsreform [20.6.1948] und Einführung der Sozialen Marktwirtschaft) trug der Marshall-Plan wirksam zum wirtschaftlichen Aufschwung der frühen Bundesrepublik („Wirtschaftswunder") bei. Infolge der sowjetischen Ablehnung kam die SBZ nicht in den Genuss der Hilfen. Die USA wurden in den westlichen Besatzungszonen zunehmend nicht mehr nur als Besatzungsmacht, sondern auch als zuverlässiger ökonomischer und politischer Partner wahrgenommen. Damit die westlichen Besatzungszonen am Marschall-Plan teilnehmen konnten, war eine Stabilisierung der Währung durch eine **Währungsreform** notwendig. Am 18.6.1948 beschlossen die Westalliierten das „Erste Gesetz zur Neuordnung des Geldwesens in den Westzonen Deutschlands." Mit der Durchführung der Währungsreform in der Tri-Zone (sowie den Westsektoren des geteilten Berlins) am 20.6.1948 und wenige Tage später auch in der SBZ war die in den Potsdamer Beschlüssen proklamierte Wirtschaftseinheit Deutschlands endgültig gescheitert. Die Sowjetunion reagierte mit der Absperrung aller Zufahrtswege in die Westsektoren Berlins (Berlin-Blockade). Fast ein Jahr lang wurde die Berliner Bevölkerung über eine Luftbrücke von westalliierten Flugzeugen, sog. „Rosinenbombern", mit Kohle und Nahrungsmitteln versorgt. Der Marshall-Plan, die damit verknüpfte Westorientierung und die Währungsreform 1948 in der Tri-Zone (und in der SBZ) liefen auf eine Teilung Deutschlands in zwei Wirtschaftsräume mit unterschiedlichen Wirtschaftssystemen hinaus: Marktwirtschaft (Westzonen, spätere BRD) und Zentralverwaltungswirtschaft (SBZ, spätere DDR).

Die deutsch-deutsche Staatengründung (1949)

Die westlichen Alliierten arbeiteten nach der Errichtung der Bi- (und später Tri-)Zone zielgerichtet auf die Gründung eines westdeutschen Staates hin. Die ohne Teilnahme der Sowjetunion stattfindende **Sechs-Mächte-Konferenz** in London schloss im Juni 1948 mit der Empfehlung, den Ministerpräsidenten der westdeutschen Länder die Vollmacht zu geben, eine verfassungsgebende Versammlung einzuberufen. Auf dieser Grundlage übergaben die drei westlichen Militärgouverneure den Ministerpräsidenten der Westzone am 1.7.1948 die „Frankfurter Dokumente", die neben dem Staatsgründungsauftrag auch ein Besatzungsstatut ankündigten. Am 8.5.1949 wurde das Grundgesetz beschlossen, am 10.5. wurde die Stadt Bonn zum vorläufigen Regierungssitz der **Bundesrepublik Deutschland (BRD)** bestimmt und am 23.5. trat das Grundgesetz in Kraft. Nach der Verabschiedung des Grundgesetzes im Mai 1949 konnte die Bundesrepublik Deutschland mit dem Aufbau einer eigenständigen Politik beginnen. Am 12.9.1949 wählte die Bundesversammlung Theodor Heuss zum Bundespräsidenten, wenige Tage später erfolgte die Wahl des CDU-Vorsitzenden Konrad Adenauer im Bundestag zum ersten Bundeskanzler.

Die sowjetische Besatzungsmacht reagierte auf die Empfehlungen der Sechs-Mächte-Konferenz mit dem Austritt aus dem Alliierten Kontrollrat. Auf einem Kongress („Deutscher Volkskongress für Einheit und gerechten Frieden") der SED wurde 1948 die Bildung eines Deutschen Volksrates beschlossen, der den Entwurf einer gesamtdeutschen Verfassung erarbeiten sollte. Nachdem im Mai 1949 der Verfassungsentwurf bestätigt worden war, erfolgte am 7. Oktober 1949 die Proklamation der **Deutschen Demokratischen Republik (DDR)** durch den Deutschen Volksrat. Noch am gleichen Tag veröffentlichte die Bundesregierung eine Erklärung, in der die „Sowjetzonenregierung" als unrechtmäßig bezeichnet wurde. Am 11.10.1949 wählte die Provisorische Volkskammer der DDR Wilhelm Pieck (SED, früher KPD) zum Staatspräsidenten und Otto Grotewohl (SED, früher SPD) zum Ministerpräsidenten. Die tatsächliche Macht lag allerdings bei Walter Ulbricht (SED, früher KPD), der als Generalsekretär des ZK an der Spitze der SED stand.

Bundesrepublik Deutschland (BRD)

Obwohl mit der **Wiedereinführung des liberaldemokratischen Modells** bewusst an die Weimarer Republik angeknüpft wurde, sollten Schwächen der Weimarer Verfassung vermieden werden. Wichtige Aspekte:

Staatsaufbau:
- Gemäß Verfassung („Grundgesetz") parlamentarische Demokratie föderalen Typs (Art. 20 GG).
- Freiheitlich-demokratische Grundordnung (FdGO) als oberster Grundwert des GG „[...] ist eine Ordnung, die unter Ausschluß jeglicher Gewalt- und Willkürherrschaft eine rechtsstaatliche Herrschaftsordnung auf der Grundlage der Selbstbestimmung des Volkes nach dem Willen der jeweiligen Mehrheit und der Freiheit und Gleichheit darstellt" (BVerG).
- vertikale Gewaltenteilung (Föderalismus): Macht der Bundesorgane ist in bestimmten Politikfeldern beschränkt oder auf Länder übertragen (z. B. „Inneres" und „Kultus"). Regierungen der Länder sind über den Bundesrat an der Gesetzgebung des Bundes beteiligt.
- grundgesetzlich garantierte Grundrechte wie die Freiheit des Glaubens (Art. 4 GG) oder die Meinungsfreiheit (Art. 5 GG).
- Rechtsstaatlichkeit: „Die Gesetzgebung ist an die verfassungsmäßige Ordnung, die vollziehende Gewalt und die Rechtsprechung sind an Gesetz und Recht gebunden" (Art. 20,3).
- Bundesverfassungsgericht: seit 1951 oberste Instanz in Verfassungsfragen.
- Bundespräsident (Staatsoberhaupt): Wahl erfolgt in Bundesversammlung und nicht direkt per Volkswahl (Amtszeit auf 10 Jahre begrenzt). Vorwiegend repräsentative Funktionen und Vertretung des Bundes nach außen.
- Bundeskanzler (Regierungschef): im Vergleich zu den Kanzlern der Weimarer Republik aufgewertet, da er über die Richtlinienkompetenz verfügt (Art. 63 GG) und im Unterschied zur Weimarer Reichsverfassung von den Abgeordneten des Bundestags in geheimer Abstimmung gewählt wird; Verantwortlichkeit gegenüber Bundestag, d. h.

Abwahl nur mittels eines konstruktiven Misstrauensvotums (bei gleichzeitiger Wahl eines Nachfolgers) möglich.

Rolle der Parteien:
– Konkurrenzdemokratie mit „echtem" Mehrparteiensystem (CDU, SPD, FDP etc.).
– Recht der Parteien auf Bildung einer parlamentarischen Opposition mit parlamentarischen Kontrollrechten (z. B. Große Anfrage).
– Wehrhafte Demokratie: u. a. Verbot von Parteien, deren Zwecke sich gegen die verfassungsmäßige Ordnung richten, auf Antrag durch Beschluss des Bundesverfassungsgerichts (Art. 21: „Verfassungswidrigkeit" von Parteien).
– Innere Struktur der Parteien muss demokratisch sein.

Wahlen und Wahlsystem in der Bundesrepublik:
– Wahl der Abgeordneten des Bundestages in allgemeiner, unmittelbarer, freier, gleicher und geheimer Wahl (Art. 38 GG).
– Bis 1953 hatte die wahlberechtigte Bevölkerung eine Stimme, ab 1953 wurde ein Zwei-Stimmen-Verfahren eingeführt: Erststimme für (Direkt-)Kandidaten eines Wahlkreises (relative Mehrheitswahl) / Zweitstimme für Landesliste einer Partei (eingeschränkte Verhältniswahl). Keine Wahlpflicht!
– Seit 1953 Sperrklausel (sogenannte „Fünf-Prozent-Hürde") zur Verhinderung einer zu großen Zersplitterung der Parteien im Bundestag.
– Entwicklung des Bundestags seit den 1980er-Jahren von einem drei, zu einem vier (1983: „Die Grünen"), zu einem fünf (1994: „PDS" bzw. „Die Linke") und zu einem sechs (2017: „AfD") Parteien-Parlament.

Soziale Marktwirtschaft:
– **Grundgesetz:** keine explizierte Festlegung auf ein Wirtschaftssystem, aber Festlegung in Art. 20,1, dass Bundesrepublik „ein demokratischer und sozialer Bundesstaat" ist.
– **Orientierung an Marktwirtschaft:** dezentrale Steuerung der Märkte durch Angebot und Nachfrage; freier Wettbewerb zwischen konkurrierenden, gewinnorientierten Unternehmen; staatlich garantiertes Recht auf Privateigentum an Produktionsmitteln.
– **„Dritter Weg":** Soziale Marktwirtschaft als Mittelweg zwischen Individual- und Kollektivprinzip (= Bindung an das Allgemeinwohl); Ordoliberalismus (nach Walter Eucken) als Grundlage: Aussöhnung von Leistungsprinzip und Sozialgedanken, Dezentralismus und Ordnungsgedanke.
– **Marktprinzip** (Leistungsprinzip): Freie Preisbildung auf Märkten, Recht auf Privateigentum sowie auf Unternehmensgründung grundlegend für wirtschaftliche Vorgänge; ökonomische Unterschiede in der Gesellschaft.
– **Ordnungs- und Sozialpolitik:** umfangreiche Sozialordnung (Sozialgedanke), staatlich vorgegebene und kontrollierte Wettbewerbs- bzw. Marktordnung und gezielte staatliche Eingriffe (Steuer und Subventionspolitik) in das Wirtschaftsgesehen für einen gesellschaftlichen Ausgleich.

Westbindung und NATO:
- Westintegration: Beitritte zum Europarat 1951 und zur **Montanunion** 1952, Wiedergutmachungsabkommen mit Israel 1952; „Deutschlandvertrag" 1952 (Inhalte: Auflösung der Hohen Kommission, geplante Souveränität und Aufnahme der BRD in eine zu gründende Europäische Verteidigungsgemeinschaft [EVG]); Nach Scheitern der EVG wegen französischer Vorbehalte: Pariser Verträge 1954 (der inhaltlich geänderte Deutschlandvertrag war Bestandteil), Aufnahme der BRD in die Westeuropäische Union 1954 und Aufnahme in das Nordatlantische Verteidigungsbündnis (NATO) mit Wiederbewaffnung 1955; 5.5.1955 Beendigung Besatzungsstatut und Erlangung der vollen Souveränität: Gleichberechtigung im westlichen Bündnissystem, die stationierten fremden Soldaten sind fortan Verbündete; Gründung der Bundeswehr (12.11.1955).
- **Alleinvertretungsanspruch:** politischer Grundsatz der Adenauer-Regierung infolge der Hallstein-Doktrin, die die Aufnahme diplomatischer Beziehungen zur DDR als unfreundlichen Akt gegen die Bundesrepublik bewertet und ihrerseits den diplomatischen Kontakt zu diesen Staaten einstellt (Ausnahme UdSSR).

Deutsche Demokratische Republik (DDR)

Nach dem Zweiten Weltkrieg wurden alle Staaten im sowjetischen Machtbereich in einem Prozess des gesellschaftlichen und ökonomischen Umbaus nach sowjetischem Vorbild umgewandelt („Sowjetisierung"). Osteuropa wurde seither vom **Staatssozialismus** dominiert, so auch der neue deutsche Staat in der SBZ.

Selbstverständnis:
- DDR in bewusster Abgrenzung zu NS-Deutschland und zur kapitalistischen, bürgerlich-parlamentarischen Demokratie der Bundesrepublik eine antifaschistische, sozialistische Volksdemokratie.
- Staatsziel: Entwicklung der sozialistischen Gesellschaft unter Führung der Arbeiterklasse und deren streng hierarchisch aufgebauten Kaderpartei hin zur homogenen klassenlosen, „kommunistischen" Gesellschaft (Kollektivprinzip); Verwirklichung der aus der Theorie des Marxismus-Leninismus („ML") abgeleiteten vermeintlichen historischen Wahrheit: Nationalsozialismus sei unter dem Gesichtspunkt eines linearen, gesetzmäßigen Verlaufs der Geschichte als logische historische Folge des westlichen Kapitalismus zu interpretieren, der durch den Aufbau antikapitalistischer Strukturen zu bekämpfen sei.
- „Antifaschismus" als zentrale Grundlage der aus der Geschichte abgeleiteten Legitimation (Gründungsmythos der DDR als antifaschistischer Staat).
- Ab 1968 als Selbstbezeichnung „sozialistischer Staat".

Staatsaufbau:
- **Demokratischer Zentralismus in der Theorie:** scheinbar geteilte Staatsgewalt, die ihre Legitimation über Wahlen zur Volkskammer (= Parlament der DDR) bezieht.
- **Gewalteneinheit in der Praxis:** Zentralkomitee der Sozialistischen Einheitspartei Deutschlands (ZK der SED) als bestimmende Größe bei der Regierungsbildung der

keine Gewaltenteilung

Gesetzgebung und der Rechtsprechung; Besetzung aller Positionen in Regierung, Verwaltung, Justiz und im Militär mit Angehörigen der SED oder mit „zuverlässigen" Sozialisten der Massenorganisationen und der (Block-)Parteien.

- Absegnung der Kandidatinnen und Kandidaten der Wahlvorschläge auf allen Ebenen des Staates (Kommunal- bis Volkskammerwahlen) von der jeweils übergeordneten Instanz bis hinauf zum ZK der SED („Top-down").
- Verbindlichkeit der von oben vorgegebenen Entscheidungen über Personen und Inhalte (umfassende Weisungsbefugnis der obersten SED-Funktionäre).
- **Marxistisch-leninistisches Grundrechtsverständnis:** keine vorstaatlichen Grund- und Menschenrechte im Sinne des GG zum Schutz des Individuums vor dem Staat; Grundrechte sind immer in die sozialistische Gesellschaftsordnung eingebettet und demzufolge gesellschaftliche Grundrechte und keinesfalls individuelle: „Meinungsfreiheit" (Art. 27 der Verfassung der DDR von 1974) nur im Rahmen der gesellschaftlichen Ordnung des Sozialismus.

Rolle der SED und der Blockparteien:
- SED – auf sowjetischen Druck 1946 infolge der Zwangsvereinigung der SPD mit der KPD entstanden – als die herrschende Kader- und Staatspartei.
- Seit 1968 Verankerung des Führungsanspruchs der SED in DDR-Verfassung: „[...] Sie [= DDR] ist die politische Organisation der Werktätigen in Stadt und Land unter Führung der Arbeiterklasse und ihrer marxistisch-leninistischen Partei" (Art. 1 der Verfassung der DDR von 1974).
- SED als führende marxistisch-leninistische Partei mit Wahrheitsmonopol im sozialistischen Staat: „Die Partei, die Partei, die hat immer Recht!" (Lied der Partei).
- DDR keine Konkurrenzdemokratie trotz offizieller Beteiligung der **Blockparteien,** z.B. Christlich-Demokratische Union Deutschlands (CDU/DDR), Liberal-Demokratische Partei Deutschlands (LDPD), und von Massenorganisationen, z.B. Freie Deutsche Jugend (FDJ) sowie durch Abgeordnete in der Volkskammer (Parlament der DDR) und Mitglieder im Minister- und Staatsrat (Parteienpluralismus nur zum Schein auf dem Papier!).
- Blockparteien (und Massenorganisationen) als „Transmissionsriemen" der SED, um bürgerliche, bäuerliche und kirchlich geprägte Bevölkerungsgruppen erreichen zu können, die der SED traditionell fernstanden.
- Scheindemokratie: Walter Ulbricht, Erster Sekretär des ZK und der mächtigste Politiker der SED in den ersten beiden Jahrzehnten nach der Gründung, soll es mit folgendem, ihm zugeschriebenen Diktum auf den Punkt gebracht haben: „Es muß demokratisch aussehen, aber wir müssen alles in der Hand haben".
- Verbot von Fraktionsbildungen oder Oppositionsarbeit inner- und außerhalb der SED; Verfolgung oppositioneller Kräfte durch Ministerium für Staatssicherheit.

Wahlen in der DDR:
- Einheitsliste der Nationalen Front mit festgelegter Sitzverteilung: Keine „Auswahl" zwischen verschiedenen Kandidaten und/oder Listen konkurrierender Parteien; Kan-

didatur der Parteien/Massenorganisationen als zusammengeschlossene Nationale Front nach festem Verteilungsschlüssel auf einer Liste (Einheitsliste).
- Annahme oder Ablehnung des Wahlvorschlags der Nationalen Front nur als Ganzes möglich (einzelne Kandidaten konnten jedoch gestrichen werden).
- Sicherung der Vormachtstellung der SED mit Einheitslistenwahl; Wahl führt nie zu Machtwechsel, sondern dient der Bestätigung der politischen Verhältnisse!
- Wahl als öffentliches Bekenntnis zum sozialistischen Staat (Wahlpflicht.); keine Einflussnahme der Wähler – wie in einer parlamentarischen Demokratie – auf die Sitzverteilung in der Volkskammer (ab 1967: SED immer 110 Sitze, CDU 45 etc.).

Zentralverwaltungswirtschaft:
- Sowjetisierung der Gesellschaft und Wirtschaft ab 1946: Entschädigungslose Enteignung und anschließende Verstaatlichung von Großgrundbesitz, von Großbetrieben und Banken.
- Staatliche Steuerung des gesamten Wirtschaftsprozesses nach einem Plan (auch: Plan- oder Kommandowirtschaft) mit engen Vorgaben.
- Zentrale Koordination der Güterverteilung und Festlegung der Preise und Löhne durch staatliche Planungsbehörden (keine Preisbildung durch Angebot und Nachfrage; kein freier Wettbewerb zwischen gewinnorientierten Unternehmen).
- Verhinderung wirtschaftlicher Ausbeutung und Einebnung sozialökonomischer Unterschiede („sozioökonomische Gleichheit") als Zielsetzung.
- Umbau der Gesellschaft zu einer sozialistischen, im Idealfall zu einer antikapitalistischen (geld- und klassenlosen) kommunistischen Gesellschaft.

Partizipation und Ideologisierung:
- Recht der DDR-Bürger zur Mitgestaltung des sozialistischen Staates gemäß Grundsatz „Arbeite mit, plane mit, regiere mit" (Art. 21 der DDR-Verfassung von 1974) und damit verknüpfte Forderung des Staates, sich für den (und im) Sozialismus zu engagieren; Mitwirkung in Massenorganisationen als Bekenntnis zum Sozialismus: „[...] hohe moralische Verpflichtung für jeden Bürger" (ebd.).
- Ideologisierung in der Schule (Staatsbürger- und „Wehrkunde"), in den Betrieben („Freier Dt. Gewerkschaftsbund" [FDGB]), in den Vereinen und Verbänden („FDJ" als einzige staatlich anerkannte und geförderte Jugendorganisation und wesentliches Element eines parallelen, außerschulischen Erziehungssystems) und Hausgemeinschaften, aber auch direkte Einschüchterung und Überwachung bei abweichenden Meinungen und Verhaltensweisen durch das Ministerium für Staatssicherheit (MfS; „Stasi"); Mitwirkungspflicht im sozialistischen Staat machte es dem Einzelnen schwer, sich dem Zugriff der SED zu entziehen.
- „Nischengesellschaft" DDR: Politisierung fast aller Gesellschaftsbereiche, daher Rückzug der Bürger in private Nischen (Gartenlaube in Kleingärtnerkolonie etc.).

Ostbindung und Warschauer Pakt:
- Politik der Ost(an)bindung. Wesentliche Marksteine: Anerkennung der Oder-Neiße-Grenze durch die DDR, Eintritt in den Rat für gegenseitige Wirtschaftshilfe (COMECON)

1950 sowie Beitritt zum Warschauer Pakt 1955 und (offizielle) Gründung der Nationalen Volksarmee (NVA) 1956.
- Abhängigkeit von UdSSR (Umsetzung der Breschnew-Doktrin von 1968): „Die Deutsche Demokratische Republik ist für immer unwiderruflich mit der Union der sozialistischen Sowjetrepubliken verbündet" (Art. 6 der DDR-Verfassung von 1974).

Entwicklung von Wirtschaft und Gesellschaft in den 1950er- und 1960er-Jahren

Zentrale Begriffe
Boom – Soziale Marktwirtschaft vs. Zentralverwaltungswirtschaft – Sozialstaat vs. Versorgungsstaat – nivellierte Mittelstandsgesellschaft vs. Arbeiter- und Bauernstaat – Konsumgesellschaft vs. Primat der Schwerindustrie – Keynesianismus vs. Fünf-Jahres-Plan – Vollbeschäftigung vs. Recht auf Arbeit

Die **Wirtschaft in der BRD** erlebte seit den 1950er-Jahren einen historisch einmaligen **Boom** (hier: langanhaltende, mehrjährige Hochkonjunkturphase) und die Menschen fielen in einen regelrechten „Konsumrausch". Das **„Wirtschaftswunder"** ließ die Einkommen und Vermögen sowie als Folge daraus den Lebensstandard in der Bundesrepublik rasant steigen. Die Kredite aus dem Marshall-Plan ermöglichten der Industrie im Westen große Investitionen. Neue Produktionsanlagen sicherten die Qualität und Quantität der Waren und das Nachholbedürfnis der Bevölkerung sorgte für eine hohe Nachfrage. Dank **Vollbeschäftigung** wurde die Bundesrepublik zur **Konsumgesellschaft,** die einen immer anspruchsvoller werdenden Lebensstil hervorbrachte. Konsum gilt seit den 1950er-Jahren in weiten Teilen der Gesellschaft als etwas Positives. Diese Entwicklung wurde von Soziologen sehr treffend als **„Wohlstandsexplosion"** bezeichnet. Das reale Volkseinkommen pro Kopf stieg zwischen 1950 und 1989 um das Vierfache an. Im Vergleich dazu betrug die Steigerung zwischen 1800 und 1950 nur das Dreifache. Im Vergleich zur Zeitspanne von 1900 bis 1950 lässt sich feststellen, dass das reale Volkseinkommen von 1950 bis 1989 ca. 13-mal stärker wuchs als in den 50 Jahren zuvor.

DEBATTE Gründe für das „Wirtschaftswunder"

Der (bereits zeitgenössisch) verwendete Begriff „Wirtschaftswunder" ist in mehrfacher Hinsicht umstritten. Schon der als „Vater des Wirtschaftswunders" bezeichnete Bundeswirtschaftsminister Ludwig Erhard lehnte den Begriff ab, weil er davon ablenkte, dass das rasante Wirtschaftswachstum in der Bundesrepublik und der damit verbundene steigende materielle Wohlstand in den 1950er- und 1960er-Jahren nicht auf ein „Wunder", sondern auf ein **Wirtschaftsprogramm** zurückzuführen war. Zudem war der wirtschaftliche Aufstieg kein Alleinstellungsmerkmal der BRD. Ab 1950 stellte sich in etlichen Ländern – wenn auch nicht in der westdeutschen Dimension – in Ost- und Westeuropa ein Wirtschaftsboom ein. Dennoch dürfte den Zeitgenossen der rasche ökonomische Aufstieg der BRD 1949 wie ein Wunder vorgekommen sein.

Das subjektive Wohlbefinden der Bundesbürger stieg in den 1950er- und 1960er-Jahren ebenfalls deutlich an, da sich das Wirtschaftswachstum und die hohe Nachfrage nach Arbeitskräften positiv auf den Lebensstandard der wirtschaftlich schwächeren Bevölkerungsschichten auswirkte. Maßgeblich trug der Aufbau eines **Sozialstaats** hierzu bei, den die Bundesregierung aufgrund sprudelnder Staatseinnahmen finanzieren konnte. Die gesetzlich geregelte Versorgung und Entschädigung von Menschen, die durch Krieg, Vertreibung oder Enteignung geschädigt worden waren oder ihr Vermögen verloren hatten (Lastenausgleichsgesetz von 1952), die Einführung von Kindergeld, die Arbeitszeitverkürzung, eine Rentenreform (Umstellung auf Umlagefinanzierung 1957; Zitat Adenauer: „Kinder kriegen die Leute immer.") und das Gesetz über Lohnfortzahlung im Krankheitsfall gewährleisteten nicht nur die Grundversorgung, sondern sorgten für gesellschaftspolitische Stabilität. Für diese Art der wirtschaftspolitischen Regulierung und der **Staatseingriffe im Sinne des Keynesianismus** übernahm Wirtschaftsminister Ludwig Erhard den Begriff der **Sozialen Marktwirtschaft.**
Die vorwiegend materialistische Ausrichtung der bundesdeutschen Bevölkerung, starre und einengende Rollenbilder, aber auch die fehlende gesellschaftliche Auseinandersetzung mit der NS-Vergangenheit sowie der Umstand, dass viele ehemalige Nationalsozialisten ihre Karrieren in der Bundesrepublik bruchlos fortsetzen konnten, stießen bei der Nachkriegsgeneration auf Protest. Sie interpretierte die gesellschaftlichen Verhältnisse in der Bundesrepublik als **Restauration** derjenigen Verhältnisse, die zum Nationalsozialismus geführt hatten.

INFO Das Konzept des Keynesianismus

Der Keynesianismus ist eine **nachfrageorientierte Wirtschaftstheorie,** die auf Überlegungen des britischen Ökonomen John Maynard Keynes basiert. Um in Rezessionszeiten Vollbeschäftigung erreichen zu können, müsse die gesamtwirtschaftliche Güternachfrage, vorrangig die Investitionsgüternachfrage, steigen, denn steigende Investitionen schafften Arbeitsplätze und damit Einkommen, was wiederum die Konsumgüternachfrage ankurbele und weitere Investitionen zur Folge habe. Der Staat solle dafür sorgen, dass die fehlende Nachfrage der privaten Haushalte und der Unternehmen durch staatliche ersetzt werde, damit die Konjunktur wieder in Gang komme. Der Staat solle in Wirtschaftskrisen nicht sparen, sondern antizyklisch vorgehen und seine Ausgaben für öffentliche Aufträge (Bau von Infrastruktur) erhöhen und Unternehmen Investitionsanreize (Steuersenkungen, Subventionen) bieten. In guten Zeiten hingegen solle er die Staatsverschuldung abbauen und „sparen".

Der Soziologe Helmut Schelsky bezeichnete die Sozialstruktur der jungen BRD 1953 als „nivellierte Mittelstandsgesellschaft". Als Ursache für den sozialen Angleichungsprozess sah er die Teilhabe am Wohlstand durch Massenkonsum.

DEBATTE Zum Konzept der „nivellierten Mittelstandsgesellschaft"

Helmut Schelsky verstand sein Konzept der nivellierten Mittelstandsgesellschaft als „Anti-Klassentheorie" und damit als **Gegenmodell zur marxistischen Klassengesellschaft,** die eine Spaltung der Gesellschaft in verfestigte Klassen infolge der sozialen Ungleichheit beschreibt. In der marxistischen Vorstellung zeichnen sich die Mitglieder einer Klasse durch eine strukturell vergleichbare Funktion im Wirtschaftsprozess und eine statische soziale Stellung aus, gemeinsame Interessen prägen das Klassenbewusstsein. Schelskys Analyse der Nachkriegsgesellschaft nahm davon abweichend eine hochmobile Sozialstruktur an, in der kollektive Prozesse zu einer Einebnung der sozialen Schichten und damit zu einer **sozialen Nivellierung (Angleichung)** in einer verhältnismäßig einheitlichen Gesellschaftsschicht führen, die durch den Verlust der Klassenspannung und sozialen Hierarchie charakterisiert sei.

Kritik erfuhr Schelsky u. a. von dem Soziologen **Ralph Dahrendorf,** der in seinem **Haus-Modell** der 1960er-Jahre die **Bevölkerung in verschiedenen Schichten** (Eliten, Mittelstand, Arbeiterschicht usw.) als weiterhin gegliedert darstellt. Dahrendorf interpretierte die Annahme einer nivellierten Gesellschaft als Variante des nationalsozialistischen Konzeptes der Volksgemeinschaft, da diese, ähnlich wie Schelsky, von einer Einheit der Gesellschaft in Harmonie ausgehe und soziale Spaltungen in Klassen, Schichten etc. ausblende.

In der **DDR** erfolgte der **planmäßige Aufbau des Sozialismus im Arbeiter- und Bauernstaat,** in dem Arbeiter und Bauern im Bündnis mit der sogenannten Intelligenz (Akademiker) regieren sollten. Dies wurde ab 1953 auch im Staatswappen der DDR verbildlicht, das aus einem gold-gelben Ährenkranz (Symbol für die Bauernschaft) bestand, der einen Hammer (Symbol für die Arbeiterklasse) und einen Zirkel (Symbol für die Wissenschaft) umschlang. Auch die Menschen in der DDR erlebten seit den 1950er-Jahren eine Wohlstandssteigerung, die allerdings nicht mit der Wohlstandsexplosion in der Bundesrepublik Schritt halten konnte. Die nach sowjetischem Muster **gelenkte Zentralverwaltungswirtschaft** in der DDR schränkte die Konsummöglichkeiten der Bevölkerung zugunsten der Schwerindustrie **(Primat der Schwerindustrie)** ein, um den auf der 2. Parteikonferenz der SED 1952 beschlossenen Aufbau des Sozialismus voranzutreiben. Industrielle und handwerkliche Produktionsstätten wurden in Volkseigene Betriebe (VEB) transformiert, was zu einer Quasi-Vernichtung des Mittelstandes in der DDR führte. Neben dem Bau riesiger industrieller Komplexe im Bereich der Stahl-, der Eisen- und Chemieindustrie (sog. Kombinate) wurde Wohninfrastruktur neu geschaffen. Für die Arbeitskräfte des Eisenhüttenkombinats Ost wurde 1950 eigens eine sozialistische Wohnstadt namens „Stalinstadt" (später in Eisenhüttenstadt umbenannt) im Stil des Sozialistischen Klassizismus errichtet. Die gesamten volkswirtschaftlichen Aktivitäten sollten mittels eines **Fünf-Jahres-Plans** zentral gesteuert und koordiniert werden, weshalb viele ökonomische Variablen wie Preise und Löhne von der Staatlichen Planungskommission festgelegt wurden. Im Rahmen der Zwangskollektivierung erfolgte der Zusammenschluss nahezu aller Agrarbetriebe zu Landwirtschaftlichen Produktionsgenossenschaften (LPG).

LPGs und VEB

Trotz der relativen Wohlstandssteigerung blieb der Lebensstandard wegen der **Vernach-lässigung der Konsumgüterindustrie** bis Ende der 1950er-Jahre hinter dem im Westen zurück. 1960 lag das reale durchschnittliche Haushaltseinkommen in der DDR um ca. 30 Prozent hinter dem westdeutschen. Das seit 1950 zunehmende **Ost-West-Wohl-standgefälle** sorgte neben der ökonomischen Gängelung für Frustration und hatte die Abwanderung meist junger Akademiker und Facharbeiter über das Schlupfloch Berlin in Richtung Westen zur Folge. Dieser ungewollte Humankapitalabfluss („Brain drain") scha-dete der wirtschaftlichen Entwicklung in der DDR enorm, fehlten doch zunehmend junge, gut ausgebildete Arbeitskräfte. Mit dem Mauerbau am 13.8.1961 in Berlin konnte die Abwanderungsbewegung aus der DDR eingedämmt und eine gewisse ökonomische und politische Stabilisierung erzwungen werden. Die Menschen richteten sich im Sozialismus notgedrungen ein. Neben diesem Arbeitskräftemangel und den Funktionsschwächen der sozialistischen Zentralverwaltungswirtschaft zählten ungleiche Startbedingungen in den Nachkriegsjahren und ungünstige außenwirtschaftliche Verflechtungen zu den Ursachen für das Wohlstandsgefälle von Ost nach West:

- Belastung durch anfänglich hohe Reparationsleistungen an die Sowjetunion und fehlende Marshall-Plan-Hilfen.
- erzwungene Einbindung der Volkswirtschaft der DDR in den RgW.
- Abschneiden von Zulieferern und Absatzmärkten im Westen und Umstellung der Betriebe auf die neuen Partner im Osten (mit meist geringeren technischen Quali-tätsstandards).

Als Ausdruck der Überlegenheit des Staatssozialismus gegenüber einer kapitalistischen Wirtschaftsordnung betonte die DDR-Regierung, dass es in der DDR im Unterschied zur Bundesrepublik keine Arbeitslosigkeit gebe. Das in der DDR-Verfassung festgelegte **Recht auf Arbeit als staatlich verbürgtes Grundrecht** brachte in der Realität aber oftmals eine Übersetzung der Arbeitsplätze mit sich und trug zur Ineffizienz und zur Innovationsschwäche der Betriebe in der Zentralverwaltungswirtschaft bei. Die Zutei-lung eines Arbeits- oder Ausbildungs- bzw. Studienplatzes erfolgte nach politischen Erwägungen und hing weniger von den Leistungen des Einzelnen als vielmehr von seiner politischen Zuverlässigkeit ab. Eine freie Berufswahl, wie sie in der DDR-Verfassung entsprechend den gesellschaftlichen Erfordernissen und der persönlichen Qualifikation zugesichert wurde, gab es in der DDR nicht. Allerdings war die Beschäftigungsquote bei Frauen im erwerbsfähigen Alter deutlich höher als in der Bundesrepublik, was u. a. auf den hohen Arbeitskräftebedarf zurückzuführen war. Nicht nur ein Arbeitsplatz, sondern bezahlbare, teils stark subventionierte Grundnahrungsmittel und günstige Mieten, eine flächendeckend kostenlose Gesundheitsversorgung und der Zugang zu Bildung sollten allen Menschen in der DDR gleichermaßen garantiert sein und die Vorzüge des rea-lexistierenden Sozialismus verdeutlichen. Der **sozialistische Versorgungsstaat,** der alle Bereiche des Lebens durchzog, erzeugte so ein Gefühl von Sicherheit, beförderte aber gleichzeitig die **Entmündigung seiner Bürger,** da diese die Verantwortung an den Staat abtraten.

Das Bemühen um Deeskalation

Zentrale Begriffe
Putsch – Militärdiktatur – Revolution – Kuba-Krise – Friedliche Koexistenz – „Kennedy-Impuls" – Neue Ostpolitik – Helsinki-Prozess
---

Die Kuba-Krise (1962)

In den Jahren 1958 bis 1961 kam es zu einer Krise in Berlin, der Zweiten Berlin-Krise, die mit dem Mauerbau am 13.8.1961 ihren Höhepunkt erreichte. Weil keiner der beiden Staaten einen Krieg riskieren wollte, waren die Westmächte, allen voran die USA, darum bemüht, den Status quo in Berlin zu erhalten bzw. keine Änderung zuzulassen. Allerdings setzte sich die Politik der Bestandwahrung erst nach der **Kuba-Krise,** dem **Höhepunkt des Kalten Krieges,** ab 1962 vollständig durch.

Kuba gehörte seit jeher zum Interessenbereich der USA, es unterlag der sog. Monroe-Doktrin (1823). Diese definierte den amerikanischen Kontinent als US-amerikanisches Einflussgebiet, für das Interventionen anderer Mächte nicht akzeptiert werden durften. 1952 hatte sich Fulgencio Batista in Kuba durch einen **Putsch** zum Präsidenten gemacht, die Verfassung außer Kraft gesetzt und eine **Militärdiktatur** errichtet. Die Opposition um den Rechtsanwalt Fidel Castro wurde brutal verfolgt. Castro musste ins Exil und kehrte 1956 mit dem marxistischen Revolutionär Ernesto „Che" Guevara nach Kuba zurück. In einem jahrelangen Guerilla-Krieg konnten sich Castro und seine Gefolgsleute schließlich gegen Batista durchsetzen. 1959 eroberten die Revolutionäre um Castro und Che Guevara die Hauptstadt Havanna und formten Kuba in eine sozialistische Diktatur sowjetischer Prägung um. Nach dieser **Revolution** suchte Fidel Castro die **Unterstützung der Sowjetunion,** um seine Position abzusichern. Die Zusammenarbeit Castros mit der UdSSR interpretierten die USA als Bedrohung, darum veranlassten sie die Invasion von 1 400 Exilkubanern in der Schweinebucht, um einen Umsturz auf Kuba herbeizuführen, der jedoch fehlschlug.

Im Oktober 1962 verschärfte sich die Krise: Nikita Chruschtschow, der sowjetische Regierungschef, hatte unter strengster Geheimhaltung im September 1962 atomare Mittelstreckenraketen auf Kuba stationieren lassen, die eine Reichweite von 2 000 Meilen hatten und somit die Westküste der USA erreichen konnten. Vorausgegangen war die Stationierung von US-Raketen in der Türkei mit ähnlicher Reichweite, die wiederum die Sowjetunion bedrohten. Nach einem Ultimatum des US-amerikanischen Präsidenten John F. Kennedy am 22. Oktober, das den Rücktransport der Atomwaffen in die UdSSR forderte, erreichte die Krise fünf Tage später (27./28.10.) ihren Höhepunkt und brachte die Welt an den Rand eines Atomkrieges. Erst durch einen Briefwechsel zwischen Chruschtschow und Kennedy wurde die Krise entschärft. Der Kompromiss sah folgendermaßen aus: Die UdSSR zogen ihre Atomwaffen am 28.10.1962 aus Kuba ab, die USA versprachen, ihre Atomraketen aus der Türkei abzuziehen. Castro blieb an der Macht. Um Konflikte entschärfen zu können, wurde der sog. **„heiße Draht" zwischen Washington und Moskau** eingerichtet.

Entspannungskurs: Der Helsinki-Prozess

Mit dem Ende der Kuba-Krise 1962 wurde deutlich, dass eine Entspannungspolitik notwendig war, die die **friedliche Koexistenz,** ein von Chruschtschow geprägter Begriff, zum Ziel haben sollte. Am 10.6.1963 hielt US-Präsident John F. Kennedy eine Rede an der American University in Washington D.C., in welcher er eine Strategie des Friedens *(Strategy of Peace)* vorstellte, die sich ebenfalls zur Gewaltlosigkeit in den Auseinandersetzungen des Kalten Kriegs bekannte und die Rollback-Politik der 1950er-Jahre beendete (**„Kennedy-Impuls"**): „Kurzum, sowohl die Vereinigten Staaten und ihre Alliierten als auch die Sowjetunion und ihre Alliierten haben ein tiefes, auf Gegenseitigkeit beruhendes Interesse daran, dass ein gerechter und ehrlicher Frieden herrscht und dem Wettrüsten Einhalt geboten wird. Zu diesem Zweck getroffene Vereinbarungen stehen sowohl im Interesse der Sowjetunion als auch in unserem Interesse. [...] Lassen Sie uns daher unsere Differenzen nicht ignorieren, aber wir müssen uns auch auf unsere gemeinsamen Interessen konzentrieren und darauf, wie wir diese Differenzen überwinden können."

Die Supermächte versuchten durch **Rüstungskontrollverträge** das Aufrüsten zu begrenzen:
- 1963: Unterzeichnung erstes Teststopp-Abkommen (Großbritannien, USA und Sowjetunion) mit dem Verbot von Atomwaffenversuchen im Weltraum, in der Atmosphäre und unter Wasser (und seit 1976 unter der Erde).
- 1968: Unterzeichnung Atomwaffensperrvertrag; Verpflichtung der Atommächte, keine Atomwaffen an andere Staaten weiterzugeben. Dennoch erreichte die Zahl der Atomwaffen zu Beginn der 1970er-Jahre ein Vielfaches dessen, was nötig gewesen wäre, um die Menschheit auszulöschen („Overkill-Kapazität" bzw. MAD, *Mutual Assured Destruction).*
- 1972: Unterzeichnung SALT-I-Vertrag zur Begrenzung strategischer Atomwaffen. Es ist anzumerken, dass er nicht dazu dienen sollte, Atomwaffen zu vernichten, sondern das **„Gleichgewicht des Schreckens"** aufrechtzuerhalten.
- 1975: **Konferenz über Sicherheit und Zusammenarbeit in Europa (KSZE)** Unterzeichnung der sog. KSZE-Schlussakte von Helsinki von 35 Teilnehmerstaaten (alle europäischen Staaten, Ost und West, außer Albanien und Andorra, die Sowjetunion sowie Kanada und die USA). Beschlossen wurde die Zusammenarbeit auf internationalem Gebiet, in Wissenschaft, Wirtschaft und Kultur; darüber hinaus beinhaltete die KSZE-Schlussakte einen Katalog von Menschen- und Grundrechten sowie eine Gewaltverzichtserklärung.

Anstoß für **Helsinki-Prozess,** in welchem sich die KSZE als Instrument der Entspannungspolitik zwischen Ost und West in den Jahren des Kalten Krieges weiterentwickelte und nach dem Zusammenbruch des Ostblocks in eine Organisation mit neuen Aufgaben, der Organisation für Sicherheit und Zusammenarbeit in Europa (OSZE), umwandelte.
- 1979: Unterzeichnung SALT-II-Vertrag zur Begrenzung der Anzahl von Mittelstreckenraketen, aber keine Ratifizierung wegen des Einmarsches der Sowjetunion in Afghanistan. Dennoch hielten sich beide Seiten an den Vertrag.

Die Bedeutung der **SALT-Verträge** (Strategic Arms Limitation Talks) liegt zum einen in der Bereitschaft der Supermächte, offensive Trägerraketen zu begrenzen; die USA erkannten die UdSSR erstmals als gleichberechtigte Nuklearmacht an. Zum anderen waren die Supermächte bereit, innerhalb Europas Konferenzen zuzulassen, auf denen Sicherheitsfragen diskutiert wurden:

BRD: Neue Ostpolitik unter Willy Brandt

Die Entspannungspolitik machte sich auch in Deutschland bemerkbar. Unter der sozial-liberalen Koalition entwickelte sich unter Bundeskanzler Willy Brandt die Neue Ostpolitik. Hatte schon die Große Koalition eine Entschärfung der deutsch-deutschen Beziehungen angestrebt, so zielte die Neue Ostpolitik der Ära Brandt auf eine Verbesserung des Verhältnisses zu den Ostblockstaaten und der DDR durch die Aufnahme kultureller und wirtschaftlicher Kontakte (**„Wandel durch Annäherung"**). Verfassungsrechtlich gab es in der Einleitung zum Grundgesetz (bis zur Wiedervereinigung 1990) ein **Wiederverei-nigungsgebot,** wonach alle politischen Organe der BRD die Einheit Deutschlands mit allen Kräften anzustreben und alle Maßnahmen auf dieses Ziel auszurichten hatten. Eine Konkretisierung fanden diese Zielvorstellungen in folgenden Verträgen:

Moskauer Vertrag (1970)	Die UdSSR und die BRD verpflichteten sich, keine Gebietsansprüche zu erheben, alle Grenzen anzuerkennen und alle Konflikte friedlich zu lösen (Gewaltverzicht). Bevor der Vertrag unterzeichnet wurde, übergab Egon Bahr dem sowjetischen Außenminister den „Brief zur deutschen Einheit", in dem festgestellt wird, „daß dieser Vertrag nicht im Widerspruch zu dem politischen Ziel der Bundesrepublik Deutschland steht, auf einen Zustand des Friedens in Europa hinzu-wirken, in dem das deutsche Volk in freier Selbstbestimmung seine Einheit wiedererlangt". Es sollte deutlich gemacht werden, dass der Vertrag nicht im Widerspruch zum Wiedervereinigungsgebot stand.
Warschauer Vertrag (1970)	Die Bundesrepublik Deutschland und die Volksrepublik Polen ver-pflichteten sich dazu, keine Gebietsansprüche zu erheben, sie bekannten sich zur Unverletzlichkeit der Grenzen und zu Gewalt-freiheit. Angesichts der geografischen Verschiebungen nach 1945 war dies für Polen ein sehr wichtiger Vertrag, denn man fürchtete Revisionismus (das Streben nach Veränderung eines völkerrecht-lichen Zustands).
Grundlagen-vertrag (1972)	Der Vertrag regelte die „gutnachbarlichen" Beziehungen zwischen der Bundesrepublik und der DDR. Beide Staaten respektieren die Hoheitsgewalt des jeweils anderen auf dessen Gebiet und die Unverletzlichkeit der deutsch-deutschen Grenze. Infolge des Grundlagenvertrages wurden u.a. kurzfristige Besuchsreisen von Westdeutschen in grenznahe DDR-Orte, Rentnerreisen aus der DDR sowie Telefonkontakte möglich. Die neue Ostpolitik war in allen Fraktionen umstritten, besonders jedoch in der Opposition bei CDU/CSU.

Zivilgesellschaftliche Aufbrüche und Proteste in Ost und West

Zentrale Begriffe
Aufstand des 17. Juni – Ungarnaufstand – „Republikflucht" – Mauerbau – Wiederbewaffnung – 68er-Bewegung – Prager Frühling – Wertewandel

INFO Zivilgesellschaft

Als **Zivilgesellschaft** kann die Welt der Institutionen, Organisationen und Individuen zwischen Familie, Staat und Markt definiert werden, in welchen sich Menschen freiwillig zusammenschließen, um gemeinsamen Interessen zu folgen. Innerhalb dieses gesellschaftlichen Teilbereiches formieren sich Organisationen, die allgemein als gemeinwohl- sowie nichtprofitorientiert und daher drittsektoral bezeichnet werden, da sie weder zur Sphäre des Staates (= erster Sektor) noch des Marktes (= zweiter Sektor) zu zählen sind. Der Begriff Zivilgesellschaft wurde insbesondere ab den 1980er-Jahren in Ost- und Mitteleuropa von den dortigen **Dissidentenbewegungen** benutzt und stand für eine neue, freie, selbstregulierte Gesellschaft im Gegensatz zur sozialistischen der kommunistischen Diktaturen.

Umgang mit Protest in der DDR und Osteuropa in den 1950er- und 1960er-Jahren

Nachdem die 2. Parteikonferenz der SED im Juli 1952 den planmäßigen Aufbau des Sozialismus angekündigt hatte, verschlechterten sich die Lebens- und Arbeitsbedingungen in der DDR. Die von nun an massiv vorangetriebene Kollektivierung der Landwirtschaft, die Verstaatlichung weiterer Betriebe sowie die Ereignisse um den **Volksaufstand am 17.6.1953** in der DDR führten dazu, dass die Abwanderungsbewegung in die BRD 1953 ihren Höchststand erreichte.

INFO Politischer Protest

Politischer Protest bringt die Unzufriedenheit mit politischen Entscheidungen, mit staatlichen Institutionen sowie mit gesellschaftlichen und sozialen Missständen zum Ausdruck. Er dient zivilgesellschaftlichen Akteuren als Artikulationsform, macht unterschwellige Konflikte sichtbar und kann auf Repräsentationslücken im politischen System hinweisen, welche entstehen, wenn es in der Bevölkerung Ansichten und Interessen gibt, die von den etablierten politischen Akteuren nicht, nicht mehr oder noch nicht vertreten werden. Zivilgesellschaftlicher Protest ist nicht notwendigerweise progressiv, sondern oft konservativ-bewahrend sowie technologieskeptisch bis -feindlich (z. B. in jüngerer Zeit Proteste gegen Großbauprojekte wie Stuttgart 21 oder Impfgegner- und Querdenker-Demos).

Aus Protestaktionen und Kundgebungen der Arbeiterschaft gegen die Erhöhung der Arbeitsnormen hatte sich am 17. Juni 1953 ein Aufstand gegen das SED-Regime (Aufstand des 17. Juni) entwickelt, der nur durch das militärische Eingreifen sowjetischer Truppen niedergeschlagen werden konnte und für die führenden SED-Kader ein prägendes Schockerlebnis war. Um eine Wiederholung zu vermeiden, wurden die Sicherheitsorgane der DDR, allen voran der Geheimdienstapparat der SED, das Ministerium für Staatssicherheit (MfS), unter Führung von Erich Mielke ausgebaut. Die daraufhin ansteigende Abwanderung führte in der DDR zu einem Arbeitskräftemangel. Da v. a. junge und gut ausgebildete Menschen das Land verließen, verschlechterte sich die Wirtschafts- und Versorgungslage. Neben den wirtschaftlichen Schwierigkeiten führte die sich vor den Augen der Weltöffentlichkeit abspielende Emigration – letztlich eine „Abstimmung mit den Füßen" – zu einem starken Ansehensverlust der DDR. 1955 erfolgte die Abriegelung der innerdeutschen Zonengrenze. Von nun an war Berlin die letzte Lücke im „Eisernen Vorhang", welche tausende Menschen nutzten, um von der DDR in die Bundesrepublik zu gelangen. Obwohl die DDR-Führung auf die sogenannte **„Republikflucht"** immer restriktiver reagierte, riss der Flüchtlingsstrom über Berlin nicht mehr ab.

INFO Republikflucht

Mit dem verschärften Passgesetz von 1957 wurde jede unerlaubte Ausreise aus der DDR (sog. „Republikflucht") unter Strafe gestellt. Das Strafmaß konnte Haftstrafen bis zu drei Jahren betragen. Auch die Vorbereitung und der Versuch einer Flucht aus der DDR wurden vom MfS verfolgt und bestraft.

Um die Abwanderung endgültig zu stoppen, forderte Walter Ulbricht im Oktober 1958 für die DDR die Hoheitsrechte über Gesamt-Berlin ein. Als der sowjetische Staatschef Nikita Chruschtschow die Westalliierten einen Monat später zum Abzug ihrer Truppen aufforderte, um Berlin in eine „freie Stadt" umzuwandeln (Chruschtschow-Ultimatum), kam es zehn Jahre nach der Blockade Berlins erneut zu einer **Berlin-Krise.** Die Westalliierten reagierten auf die Abzugsforderung mit entschiedener Ablehnung. Auf einem Gipfeltreffen mit dem amerikanischen Präsidenten John F. Kennedy am 3. und 4.6.1961 wiederholte Chruschtschow seine Berlinpläne. Kennedy beantwortete seine Forderungen in einer Rundfunk- und Fernsehansprache am 25.7.1961 mit drei unantastbaren Grundsätzen („Three Essentials"): dem Anwesenheitsrecht westalliierter Truppen in West-Berlin, dem Freiheitsrecht der West-Berliner Bevölkerung und dem Zugangsrecht der drei Westmächte zu Berlin. Kurz darauf stimmten die Länder des Warschauer Paktes der Grenzabriegelung nach West-Berlin zu. Am 13.8. begannen sowjetische und DDR-Verbände mit der Errichtung einer Grenze zu den Westsektoren Berlins, die in den folgenden Wochen durch eine Mauer gesichert wurde.

Mit dem **Mauerbau 1961** in Berlin konnte die Migration aus der DDR eingedämmt werden, sodass sich das Land in den nächsten Jahren wirtschaftlich erholte. Eine Flucht war nun schwieriger, wenn auch dank Fluchthelfer nicht unmöglich. Gegen diese ging das MfS vehement vor. Es infiltrierte nicht nur Gruppen, sondern verübte auch Mord- und Entführungsanschläge auf einige Fluchthelfer. Verhaftete Kuriere und Schleuser wurden in großen „Schauprozessen" von DDR-Gerichten abgeurteilt und die Prozesse im DDR-Fernsehen übertragen, um abzuschrecken.

Proteste und Aufstände in den Staaten des Ostblocks nach 1950

– Juni 1953: Aufstand in der Tschechoslowakei,
– Juni und Oktober/November 1956: **Ungarnaufstand.**
Alle Unruhen gingen auf das Bestreben zurück, mehr nationale Unabhängigkeit von der UdSSR zu fordern. Die Aufstände folgten einem ähnlichen Muster: Zunächst begannen sie mit einem Protest der Arbeiterschaft, um auf wirtschaftlich schwierige Bedingungen bzw. Probleme hinzuweisen. Daraus entwickelten sich Streiks, die in großen Demonstrationen endeten, bei denen politische Forderungen aufgestellt wurden. Die Sowjetunion schlug alle Aufstände blutig nieder. Durch den Tod Stalins im Jahr 1953 und die damit einsetzende „Entstalinisierung" hatten sich die Aufständischen ermutigt gefühlt. 1956 rechnete der Nachfolger Stalins, Nikita Chruschtschow, auf dem XX. Parteitag der KPdSU mit Stalin ab und beflügelte damit die Aufstände in Polen und Ungarn. Obwohl der Westen die Aufständischen mit Flugblättern unterstützte, vermied er doch eine direkte Konfrontation und griff nicht in die Aufstände ein. Der Status quo in Europa wurde also respektiert, anders als z. B. in Korea.
1968: **Prager Frühling in der Tschechoslowakei.**
Schon zu Beginn der 1960er-Jahre zeichnete sich dort eine Reformbewegung ab, die sich für einen menschlicheren Sozialismus einsetzte. Als man 1968 den Reformer Alexander Dubcek zum ersten Sekretär der KP wählte, leitete dieser einen Reformversuch ein, um eine sozialistische Marktwirtschaft einzuführen. Im März 1968 wurde die Pressezensur aufgehoben. Die sozialistischen Bruderstaaten zeigten sich skeptisch und warnten die Prager Regierung vor einem Alleingang. Nach nur wenigen Monaten intervenierten die Staaten des Warschauer Paktes in der Tschechoslowakei und beendeten die Reformpolitik Dubceks. Die Regierung musste zurücktreten, der Prager Frühling war gescheitert: Die Zahl der Opfer wird auf ca. 500 geschätzt. Der Generalsekretär der KPdSU, Leonid Breschnew, verkündete kurze Zeit später die nach ihm benannte **Breschnew-Doktrin,** die besagte, dass sozialistische Staaten begrenzte Souveränität besäßen, weshalb sie nicht das Recht hätten, sich aus der Gemeinschaft sozialistischer Staaten zu lösen.

Protest in der Bundesrepublik in den 1950er- und 1960er-Jahren

Die – gegen den entschiedenen Widerstand der SPD betriebene – **Westorientierung** der Bundesregierung in der Ära Adenauer führte schließlich auch zur **Wiederbewaffnung**, d. h. Remilitarisierung, der Bundesrepublik, die trotz hoher Akzeptanz in der Bevölkerung auch Proteste hervorrief. Kirchliche Gruppen und die Gewerkschaften meldeten sich in der jahrelangen Wiederbewaffnungsdiskussion immer wieder lautstark zu Wort und demonstrierten ab 1950 gegen die Aufrüstung und die Wehrpflicht. Bundeskanzler Adenauer organisierte eine massive Gegenpolitik und versuchte mit zugespitzten Kampagnen, Personen und Proteste zu diffamieren, indem er diese im (Un-)Geist des Kalten Krieges als Gehilfen Moskaus darzustellen versuchte. 1956 wurde die allgemeine Wehrpflicht schließlich wieder eingeführt und Im April 1957 wurden die ersten Wehrpflichtigen zur Bundeswehr einberufen.
Bereits Anfang der 1960er-Jahre zeichnete sich in der BRD ein gesellschaftlicher und politischer **Wertewandel** ab. Jugendliche der Nachkriegsgeneration stellten die gültigen gesellschaftlichen und individuellen Normen und Werte der Elterngeneration infrage,

was sich in einer Ablehnung autoritärer und patriarchalischer Familienstrukturen und tradierter gesellschaftlicher Rollenbilder niederschlug.

INFO Wertewandel

Ändern sich in einer Gesellschaft Einstellungen gegenüber grundlegenden Werten, erkennt man dies einerseits an neuen Lebensentwürfen, andererseits an der Veränderung der politischen Landschaft. Es werden zunehmend Politiker und Parteien gewählt, die andere Haltungen vertreten und sie in neuen oder veränderten Gesetzen verankern. In den westlich orientierten, liberalen Nachkriegsgesellschaften vollzog sich in den späten 1950er- und den 1960er-Jahren ein Wandel hin zu postmaterialistischen Werten. Statt auf materielles Vermögen und Eigentum richtete sich der Fokus vieler auf immaterielle Perspektiven wie individuelle Selbstverwirklichung und das gesellschaftliche Miteinander. Aus diesem Wertewandel heraus erwuchs die **Individualisierung** sowie die **Pluralisierung von sozialen Milieus** und Lebensstilen.

1962 sorgte ein Medienskandal für eine ernste Regierungskrise der christlich-liberalen Koalition. Als die Bundesanwaltschaft wegen eines kritischen Berichts über ein NATO-Manöver die Redaktionsräume des Nachrichtenmagazins „Der Spiegel" besetzte und Mitarbeiter verhaften ließ, traten die Minister der FDP aus der Regierung aus. Die Erneuerung der Koalition aus CDU/CSU und FDP kam erst zustande, nachdem Bundeskanzler Adenauer seinen Rücktritt zugesagt hatte. Nach der Wahl Ludwig Erhards zum Bundeskanzler im Herbst 1963 wurde die Innen-, Ost- und Deutschlandpolitik der Adenauer-Ära weitgehend fortgeführt. Allerdings wurde die Ost- und Deutschlandpolitik in den 1960er-Jahren zunehmend Gegenstand außerparlamentarischer Diskussionen. Nachdem die Evangelische Kirche in Deutschland (EKD) 1965 in einer Denkschrift empfohlen hatte, auf die ehemaligen deutschen Ostgebiete zu verzichten, mehrten sich Stimmen, die eine Neuausrichtung der Ost- und Deutschlandpolitik forderten. Auch in anderen Bereichen wurde der Wunsch nach gesellschaftlicher Veränderung immer deutlicher. 1964 löste der Pädagoge Georg Picht mit seiner These von einem zukünftigen **Bildungsnotstand** in der Bundesrepublik eine breite Debatte über eine Reform des Bildungswesens aus. Ebenso formierten sich seit den 1960er-Jahren starke soziale Bewegungen, die sich für **Emanzipation und Teilhabe am politischen Diskurs** starkmachten. Schließlich schärften die von großem medialem Interesse begleiteten Prozesse gegen den SS-Funktionär Adolf Eichmann in Jerusalem im Jahr 1961 (Eichmann-Prozess) und gegen Mitglieder der Lagermannschaft des Vernichtungslagers Auschwitz ab 1963 in Frankfurt am Main (Auschwitz-Prozesse) in der nachwachsenden Generation das Bewusstsein dafür, dass die nationalsozialistische Vergangenheit der Deutschen von den älteren Generationen weitgehend verdrängt worden war. Die Bildung einer Großen Koalition unter Bundeskanzler Kurt Georg Kiesinger (CDU) 1966 führte zu einem starken Anwachsen der Protestbewegung. Angesichts der schwachen parlamentarischen Opposition galt der **außerparlamentarische Protest** bei vielen Bürgern – Angehörigen des Bildungsbürgertums – als unverzichtbar, um die Regierung zu kontrollieren.

INFO Die Notstandgesetze

Am 30.5.1968 verabschiedete der Bundestag die **Notstandsverfassung,** die als 17. Gesetz zur Ergänzung des Grundgesetzes am 28.6.1968 in Kraft trat. Bei den sog. Notstandsgesetzen handelt es sich um Vorsorgegesetze, die den Staatsorganen im Falle innerer oder äußerer Notlagen (Krieg, innere Unruhen, Naturkatastrophen) Abwehrmaßnahmen (Einschränkung des Brief-, Post- und Fernmeldegeheimnisses sowie Einsatz der Bundeswehr und des Bundesgrenzschutzes) zur Verfügung stellen und die Weisungsbefugnisse des Bundes gegenüber den Bundesländern in Ausnahmesituationen ausweiten. In vielen europäischen Ländern, z. B. Schweden, Norwegen und Frankreich, galten entsprechende Vorsorgegesetze als Selbstverständlichkeit. Die bundesweiten Proteste gegen die Notstandsgesetze waren nicht zuletzt historisch begründet: Die auf der Grundlage der Weimarer Verfassung erlassene sog. Reichstagsbrandverordnung vom Februar 1933 hatte wesentliche Grundrechte außer Kraft gesetzt und eine wichtige Voraussetzung für die Etablierung der nationalsozialistischen Diktatur gebildet.

Artikel 48 —> Reichstagsbrandverordnung

Als **Außerparlamentarische Opposition** (APO) engagierten sie sich für folgende innen- und außenpolitische Themen:
- Demokratisierung der Universitäten und Erweiterung des Bildungsangebots,
- Aufarbeitung der nationalsozialistischen Vergangenheit,
- Protest gegen die Notstandsgesetzgebung,
- Protest gegen den Vietnamkrieg.

Der Sozialistische Deutsche Studentenbund (SDS), aber auch Schüler, Künstler und Intellektuelle bildeten den Kern der APO. Mit ihrer Formel „Unter den Talaren – Muff von tausend Jahren" zielten sie auf eine Demokratisierung der Hochschulen und – in Anspielung auf das „Tausendjährige Reich" und seine personellen Kontinuitäten (ehemalige Nazis waren weiterhin in vielen öffentlichen Funktionen beschäftigt) – auch auf die mangelnde Auseinandersetzung mit dem Nationalsozialismus. Vor diesem Hintergrund diente die von der Großen Koalition in Angriff genommene Notstandsgesetzgebung aus Sicht der protestierenden Studenten nicht der inneren und äußeren Sicherheit, sondern v. a. dem Aufbau autoritärer und totalitärer Strukturen. Hauptformen des Protestes der APO waren Demonstrationen, Sitzstreiks („Sit-in"), Besetzung von Hörsälen in Hochschulen („Go-in"). Im April 1968 erreichten die Proteste der 68er-Bewegung ihren Höhepunkt, nachdem der Vorsitzende des SDS, Rudi Dutschke, durch ein Attentat schwer verletzt worden war. Die Osterunruhen im Frühjahr 1968 bildeten aber nicht nur den Höhepunkt der Auseinandersetzungen mit blutigen Straßenschlachten mit der Polizei, sie markierten auch einen Wendepunkt. Die Verabschiedung der Notstandsgesetze im Mai 1968, die **Niederschlagung des Prager Frühlings** in der Tschechoslowakei und die Fortführung des Vietnamkriegs riefen innerhalb der APO Resignation hervor und beschleunigten ihren Zerfall.

INFO Die 68er-Bewegung

Ab 1968 gab es **internationale Jugendproteste:** Ende der 1960er-Jahre protestierten weltweit verschiedene, politisch linksorientierte Jugendbewegungen (vor allem in den

USA und in Westeuropa) gegen die bestehenden politischen, kulturellen und sozialen Verhältnisse. Theoretische Grundlagen lieferten die marxistische Theorie und die „Kritische Theorie" der Frankfurter Schule (u. a. Max Horkheimer, Theodor Adorno und Herbert Marcuse), die eine ideologiekritische **Hinterfragung der bürgerlich-kapitalistischen Gesellschaftsordnung** mit dem Ziel anstrebte, eine Gesellschaft mündiger Menschen zu erreichen. Manchen Anhängern der Frankfurter Schule erschien der liberale bürgerliche Staat eine besonders subtile, nicht offensichtliche Variante eines Unterdrückungsstaats, dessen autoritäre Herrschafts- und Repressionsmechanismen mittels ideologiekritischer Analyse offenzulegen seien. Auf der Agenda der 68er-Bewegung standen in Anlehnung an die „Kritische Theorie", das Aufzeigen und der **Abbau autoritärer Strukturen** in Staat, Gesellschaft und in den Medien, eine umfassende gesellschaftliche **Demokratisierung** sowie die **Emanzipation** aller Menschen von kapitalistischer Ausbeutung. Die 68er-Bewegung war im Kern eine Studentenbewegung (u. a. SDS), ihren Namen erhielt sie nach dem Jahr 1968, in welchem die Proteste ihren Höhepunkt erreichten.

BRD: „Mehr Demokratie wagen" (Willy Brandt)

Zentrale Begriffe
Emanzipation: „Mehr Demokratie wagen" – Neue Soziale Bewegungen – Pluralisierung – Charta 77 – Dissidentenbewegung

Ein großer Teil der APO integrierte sich in die Politik der 1969 gebildeten sozial-liberalen Koalition, nachdem diese die Forderungen nach gesellschaftlicher Demokratisierung und Emanzipation im Rahmen der bestehenden politischen Ordnung der Bundesrepublik umzusetzen versprach. Ein sehr kleiner Teil der APO radikalisierte sich allerdings und im Frühjahr 1970 gründete sich um Andreas Baader und Ulrike Meinhof („Baader-Meinhof-Bande") die **Rote-Armee-Fraktion (RAF).** Die RAF propagierte zunächst nur „Gewalt gegen Sachen" (Brandstiftung in großen Kaufhäusern außerhalb der Öffnungszeiten), verübte aber schon bald auch Gewalt gegen Menschen. Sie beging u. a. Anschläge auf Repräsentanten der verhassten staatlichen und gesellschaftlichen Ordnung (z. B. 1977 Entführung und Ermordung des Arbeitgeberpräsidenten Hanns-Martin Schleyer).

Am 28.10.1969 kündigte Bundeskanzler Willy Brandt in seiner Regierungserklärung ein „umfangreiches Reformprogramm an", welches unter dem Motto „Mehr Demokratie wagen" auf den Abbau traditioneller Strukturen und den **Aufbau demokratischer Mitbestimmungselemente** setzte. Bereits 1970 wurde nach einer Grundgesetzänderung das aktive Wahlalter von 21 auf 18 und das passive von 25 auf 21 Jahre herabgesetzt (auf Bundesebene). 1975 folgte die Festsetzung der Volljährigkeit auf 18 Jahre.
Darüber hinaus wurde das **Demonstrationsrecht** von der sozial-liberalen Koalition **liberalisiert. Neue soziale Bewegungen** mit Entstehungswurzeln in der APO (z. B. Frauen-, Friedens-, Dritte-Welt-, Ökologie-Bewegung) gewannen in der Folge an Bedeutung im politischen Prozess der Bundesrepublik. Sie versuchten unabhängig vom etablierten Parteien- und Institutionensystem Veränderungen der als starr empfundenen gesell-

schaftlichen Normen und Prozesse anzustoßen und umzusetzen. Ein Beispiel ist die feministische Frauenbewegung, entstanden im universitären Umfeld der 1960er-Jahre, die eine rechtliche und gesellschaftliche Gleichstellung von Frau und Mann einforderte. In diesem Zusammenhang ist die von Alice Schwarzer begründete Zeitschrift „Emma" erwähnenswert, die in der Bundesrepublik zum Zentralorgan der Frauenbewegung wurde, welches Frauenrechte forderte, und Stellung gegen Rollenklischees sowie gegen die Ausbeutung und Vermarktung des weiblichen Körpers (Werbung, Pornographie, Prostitution) bezog. Zentral war seit den frühen 1970er-Jahren der Kampf gegen § 218 des Strafgesetzbuches („Mein Bauch gehört mir"), der Abtreibung mit einer mehrjährigen Freiheitstrafe bedrohte und bis in die Gegenwart für Diskussionen („Werbeverbot" für Ärzte) sorgt. Die Reformen der sozial-liberalen Koalition führten zu einigen der gewünschten Veränderungen im Familienrecht (Gleichberechtigung der Ehepartner; Gleichstellung der Frau). Während eine Frau in Westdeutschland bisher die Einwilligung ihres Ehemannes für eine Berufstätigkeit benötigte, wurde 1977 (erst!!) mit der Einführung des paritätischen Ehemodells (§1356 BGB) beiden Ehegatten gleichberechtigt das Recht zuerkannt, einer Erwerbsarbeit nachzugehen. Seitdem ist die Haushaltsführung in gegenseitigem Einvernehmen zwischen den Eheleuten zu regeln und nicht mehr vorrangige Aufgabe der Frau. Das **Recht auf sexuelle Selbstbestimmung** wurde insbesondere durch die weitere Entkriminalisierung von Homosexualität und die breite Diskussion über das Abtreibungsrecht (Reform des § 218) gestärkt. Neben der Stärkung der Arbeitnehmerrechte (Betriebsverfassungs-, Mitbestimmungsgesetz) wurden umfangreiche **Reformen im Bildungswesen** angestoßen. Mit einer Ausweitung des Hochschulbaus und dem Bundesausbildungsförderungsgesetz (BAFöG) sollten die Bildungs- und Berufschancen für Kinder aus einkommensschwachen Familien verbessert werden (Erhöhung der Chancengleichheit und Durchlässigkeit im Bildungssystem).

Die Politik der sozial-liberalen Koalition griff als Reaktion auf die zunehmende Pluralisierung der Gesellschaft im Zuge des Wertewandels Forderungen der APO und der neuen sozialen Bewegungen auf und konnte so die repräsentative Demokratie nach der Großen Koalition stärken (und deren Funktionieren belegen). Dennoch klaffte im Bundestag immer noch eine **Repräsentationslücke,** da es in der Bevölkerung Ansichten und Interessen (z. B. Umweltpolitik) gab, die von den etablierten Parteien nicht oder noch nicht progressiv genug vertreten wurden.

Die Anhänger der Anti-AKW-Bewegung sorg(t)en sich beispielsweise um die Gefahren der Atomstromerzeugung, die nach der **Ölpreiskrise von 1973** von der sozialliberalen Bundesregierung vorangetrieben wurde. Die Diskussionen über die Sicherheit der Atomkraftwerke und die Endlagerung des hochradioaktiven Atommülls (Wiederaufbereitung und Endlagerung) dauern bis in die Gegenwart an.

In den 1970er-Jahren gab es große Kundgebungen, Protestmärsche und **Massendemonstrationen gegen Atomkraftwerke** und deren Bau. Hierbei kam es beispielsweise in Grohnde (Niedersachsen), wo Demonstranten den Versuch unternahmen, mit Gewalt das Baugelände des Atomkraftwerkes zu besetzen, zu schweren Ausschreitungen mit mehreren hundert Verletzten auf Seiten der Demonstranten und der Polizei. Zusammenstöße solcherart wurden juristisch aufgearbeitet und gewalttätige Demonstranten u. a. auch mit Haftstrafen belegt. Der politische Diskurs um die Atomkraft wurde in der

Bundesrepublik und im wiedervereinigten Deutschland immer wieder u. a. von der neu gegründeten Partei „Die Grünen" als parlamentarischer Arm und regionalen Bürgerinitiativen mit staatlichen Institutionen, Politikern und AKW-Betreibern aufgenommen und führte bei den politischen Verantwortlichen zu einem allmählichen Umdenken. Auftrieb gaben der Anti-AKW-Bewegung Reaktorzwischenfälle und schwerwiegende Katastrophen wie beispielsweise 1986 in Tschernobyl (Ukraine).

INFO „Die Grünen" (Bündnis 90/Die Grünen)

1980 wurde in Karlsruhe eine neue Partei gegründet, die 1983 erstmals in den Bundestag einzog: „Die Grünen" (seit 1993 im Zusammenschluss mit zuvor ostdeutschen Initiativen: Bündnis 90/Die Grünen), deren Mitglieder sich aus der Anti-Atomkraft-, der Umwelt- und der Frauenbewegung sowie aus der Neuen Linken rekrutierten. Dass die „grünen" Wurzeln insbesondere in der **Friedensbewegung** lagen, zeigte sich in der Ablehnung des NATO-Doppelbeschlusses und der Forderung nach einem Austritt der Bundesrepublik aus der NATO. Ein Alleinstellungsmerkmal der jungen Partei, die sich zur radikalen Basisdemokratie bekannte, waren **ökologische und pazifistische Themen,** sodass sie sich als vierte politische Kraft im deutschen Bundestag dauerhaft etablieren konnte, wo sie sich auch als **parlamentarischer Arm der Bürgerbewegungen** verstand.

Aus innerparteilichen Richtungskonflikten zwischen den sogenannten „Realos" (Vertreter realpolitischer Positionen, links-liberal) und „Fundis" (öko-sozialistische Fundamentalisten) gingen die Erstgenannten immer wieder gestärkt hervor. Nach einer Phase der Professionalisierung erreichte die Partei Regierungsbeteiligungen auf Länderebene (1985 als Koalitionspartner der SPD in Hessen mit Joschka Fischer als erstem grünen Umweltminister) und auch auf Bundesebene (1998 bis 2005 als Partner einer rot-grünen Bundesregierung mit SPD-Kanzler Gerhard Schröder). Für die Bundestagswahl 2021 präsentierte die Partei mit Annalena Baerbock erstmals eine eigene Kanzlerkandidatin.

Bürgerrechtsbewegungen in Osteuropa und in der DDR

Die **Charta 77** war eine in verschiedenen Milieus (Reformkommunisten, katholische Gruppierungen etc.) breit verankerte Oppositions- bzw. **Dissidentenbewegung** („Andersdenkende"; Abweichler), die sich 1977 in der Tschechoslowakei gründete und später andere Länder im Ostblock zu ähnlichen Bewegungen inspirierte. Der Impuls für die Entstehung war von der KSZE-Schlussakte von Helsinki (Helsinki-Prozess) im Jahr 1975 ausgegangen, welche auch von den führenden Repräsentanten der Tschechoslowakei unterzeichnet worden war. Sie verpflichteten sich damit ausdrücklich zur Achtung und Einhaltung der Menschenrechte, verstießen aber in der Folgezeit immer wieder offensichtlich gegen diese Selbstverpflichtung. Hierauf bezog sich die erste Charta-77-Deklaration, mit der Aufforderung, die Menschen- und Bürgerrechte zu respektieren. Die Deklaration vom 1. Januar 1977 war von 242 Bürgern unterschrieben worden. Der Staat verhängte ein Veröffentlichungsverbot für alle Schriften der Charta 77 und veranlasste Repressionen gegen Unterzeichner und Unterstützer (z. B. Verhaftungen, Verhöre, Wohnungsdurchsuchungen und Landesausweisungen/Ausbürgerungen). Daher erschienen die Texte der Deklarationen und Verlautbarungen der Charta 77 in erster Linie in den führenden westlichen Printmedien.

In der DDR bildete sich lange vor der späteren „Wende" im Jahr 1989 ein oppositionelles Milieu heraus, das eine Umgestaltung des sozialistischen Staates auf friedlichem Wege erreichen wollte. Diese Friedens-, Umwelt- oder Menschenrechtsgruppen konnten zunächst meist noch unbehelligt von staatlicher Seite im Schutz der Kirchen zusammentreten. Sie beriefen sich wie die Charta 77 auf die im Jahr 1975 auch von der DDR unterzeichnete KSZE-Schlussakte von Helsinki, die Menschen- und Grundrechte garantierte. Unter dem Motto „Schwerter zu Pflugscharen" forderte in den frühen 80er-Jahren z. B. die christliche Friedensbewegung in der DDR zur Abrüstung auf. Die SED als Staatspartei der DDR verstand ihre Politik grundsätzlich als Friedenspolitik und wollte keine oppositionelle, nichtstaatliche Friedensbewegung neben sich dulden, weshalb sie deren Friedenssymbole verbieten ließ und Druck auf die Kirchengemeinden ausübte.

Die DDR-Regierung versuchte Anfang der 1980er-Jahre oppositionelle Meinungsäußerungen (auch innerhalb der SED selbst) durch Verbote zu unterbinden und setzte auf Indoktrination der DDR-Bürger durch staatliche Medien oder die Schule, beispielsweise im „Wehrkundeunterricht" oder im Pflichtfach „Staatsbürgerkunde". Zudem reagierte der Staat mit Verhaftungen und lief kirchliche Umwelt- und Friedensgruppen von inoffiziellen Mitarbeitern des MfS (Stasi) unterwandern und ausspionieren. Die Stasi schüchterte Oppositionelle ein und versuchte, kirchliche Gruppen mit dem Ziel zu „zersetzen", politische Gegner zu verunsichern, mittels inoffizieller Mitarbeiter gegeneinander auszuspielen, psychisch zu belasten und so weitere Oppositionsarbeit unmöglich zu machen. Trotz zunehmender Repressionsmaßnahmen konnte die Stasi die Bildung einer Opposition im September 1989, die zunächst Reformen in der DDR nach dem Vorbild der Sowjetunion unter Michail Gorbatschow (Perestroika) forderte, nicht verhindern.

Vergleich zivilgesellschaftlicher Proteste		
	Westeuropa	**Osteuropa**
Beispiele	Protest gegen Wiederbewaffnung ab 1950, 68er-Bewegung, soziale Bewegungen ab 1970	Aufstand am 17. Juni 1953 in der DDR, Ungarnaufstand, Prager Frühling, Charta 77, Solidarność
Politisches System	parlamentarische freiheitliche Demokratien mit Grundrechtsgarantien	kommunistische Volksrepubliken ohne Grundrechte, ab 1975 (KSZE) auch mit Zusicherung von Grundrechten
Ursachen	Aufrüstung/ Wiederbewaffnung, Umgang mit NS-Vergangenheit, autoritäre Gesellschafts- und Moralvorstellungen (Wertewandel)	überhohe Arbeitsnormen, Konsumgütermangel, fehlende Meinungsfreiheit, keine echten Mitbestimmungsmöglichkeiten, fehlende Pluralität in nahezu allen Bereichen, Grundrechte nur „auf dem Papier" / keine Grundrechtsgarantien

Akteure	politische Parteien und Verbände, Gewerkschaften, kirchliche Gruppen, Bürger-initiativen, auch staatliche Aufbrüche (Brandt: „Mehr Demokratie wagen")	Bürgerrechtsgruppen, oft unter dem Schutz bzw. mit Unterstützung der Kirchen Staatliche Beteiligung (Ungarn, Tschechoslowakei)
Staatliche Reaktionen	polizeiliche Gewalt, Akzep-tanz, „Marsch durch die Institutionen", Parteigrün-dung („Die Grünen")	Unterdrückung durch Polizei und an-dere Sicherheitsorgane (DDR: Stasi), in der Regel mit Hilfe der Sowjetunion (Breschnew-Doktrin)
Ergebnisse	bereits kurzfristige Erfol-ge mit Langzeitwirkung („Marsch durch die Institu-tionen")	kurzfristig gescheitert an staatli-cher Gewalt, langfristig erfolgreich („Friedliche Revolution", „Samtene Revolution")
Bewertung	Zivilcourage, Eintreten für Rechte von Minderheiten, ehrenamtliches Engage-ment	Engagement gegen Menschenrechts-verletzungen, sehr gefährlich infolge Verfolgung durch staatliche Sicher-heitsorgane

Wirtschaftliche Krisen der 1970er- und 1980er-Jahre

Zentrale Begriffe
Ende des „Golden Age" – Ölkrise – Stagflation – Sockelarbeitslosigkeit – Zwei-Drittel-Gesellschaft – Neoliberalismus – Strukturwandel – Digitalisierung

Das Ende des Aufschwungs in Westeuropa

In den 1970er-Jahren zeigten sich erste ernste Energiekrisen, die die wirtschaftliche Entwicklung hemmten. Hervorgerufen wurden sie durch eine bewusst herbeigeführ-te Angebotsverknappung für Rohöl, die in den Jahren 1973/74 sowie 1979/80 stark erhöhte Marktpreise für diese zentrale Ressource der Weltwirtschaft erzeugte, die in Westeuropa massive Konjunktureinbrüche verursachten (**„Ölschock"). Die Erste Ölkri-se 1973/74** führte in der Bundesrepublik zu einer **Stagflation,** d. h. bei stagnierendem Wirtschaftswachstum setzte gleichzeitig eine übermäßige Geldentwertung (Inflation) ein. Die Zweite Ölkrise 1979/80 wirkte sich weniger folgenreich auf die bundesrepub-likanische Wirtschaft aus. Die Ölpreiskrisen verdeutlichten, dass das Öl die heimische Kohle zu Beginn der 1970er-Jahre längst als wichtigster Energieträger abgelöst hatte und die Abhängigkeit von dieser und anderen endlichen Ressourcen die **„Grenzen des Wachstums" der Volkswirtschaften** bestimmen würden, wie eine Dokumentation des Club of Rome im Jahr 1972 prognostiziert hatte. Die seit 1960 bestehende und von arabischen Staaten als Hauptölproduzenten dominierte OPEC *(Organization oft the Pe-troleum Exporting Countries* = dt.: Zusammenschluss der erdölexportierenden Staaten) kann bis heute als Angebotskartell den Ölpreis durch die Steuerung der Fördermenge gezielt beeinflussen. Als Strafe („Ölwaffe") für die westlichen Industrienationen, die Israel im Jom-Kippur-Krieg (6.-24.10.1973) unterstützt hatten, drosselte die OPEC die Ölförderung, was zu einer Verdoppelung des Rohölpreises in kurzer Zeit führte und die bundesdeutsche Volkswirtschaft in einen Schock versetzte. Die Folge waren Preissteigerungen in nahezu allen Bereichen der europäischen Volkswirtschaften und ein deutlicher Konjunktureinbruch mit drohenden Firmenpleiten und Massenentlassungen. Die Krise verstärkte die Auswirkungen des **globalen Strukturwandels** weg vom sekundären (Bergbau, Industrie) hin zum tertiären Sektor (Dienstleistungsgesellschaft; Übergang von der Industrie- zur Dienstleistungs- und zur Wissensgesellschaft im Informationszeitalter), der die BRD in den 1970er-, 1980er- und 1990er-Jahren, auch aufgrund der beschleunigten **Globalisierung** (s. S. 23, 116 f.), prägte. Infolge der zunehmenden Automatisierung bzw. **Digitalisierung** konnte menschliche Arbeitskraft fortan zunehmend stärker maschinell ersetzt werden. Folgerichtig wuchs die Nachfrage nach spezialisierten Fachkräften und der Bedarf an ungelernten Industriearbeitskräften oder z. B. Bergleuten ging zurück. Die Erste Ölkrise gilt als Wendepunkt des wirtschaftlichen Nachkriegsbooms, der als Periode eines ungewöhnlich starken Wirtschaftswachstums und hoher Wohlstandssteigerung auch als **„Golden Age"** bezeichnet wird (in der Bundesrepublik als Wirtschaftswunderzeit).

BRD: Vom Keynesianismus zur angebotsorientierten Wirtschaftspolitik

Die sozial-liberale Regierung unter Bundeskanzler Helmut Schmidt legte ab 1974 kostspielige **Konjunkturprogramme** zur Abwendung von Insolvenzen sowie zur Bekämpfung der steigenden Arbeitslosigkeit auf und ergriff Maßnahmen zur Energieeinsparung: u. a. wenig effiziente Fahrverbote an vier Sonntagen (Energiesicherungsgesetz), die zu einem Umdenken über die Rohölabhängigkeit und zu einer konsistenteren Energieerzeugung (Atomkraft, regenerative Energien) führten. Es wurde u. a. eine strategische Erdölreserve aufgebaut, um zukünftigen Engpässen begegnen zu können. Diese antizyklische keynesianische Konjunkturpolitik führte zu einer sprunghaft steigenden Verschuldung der öffentlichen Haushalte, die die Handlungsfähigkeit des Staates einzuschränken drohte. Obwohl die Maßnahmen effektiv dazu beigetragen haben, die bundesrepublikanische Volkswirtschaft recht unbeschadet durch die Erste Ölkrise zu bringen, stiegen neben der Staatsverschuldung die Arbeitslosenzahlen trotz einer Erholung der Konjunktur weiter an. Es zeichnete sich eine anhaltende, von der konjunkturellen Entwicklung abgekoppelte **Sockelarbeitslosigkeit** ab. Die Politik der sozial-liberalen Bundesregierung war auf längere Sicht nur teilweise erfolgreich, da eine nachhaltige Bekämpfung der strukturellen Arbeitslosigkeit unterblieben war und die staatlichen Konjunkturprogramme nur kurzfristig gefährdete Arbeitsplätze sichern konnten.

Nach einem erfolgreichen konstruktiven Misstrauensvotum gegen Helmut Schmidt wurde Helmut Kohl (CDU) 1982 erstmals zum Bundeskanzler gewählt und nach der vorgezogenen Bundestagswahl 1983 als Kanzler einer christlich-liberalen Koalitionsregierung (CDU, CSU und FDP) bestätigt. Die Regierung formulierte als Ziel, eine „geistig-moralische" Wende und eine „Politik der Erneuerung" herbeizuführen, um das Regierungshandeln der vorhergehenden sozial-liberalen Koalition in eine gesellschaftspolitisch konservativere und wirtschaftspolitisch liberalere Richtung zu lenken.

Diese Renaissance der konservativen Werte und des **Wirtschaftsliberalismus** war keineswegs nur auf Deutschland beschränkt. In den USA betrieb Ronald Reagan als Präsident eine ebensolche Politik, die auf konservative Werte setzte und im Zeichen eines sog. **Neoliberalismus** die Freiheit des Einzelnen vor staatlicher Einmischung vertrat. In Großbritannien setzte sich Premierministerin Margret Thatcher für eine Rückkehr zu „viktorianischen", ergo konservativen Werten ein (das viktorianische Zeitalter [1837–1901] unter Königin Viktoria ist deckungsgleich mit Industrialisierung und Gründerzeit). Außenpolitisch hielt die christlich-liberale Bundesregierung am NATO-Doppelbeschluss (und den geplanten Raketenaufstellungen) von 1979 fest und entwickelte die **europäische Integration** weiter: 1983 wurde von den beteiligten Staaten die „Feierliche Deklaration zur Europäischen Union" verabschiedet, 1985 regelte das Abkommen von Schengen den Abbau von Grenzkontrollen an den europäischen Binnengrenzen. Kohl setzte auf eine enge Abstimmung mit Frankreich, die beiden starken Volkswirtschaften sollten gemeinsam als „Motor des Fortschritts" in Europa wirken, und trieb die Einführung des Euro maßgeblich mit voran. Innenpolitisch war die Situation bei der Regierungsübernahme angespannt: Auf 1,8 Millionen Arbeitslose im Jahr 1982 und eine Staatsverschuldung in Höhe von nie dagewesenen 300 Milliarden DM reagierte die Bundesregierung mit einem Wechsel von der Nachfragepolitik keynesianischer Prägung (s. S. 98), getragen von vorwiegend kreditfinanzierten, staatlichen Konjunkturprogrammen, zu einer angebotsorientierten Wirtschaftspolitik, welche die Konjunktur ankurbeln sollte. Man wollte fortan weitgehend auf staatliche Eingriffe verzichten und die Produktionsbedingungen für Unternehmen durch geringere Steuern, Subventionen und den Abbau von Vorschriften (Deregulierung) verbessern.

Neben der Konsolidierung des Haushalts (Haushaltsbegleitgesetz 1983) mittels Steigerung staatlicher Einnahmen (u. a. durch Anhebung der Mehrwertsteuer) leitete die Bundesregierung eine Sparpolitik ein, welche deutliche Einschnitte im sozialen Netz (u. a. durch Anhebung der Beiträge zur Arbeitslosen- und Rentenversicherung, Leistungsminderungen bei Wohn- und Kindergeld, weitgehenden Rückzug des Bundes aus dem sozialen Wohnungsbau) und den Abbau von Steuervergünstigungen vorsah. Ziel war es, das weitere Anwachsen der **Staatsverschuldung zu verlangsamen.** Trotzdem wurden in den Folgejahren neue Sozialleistungen wie z. B. das Erziehungsgeld (1986) und die Pflegeversicherung als neuer Zweig der Sozialversicherung eingeführt.

INFO Deutungsmodell „Zwei-Drittel-Gesellschaft"

Mitte der 1980er-Jahre führte **Peter Klotz** (SPD) den Begriff der Zwei-Drittel-Gesellschaft in die Diskussion um die gesellschaftliche Entwicklung der BRD ein, um eine Gesellschaft zu charakterisieren, in der ein wachsender Teil der Bevölkerung durch die strukturelle Arbeitslosigkeit von der Wohlstandsentwicklung abgekoppelt werde. Im Ergebnis stünden die zwei Drittel der Bevölkerung, die von gesicherten Beschäftigungsverhältnissen profitierten, einem Drittel Langzeitarbeitsloser gegenüber. Diese **„Strukturverlierer"** sänken, so Klotz, als neue soziale Unterschicht (**„Prekariat"**) unter die Armutsgrenze und seien dauerhaft auf staatliche Transferleistungen angewiesen. Diese **„neue Armut"** sei in Zusammenhang mit der Globalisierung zu sehen.

Warnungen vor einer Entwicklung zu einer Zwei-Drittel-Gesellschaft wurden lauter. Die strukturelle Arbeitslosigkeit konnte trotz anfänglicher Erfolge auch von der christlich-liberalen Koalition nicht verringert werden und wuchs nach der Wiedervereinigung 1990 weiter auf über 4,4 Millionen Arbeitslose im Jahr 1997 an. Die Euphorie nach dem Regierungswechsel 1982/83 verflog schnell. In der Bundestagswahl 1987 wurde die Regierung Kohl zwar im Amt bestätigt, aber die Wahlbeteiligung fiel auf den niedrigsten Wert seit 1949 und auch die CDU/CSU verzeichnete ihr bisher schlechtestes Ergebnis seit 1949.

DDR: Einheit von Wirtschafts- und Sozialpolitik und ökonomische Krise

1971 erfolgte auch in der DDR ein Richtungswechsel durch innere Reformen. Nach dem Rücktritt Walter Ulbrichts vom Amt des Ersten Sekretärs des ZK der SED und der (von der UdSSR abgesegneten) Wahl Erich Honeckers zu seinem Nachfolger gelang es der DDR, sich als zweiter deutscher Staat international zu etablieren (Grundlagenvertrag 1972; Unterzeichnung der Schlussakte von Helsinki 1975). Die schrittweise internationale Anerkennung und die zeitweise ökonomische Stabilisierung in den 1970er-Jahren führten dazu, dass sich große Teile der Bevölkerung mit dem Staat identifizierten oder zumindest ein Zugehörigkeitsgefühl entwickelten. Mit der Einheit von Wirtschafts- und Sozialpolitik wurde die Erhöhung des materiellen und kulturellen Lebensniveaus zum Hauptziel der neuen ökonomischen Politik der SED erklärt. Messbar sollte dies in einer Steigerung des Lebensstandards in der DDR werden. Kernstück war ein großes **Wohnungsbauprogramm** zur Schaffung neuen Wohnraumes in Plattenbauweise, um dem gegebenen Wohnungsmangel abzuhelfen. Ein hohes Maß an sozialer Fürsorge, zielgerichtete Maßnahmen zur Gleichberechtigung der Frauen und zur Förderung der Jugend bestärkten viele in dem Glauben, im „besseren" Deutschland zu leben. Die Gleichstellung aller gehörte zum SED-Programm: Frauen sollten (und mussten) am Erwerbsleben teilnehmen, alle Kinder sollten dieselben Bildungschancen erhalten. Folgerichtig wurden sehr viele Einrichtungen zur Betreuung von Kindern geschaffen. Zudem gab die staatliche Erziehung Gelegenheit zur Ausbildung des „sozialistischen Bürgers". Am 11.4.1968 erhielt die DDR eine **neue Verfassung,** die demokratische Rechte garantierte (z. B. Glaubens-, Rede-, Presse- und Versammlungsfreiheit), wenngleich Oppositionelle weiterhin unterdrückt wurden.

Alle wichtigen Funktionen und Ämter des politischen und zivilen Lebens waren mit SED-Funktionären besetzt, die Partei war allgegenwärtig. Die ständige und planmäßige Ideologisierung, Einschüchterung und Überwachung der Bürger in Betrieben und Verwaltungen, in Gaststätten, Vereinen und Organisationen, in Betreuungseinrichtungen, Schulen und Universitäten führte dazu, dass sich viele in private Nischen zurückzogen **(Nischengesellschaft).** Zwar erschien der SED-Staat nach dem Wechsel von Ulbricht zu Honecker und infolge des Grundlagenvertrages zunächst weniger restriktiv, doch spätestens zu Beginn der 1980er-Jahre war die Unbeweglichkeit des Staates unübersehbar.

INFO Globalisierung und Strukturwandel

Mit Globalisierung wird die immer engere Vernetzung der Volkswirtschaften und die Entstehung eines weltweiten Marktes für Waren, Dienstleistungen und Kapital bezeichnet. Dieser Prozess beschleunigt weltweit einen tiefgreifenden Strukturwandel, der sektoral

(Übergang vom sekundären zum tertiären und Bedeutungszuwachs des tertiären Wirt-schaftssektors bei der Wertschöpfung), intrasektoral (Wandel innerhalb der Sektoren durch Digitalisierung und Automatisierung in allen Wirtschaftsbereichen) und regional (Veränderung der Wirtschaftskraft einzelner Regionen) Auswirkungen zeigt.

Als **Volkswirtschaft** war die DDR nicht beweglich und schnell genug, um den Struktur-wandel von der Industrie- hin zur Dienstleistungsgesellschaft zu vollziehen. Sie war **international nicht konkurrenzfähig.** Im Bereich der Mikroelektronik beispielsweise betrug der Entwicklungsrückstand mehrere Jahre: Ein Speicherchip, für dessen Entwick-lung eine Milliarde DDR-Mark in den Aufbau des „Zentrum Mikroelektronik Dresden" (ZMD) investiert worden war, war bei seiner Präsentation im Jahr 1988 schon veraltet, im Westen gab es vergleichbare Speicherchips bereits 1984. Die DDR konnte mit der kostenintensiven Digitalisierung nicht Schritt halten. 1983/1984 hatte der bayerische Ministerpräsident Franz-Josef Strauß (CSU) Kredite westdeutscher Banken in Milliar-denhöhe an die DDR vermittelt, um deren Zahlungsfähigkeit sicherzustellen. Als Ge-genleistung sicherte die DDR eine liberalere Grenz- und Ausreisepolitik zu (u. a. mehr Westreisen, vereinfachte Familienzusammenführung). Strauß, ursprünglich ein Gegner der sozialliberalen Ostpolitik des „Wandels durch Annäherung", wollte einerseits eine instabile, den Frieden gefährdende DDR verhindern und erhoffte sich andererseits durch mehr innerdeutsche Kontakte zunehmend kritischere Fragen seitens der DDR-Bevölke-rung bezüglich des geringeren Lebensstandards und der eingeschränkten persönlichen Freiheit (sog. „Magnettheorie"). Trotz hoher westlicher Kredite verschlechterte sich die wirtschaftliche Lage seit Mitte der 1980er-Jahre rapide: Veraltete Technologien, Versor-gungsmängel und Warteschlangen prägten den Alltag. Der klare **Widerspruch zwischen politischer Propaganda (Schein) und Realität (Sein),** der alltägliche Mangel an Waren und das Gefühl fehlender Freiheit und steter Gängelung wurden von großen Teilen der Bevölkerung als bedrückend empfunden.

Fenster zur Welt: Die Beschleunigung der Globalisierung seit den 1970er-Jahren

Zentrale Begriffe
Vernetzung – transnationale Konzerne – Finanzmärkte – Migration

Technische Innovationen wie schnellere Kommunikationsmöglichkeiten über das In-ternet oder der Einsatz standardisierter Container zur Rationalisierung der Übersee-logistik beschleunigten die Globalisierung seit den 1970er-Jahren, da sie (Liefer-)Zeit und Kosten verringerten. **Vernetzung** ermöglichte es v. a. **transnationalen Konzernen,** weltweite Absatzchancen und die effizientesten Produktionsstandorte zu nutzen. Sie wurden zu Schrittmachern der Globalisierung, indem sie die internationale Arbeitsteilung immer engmaschiger verzahnten. Im Rahmen von Outsourcing oder Offshoring (Verla-gerung von Prozessen aus dem Unternehmen heraus oder in andere Länder) wurden Wertschöpfungsketten diversifiziert (z. B. auf verschiedene Unternehmen verteilt) und internationalisiert. Stete Effizienzsteigerung sollte sicherstellen, dass die westlichen

Industrienationen auf dem Weltmarkt gegen die große Konkurrenz v. a. aus Asien bestehen könnten. Die damit verbundene Liberalisierung der Märkte, d. h. der Abbau von Handelshemmnissen wie Zöllen, Einfuhrbestimmungen, staatlichen Auflagen und Vorschriften usw., betraf auch die **globalen Finanzmärkte,** die den weltweiten Handel z. B. durch Sicherstellung des internationalen Zahlungsverkehrs (Devisen), Finanzierung von (auch ausländischen Direkt-)Investitionen und den Handel mit Wertpapieren (Aktien, Unternehmens- und Staatsanleihen) ermöglichten. Die zunehmende Deregulierung auch dieser Finanzgeschäfte führt zu einem sehr punktuellen Wachstum des Geldvermögens (Steigerung sozialen Ungleichgewichts) und ermögliche auch spekulative Finanzprodukte (Derivate), die mangels ausreichender staatlicher Kontrollen für eine hohe Krisenanfälligkeit der weltweit vernetzten Finanzmärkte sorgten. So konnte eine Krise des amerikanischen Hypothekenmarktes („Subprime-Krise") im Jahr 2007 aufgrund von weltweit gehandelten Verbriefungen von faulen Krediten amerikanischer Kreditnehmer niedrigster Bonität (sogenannte „Subprimer") im Jahr 2008 eine internationale Finanzkrise auslösen, die schnell Auswirkungen auf die Realwirtschaft nahm und global für einen starken Konjunktureinbruch in den Folgejahren sorgte. Weitere Schattenseiten der globalen Produktion sind die teilweise schlechten Arbeitsbedingungen in weniger entwickelten bzw. regulierten Produktionsstandorten und die ungleiche Verteilung der erwirtschafteten Gewinne. Während viele südostasiatische Schwellenländer von der Globalisierung profitieren konnten, trifft dies z. B. auf afrikanische Staaten in weitaus geringerem Maße zu. Die (illegale) **Migration** aus wirtschaftlichen Motiven ist eine unmittelbare Folge der zunehmenden Ungleichheit weltweit. Neben den ungünstigen ökonomischen und sozialen (hohes Bevölkerungswachstum, fehlende staatliche Infrastruktur) sowie ggf. politischen Umständen (Krieg, politische und religiöse Verfolgung als Asylgrund) in den Heimatländern, die als Push-Faktoren wirken, sind wesentliche Pull-Faktoren die Chance auf Sicherheit, eine bessere Zukunft und die angeblich „paradiesischen Zustände" in Europa, über die via Smartphone überall in der Welt berichtet wird.

Reformpolitik und Revolutionen im Ostblock

> **Zentrale Begriffe**
> Strukturwandel – Innovationsdefizit – Staatsverschuldung – Rüstungswettlauf – Versorgungskrise – Umweltverschmutzung – Legitimitätskrise – Entspannungspolitik – Perestroika – Glasnost – Sinatra-Doktrin – Solidarnosc – Bürgerbewegung – Ausreisebewegung – „Friedliche Revolution" – „Samtene Revolution"

Rüstungswettlauf für ein „Gleichgewicht des Schreckens"

Das Moment der **Abschreckung** blieb in der Sicherheitsphilosophie des Kalten Krieges zentral. Um diese zu erreichen, mussten ständig neue Waffen, Trägersysteme und Sprengköpfe entwickelt werden, um nicht hinter den jeweils anderen zurückzufallen (Rüstungswettlauf). Das sog. „Gleichgewicht des Schreckens" bzw. das „atomare Patt" führte zu einer paradoxen Situation: Abschreckung bzw. Aufrüstung und Entspannungspolitik, wie die Sicherheitspolitik der NATO bzw. des Westens zeigte. Ein Nebeneffekt des Wettrüstens bestand in der ständigen Anpassung der Militärstrategien der Lager aneinander. Zu einer weiteren Verschärfung des Kalten Krieges kam es Ende der 1970er-Jahre. 1977 stationierte die UdSSR zunächst Mittelstreckenraketen (Typ SS-20) in Mitteleuropa, die eine größere Reichweite hatten. Der deutsche Kanzler Helmut Schmidt forderte daraufhin entweder Rüstungsbeschränkungen für Europa, also den Abzug der Raketen, oder aber ein Nachrüsten auf Seiten der NATO, was diese 1979 mit dem NATO-Doppelbeschluss tat: In Westeuropa sollten modernere Atomraketen (Pershing II) aufgestellt werden, falls es mit der UdSSR zu keinen Verhandlungen bezüglich der Mittelstreckenraketen bzw. deren Abzug kommen würde.

Kalter Krieg: Erneute Phase der Konfrontation

Als die UdSSR 1979 in Afghanistan einmarschierte, um dort die kommunistische Regierung zu unterstützen, begann eine weitere Phase der Konfrontation. Die USA unterstützten fortan muslimisch-fundamentalistische Gruppen im Kampf gegen die kommunistische Regierung und boykottierten als weitere Reaktion die 1980 stattfindenden Olympischen Spiele in Moskau. Der demokratische US-Präsident Carter, eigentlich ein Entspannungspolitiker, fühlte sich vom Vorgehen der UdSSR hintergangen und forderte daher die Erhöhung der Militärausgaben. Unter seinem republikanischen Nachfolger Ronald Reagan – er war ein Hardliner (Falke) – verdoppelten sich die Ausgaben von 1980 bis 1985 auf 287 Milliarden Dollar im Jahr.

Außerdem sollte unter Reagan das weltraumgestützte SDI-Raketenabwehrprogramm *(Strategic Defense Initiative;* Strategische Verteidigungsinitiative) aufgebaut werden, womit die USA der UdSSR eindeutig überlegen gewesen wären. Reagan knüpfte auch an die Befreiungspolitik der 1950er-Jahre an und bezeichnete den Kommunismus 1983 als den „Mittelpunkt des Bösen" in der modernen Welt (Rollback-Politik). Die von Reagan eingeleitete **Offensivpolitik US-Amerikas** ging von der Vorstellung aus, die Sowjets würden weiterhin nach der Weltherrschaft streben. Darum unterstützten die USA antikommunistische Gruppen weltweit (u. a. in Afghanistan).

Inwiefern Reagans Politik der Stärke tatsächlich zu Reformen in der Sowjetunion geführt hat, ist in der Forschung umstritten. Diskutiert werden muss, ob Reagans Politik der Konfrontation nicht auch gefährlich war. Dennoch: Entspannungspolitik konnte den Rüstungswettlauf nicht aufhalten, aber das **atomare Patt** gewährleistete dauerhaft Frieden (zumindest in Europa und den USA). 1987 konnte Reagan davon überzeugt werden, die Begrenzung des SDI-Projekts zu diskutieren, was als Voraussetzung für die Unterzeichnung des INF-Vertrages *(Intermediate Range Nuclear Forces)* galt. Damit konnten alle Kurz- und Mittelstreckenraketen aus Europa abgezogen werden.

TIPP zum Punktesammeln

Der Zwang für die Sowjetunion, wegen des SDI-Programms ebenfalls aufzurüsten, führte dazu, dass keine Ressourcen mehr für Konsumgüter verfügbar waren. Ohne SDI-Programm hätte es wohl länger bis zum Untergang der Sowjetunion gedauert.

Gorbatschows Reformpolitik

1985 wurde Michail Gorbatschow vom Zentralkomitee der KPdSU zum Generalsekretär gewählt. Seine **Reformpolitik** des neuen Denkens von **Glasnost** (Offenheit, Transparenz) und **Perestroika** (Modernisierung des Systems: weniger Bürokratie, dezentrale Planwirtschaft, vorsichtige marktwirtschaftliche Öffnung) trug mit dazu bei, die Fronten des Kalten Krieges aufzuweichen. In der UdSSR waren Reformen unausweichlich, da die Lage im Innern bei Gorbatschows Amtsantritt katastrophal war. Politisch hatte der Tod Breschnews 1982 zu einer Führungskrise geführt, die sich durch das frühe Ableben seiner unmittelbaren Nachfolger Andropow (1982-84) und Tschernenko (1984-85) weiter verschärft hatte. Der längst notwendige wirtschaftliche und gesellschaftliche Strukturwandel wurde durch die zentral gelenkte staatliche Planung und Reglementierung erschwert. Stark abgeschottete Märkte und fehlende Konkurrenz im System des RgW verhinderten in den 1970er-Jahren die Anschluss- und Konkurrenzfähigkeit sozialistischer Länder auf den internationalen Märkten. Man versuchte, dem Rückstand durch Investitionen in zukunftsfähige Branchen zu begegnen, was die **Staatsverschuldung** enorm hochtrieb. Obwohl die Produktion in manchen priorisierten Industriebranchen, z.B. Maschinenbau und Chemie, überdurchschnittlich gesteigert werden konnte, erreichten die Produkte selten die international geforderte Qualität. In der Breite gab es infolge der Planwirtschaft und auf Jahre festgelegter Preise **kaum Anreize für Innovationen.** Im Wettstreit der Systeme war kaum noch zu übersehen, dass die kommunistische Planwirtschaft dem Kapitalismus unterlag. Ökonomisch lag die UdSSR bei Gorbatschows Regierungsantritt völlig am Boden, der Lebensstandard der Bevölkerung sank ständig. Infolge der verstärkten Ausfuhr von auf dem Weltmarkt gefragten Rohstoffen und Lebensmitteln im Interesse der Devisengewinnung, fehlten im Land Konsumgüter. Die Situation gipfelte in einer **Versorgungskrise.** Gorbatschows Glasnost-Politik ermöglichte ab 1986 ein gewisses Maß an Meinungs- und Pressefreiheit und löste eine Lawine an kritischen Publikationen aus, in denen die bestehenden Missstände, die Bürokratie, die Korruption und die bis dato tabuisierte **Umweltverschmutzung** und die Alleinherrschaft der KPdSU stark kritisiert wurden. Es war nicht mehr zu übersehen, dass sich das Regime in einer tiefen **Legitimationskrise** befand und seine Glaubwürdigkeit verloren hatte. Zur Umsetzung der Reformpolitik war es allerdings notwendig, dass die außenpolitischen und finanziellen Belastungen durch den Rüstungswettlauf abnahmen.

Als Konsequenz der neuen **Entspannungspolitik** zogen die Sowjettruppen ab 1987 aus Afghanistan ab. Die Ostblockstaaten erhielten das Recht und die Freiheit, ihren „eigenen Weg" zu gehen. Michail Gorbatschow erklärte die Breschnew-Doktrin 1988 offiziell für aufgehoben. Ihr folgte die nach Frank Sinatra und seinem Lied „My Way" benannte **Sinatra-Doktrin.** Den Staaten des Warschauer Paktes war es fortan gestattet, ihre inneren Angelegenheiten souverän zu regeln.

TIPP zum Punktesammeln

Gorbatschow wollte den Sozialismus nicht abschaffen, sondern ihn vielmehr durch Modernisierung stärken. Vorrangiges Ziel war es, die rückständige Zentralverwaltungswirtschaft der UdSSR zu reformieren, wobei ursprünglich die Führungsrolle der kommunistischen Partei beibehalten werden sollte. Die Dynamik der Glasnost-Politik trieb

Gorbatschow aber wohl weiter, als er zunächst wollte. Während er zu Beginn seiner Amtszeit versprach, die Vormachtstellung der KPdSU im Reformprozess unangetastet zu lassen, konnte er sich in späteren Jahren sogar ein Mehrparteiensystem in der UdSSR vorstellen.

Die sog. „sozialistischen Bruderstaaten" reagierten unterschiedlich auf das Reformprogramm der UdSSR, die Menschen und Bürger in diesen Staaten beriefen sich aber auf die neue Politik. Die DDR-Führung lehnte die Reformen vollständig ab, ebenso Albanien und Rumänien. Polen und Ungarn hingegen begrüßten die Entwicklung, sie wurden zu Vorreitern der Revolutionen.

- In Ungarn wurde 1988 der Partei- und Staatschef abgesetzt. Am 2.5.1989 wurde die Westgrenze geöffnet („Der Eiserne Vorhang bekommt Löcher"), über die Urlauber aus der DDR in den Westen flohen.
- Polen besaß schon seit 1980 eine unabhängige Gewerkschaft, **Solidarność,** gegründet infolge eines Streiks der Danziger Werftarbeiter gegen geplante Preiserhöhungen. Diese Gewerkschaft, unterstützt vom polnischen Papst Johannes Paul II., war entscheidender Teil des antikommunistischen Widerstandes und forderte schon 1980 demokratische Reformen, was von Moskau äußerst kritisch wahrgenommen wurde. Nach der Verhängung des Kriegszustandes (1981–1983) durch die polnische Regierung (evtl. kam man so dem Einmarsch sowjetischer Truppen zuvor) waren die Gewerkschaft, Streiks und Demonstrationen verboten. Dennoch wuchs die Zahl der Mitglieder bis 1982 auf 10 Millionen an. Gorbatschows Reformpolitik erhöhte auch in Polen den Druck auf die Regierung, wieder an einem „Runden Tisch" mit Solidarność zu verhandeln, was schließlich 1989 zu freien Wahlen führte. Lech Wałesa, ehemals Führer der Solidarność-Bewegung, wurde der erste frei gewählte Präsident Polens. Am 30.12.1989 wurde Polen zur Republik.
- In der Tschechoslowakei veröffentlichte die **Charta 77** bis ins Jahr 1989 mehrere hundert Dokumente, in denen sie sich offen zu verschiedenen politischen und gesellschaftlichen Erscheinungen äußerte und dabei vor allem immer wieder die Verletzung der Menschenrechte anprangerte. 1989 gelang mit Massendemonstrationen und Generalstreiks in dem Vielvölkerstaat Tschechoslowakei ebenfalls die Bildung eines „Runden Tisches". Der politische Systemwechsel der Tschechoslowakei vom Realsozialismus zur Demokratie im November und Dezember 1989 wird als **„Samtene Revolution"** bezeichnet, weil die Transformation, die sich innerhalb weniger Wochen vollzog, weitgehend gewaltfrei erfolgte. Rasch wurden Demokratie und Marktwirtschaft eingeführt, allerdings ergriffen die Slowaken die Gunst der Stunde und trennten sich zum 1.1.1993 von Tschechien, der späteren Tschechischen Republik. Im November 1992, knapp drei Jahre nach der politischen Wende in der ehemaligen Tschechoslowakei, stellte die Charta 77 ihre Tätigkeit ein.

„Friedliche Revolution" in der DDR

Die Kommunalwahlen im Mai 1989 bildeten den Auftakt für einen anschwellenden Flüchtlingsstrom aus der DDR und einen massiven Anstieg an Ausreiseanträgen: Nachdem Reformbefürworter und Angehörige oppositioneller Gruppen ihr gesetzlich garantiertes Recht auf Wahlkontrolle eingefordert, Wahlfälschung nachwiesen und schließlich Strafanzeige erstattet hatten, folgten Festnahmen, die den Unmut der Bevölkerung verstärkten. Weiteren Anlass zur Empörung gab die zustimmende Reaktion der DDR-Führung auf die brutale Niederwerfung des **Studentenaufstands auf dem „Platz des Himmlischen Friedens" in Peking** im Juni 1989.

Diese beiden Ereignisse führten zu einer starken Mobilisierung der Bevölkerung, die mit drei Entwicklungssträngen einherging:

- **Ausreisebewegung:** Nachdem Ungarn im Juni 1989 die Grenzen zu Österreich geöffnet hatte, entstand eine Lücke im „Eisernen Vorhang", die tausende DDR-Bürger nutzten, um über Ungarn und Österreich in die BRD zu gelangen. Andere versuchten, ihre Ausreise durch die Besetzung der rasch überfüllten bundesdeutschen Botschaften in Budapest, Warschau und Prag zu erzwingen. Am 30.9. eröffnete Außenminister Hans-Dietrich Genscher den Flüchtlingen der Prager Botschaft, dass sie ausreisen durften. Der anschwellende Flüchtlingsstrom verschlechterte die Versorgungslage in der DDR zusätzlich und führte zu einem massiven Ansehensverlust.
- **Bürgerbewegung:** Ein weiterer entscheidender Faktor war die Formierung oppositioneller Gruppen, z. B. das „Neue Forum" am 9./10.9.1989, „Demokratie Jetzt" am 12.9.1989 und „Demokratischer Aufbruch" am 14.9.1989, die aus den Reformprozessen in den östlichen Nachbarländern einen starken Antrieb gewannen. Die aus Friedens-, Umwelt- oder Menschenrechtsgruppen hervorgegangene Opposition, der sich reformbereite Mitglieder der Blockparteien und der SED anschlossen, stieß mit ihren Reformaufrufen auf große Resonanz und leistete einen wichtigen Beitrag zur Mobilisierung der Bevölkerung.
- **Protestbewegung:** Ermutigt durch den Reformprozess in der Sowjetunion (Perestroika) und enttäuscht von dem Unwillen bzw. der Unfähigkeit der DDR-Führung, sich dieser Reformpolitik anzuschließen, begann die Opposition im Herbst 1989 mit verstärkten Protesten gegen das SED-Regime. Gefordert wurden freie Wahlen, unbeschränkte Reisemöglichkeiten und die Aufgabe des Monopolanspruchs der SED. Seit Anfang September fanden im Anschluss an die wöchentlichen Friedensgebete in der Leipziger Nikolaikirche Demonstrationen statt, die von Woche zu Woche größer wurden. Nahmen am 2.10.1989 noch 20 000 Menschen an der Montagsdemonstration teil, so waren es eine Woche später bereits 70 000, am 16.10. 120 000 und am 23.10. 300 000 Menschen. Obwohl die Demonstranten am 9.10. mit dem Eingreifen der Sicherheitskräfte rechneten, verzichtete die DDR-Führung auf einen Einsatz, da – Im Unterschied zum Volksaufstand 1953 – eine militärische Rückendeckung durch die UdSSR ausblieb.

Die „Wende"

Nach den Massendemonstrationen am 9.10.1989 versuchte die SED-Führung, durch die Ablösung Erich Honeckers als Generalsekretär der SED und als Staatsratsvorsitzender die Entwicklungen aufzuhalten und eine Stabilisierung des SED-Regimes zu erreichen. Honeckers Nachfolger Egon Krenz kündigte einen Richtungswechsel der SED an („Wende") und stellte Reformschritte in Aussicht. Doch auch die Zugeständnisse der Parteispitze konnten die Entwicklung nicht mehr aufhalten: Sowohl die Proteste als auch die Reisebewegung (bzw. Abwanderungsbewegung) hielten unvermindert an. Am 9.11.1989 verkündete der SED-Politiker Günter Schabowski auf einer Pressekonferenz die Öffnung der Grenzen (Mauerfall) und löste damit einen Ansturm auf die Mauer in Berlin aus. Mit der ersten freien Volkskammerwahl am 18.3.1990 war die Umwandlung zu einem parlamentarisch-demokratischen Staat vollzogen.

DEBATTE „Wende" oder „Friedliche Revolution"?

Auf die Vorgänge in der DDR bezogen umfasst der Begriff „Wende" die Zeit vom Frühjahr 1989 (Kommunalwahlen) bis zum Frühjahr 1990 (Volkskammerwahlen). Er bezeichnet jenen Prozess, in dem die DDR von einer Parteidiktatur zu einem parlamentarisch-demokratischen Staat umgewandelt wurde. Der Begriff ist umstritten: Kritiker weisen darauf hin, dass die von Egon Krenz verwendete Bezeichnung „Wende" den Eindruck erwecke, die Umwandlung der DDR sei von der SED-Führung ausgelöst worden, wohingegen die Bezeichnung „Friedliche Revolution" die aktive Beteiligung der Flüchtlinge, Oppositionellen und Demonstranten würdigt.

Die Deutsche Einheit und der Zerfall des Ostblocks

Zentrale Begriffe
Wirtschafts-, Währungs- und Sozialunion – Zwei-Plus-Vier-Vertrag – Deutsche Einheit – GUS (Gemeinschaft unabhängiger Staaten) – Transformationsgesellschaft – Oligarchen

Der Prozess der deutsch-deutschen Vereinigung

Mit dem **Mauerfall am 9.11.1989** war ein wichtiger Schritt zur deutschdeutschen Vereinigung getan. Noch im November legte Bundeskanzler Helmut Kohl ein Zehn-Punkte-Programm vor, das über die stufenweise Annäherung und sofortige Hilfsmaßnahmen eine bundesstaatliche Ordnung für ganz Deutschland herbeiführen sollte. Auch die Forderungen der Bevölkerung in der DDR wandelten sich nach dem Mauerfall: Aus den Rufen „Wir sind das Volk" wurde der Ruf „Wir sind ein Volk". Um die Versorgung der Bevölkerung zu sichern, mussten nach dem Zusammenbruch des SED-Regimes auf allen Ebenen neue Gremien gegründet werden. Das nach polnischem Vorbild als **„Runder Tisch"** bezeichnete Zentralgremium tagte vom 1.12.1989 bis zum 13.3.1990. Seine Hauptpunkte waren: Vorbereitung der Wahl, Auflösung des Staatssicherheitsdienstes (Stasi) und die Ausarbeitung eines Verfassungsentwurfes für die Übergangsphase bis zum Vollzug der Einheit. Sowohl der Wahlkampf als auch das Ergebnis der Volkskammerwahlen am 18.3.1990 zeigten deutlich, dass die Mehrheit der Bevölkerung eine zügige Vereinigung wollte, während die PDS als „reformierte" SED-Nachfolgepartei über 16 Prozent der Stimmen erhielt.

INFO Von der SED zur Partei „Die Linke"

Im Wendejahr 1989/90 benannte sich die SED innerhalb kürzester Zeit zweimal um: Auf der zweiten Tagung des außerordentlichen Parteitags am 16./17.12.1989 zunächst in SED-PDS und dann auf Beschluss des Parteivorstands vom 4.2.1990 in PDS (Partei des Demokratischen Sozialismus). Diesen Namen trug die SED-Nachfolgepartei, bis sie sich im Vorfeld der Bundestagswahl 2005 in Linkspartei.PDS umbenannte. Am 16.6.2007 fusionierte sie mit der westdeutschen SPD-Abspaltung WASG (Wahlalternative Arbeit und soziale Gerechtigkeit) zur Partei „Die Linke". Seitdem ist „Die Linke" im Bundestag in Fraktionsstärke vertreten und stellt mit Bodo Ramelow seit 2014 (mit kurzer Unterbrechung) den Ministerpräsidenten in Thüringen. „Die Linke" bezeichnet sich bis in die Gegenwart selbst als Rechtsnachfolgerin der SED.

Außenpolitisch war eine Zusammenführung beider deutscher Staaten jedoch ohne die Zustimmung der Siegermächte nicht erreichbar. Da die nach wie vor gültigen alliierten Vorbehaltsrechte eine Beteiligung Englands, Frankreichs, der USA und der UdSSR an den Einigungsverhandlungen verlangten, wurden ab Mai 1990 im Rahmen der **Zwei-plus-Vier-Gespräche** zwischen den beiden deutschen Staaten und den vier Siegermächten die außenpolitischen Bedingungen geklärt. Dazu zählten
- die offizielle Anerkennung der polnischen Westgrenze (Oder-Neiße-Linie),
- die Stärke der Bundeswehr,
- die Garantie, auf das Führen von Angriffskriegen zu verzichten,
- die Bündniszugehörigkeit zur NATO und
- der Abzug alliierter Streitkräfte.

Mit dem Abschluss des **Zwei-plus-Vier-Vertrags** im September 1990 gaben die Siegermächte ihre offizielle Zustimmung und Deutschland die volle innere und äußere Souveränität zurück. Im innerdeutschen Verhältnis war der **Staatsvertrag zur Wirtschafts-, Währungs- und Sozialunion** zwischen der BRD und der DDR, der am 1.7.1990 in Kraft trat, ein entscheidender Meilenstein auf dem Weg zur Einheit. Nach langen Diskussionen, ob die DDR der BRD nach Artikel 23 GG beitreten solle oder ob es sich um einen Zusammenschluss nach Artikel 146 GG handele, war klar, dass die DDR sich in die bestehende Ordnung der BRD einfügen solle:
- **Währungsunion:** Einführung der DM in der DDR als Voraussetzung zur Umwandlung der Zentralverwaltungswirtschaft in eine soziale Marktwirtschaft und Übernahme der Verantwortung für das Wirtschafts-, Sozial-, Renten- und Beschäftigungswesen durch die Bundesrepublik (Entscheidungen der Volkskammer von nun an von der westdeutschen Zustimmung abhängig). Einrichtung der Treuhandanstalt (noch durch die Volkskammer) zur Privatisierung der ostdeutschen Wirtschaft.
- **Wirtschaftsunion:** Angleichung der Löhne und Gehälter, Anerkennung von Ausbildungsgängen, Ausbau der Infrastruktur, Angleichung des Steuer- und Bankensystems sowie die Rückgabe des seit 1949 enteigneten Privateigentums.
- **Sozialunion:** Angleichung der Rentensysteme.

20.9.1990: Einigungsvertrag: Ratifizierung in Bundestag und Volkskammer.

3.10.1990: Deutsche Einheit: Beitritt der DDR zur BRD. (fortan Feiertag)

14.10.1990: Erste Landtagswahlen in den fünf neuen Bundesländern, die die Volkskammer wiederhergestellt hatte (Auflösung erfolgte 1952).

2.12.1990: Erste gesamtdeutsche Bundestagswahl: juristischer Abschluss der Wiedervereinigung.

INFO Gründe für den Zusammenbruch der DDR

Der tiefgreifende Veränderungsprozess (**Transformation**) war durch das Zusammenwirken folgender Faktoren beeinflusst:

Außenpolitisch: Gorbatschows Reformprozess in der Sowjetunion sowie die Sinatra-Doktrin gaben Anstöße für den Wandel in den Satellitenstaaten Ungarn und Polen, der wiederum 1989/90 die Veränderungen in der DDR vorantrieb. Er bestärkte die Opposition in der DDR.

Innenpolitisch: Die DDR-Führung verweigerte sich dem Reformprozess und war zunehmend isoliert, bekam aber keine militärische Rückendeckung durch die Sowjetunion. Die Wirtschaftslage war katastrophal, die Bedürfnisse der Bevölkerung waren nicht mehr zu erfüllen.

Ende der UdSSR 1991: Postsowjetische Transformationsgesellschaft

Die Ära Gorbatschow war auch eine Phase der Kompromisse, denn die erzkonservativen Kräfte waren noch immer sehr stark und keineswegs geneigt, ihre Stellung einfach so aufzugeben. Eine **Verfassungsreform** und die **Einführung des Präsidialsystems** 1990 sollten die UdSSR in die Zukunft führen. Am 15.3.1990 wurde Gorbatschow von einem Volksdeputiertenkongress in das neugeschaffene Amt des Präsidenten der Sowjetunion gewählt. Einen Putsch (18.–21.8.1991) von Gegnern überstand Gorbatschow, da der frisch gewählte Präsident der Russischen Teilrepublik Boris Jelzin gegen den Putsch in der russischen Gesellschaft Widerstand mobilisieren konnte, was zum Scheitern des Putsches führte. Der von Jelzin gerettete Gorbatschow war allerdings politisch am Ende und konnte den Zerfall der Sowjetunion nicht mehr aufhalten Am 8.12.1991 wurde die Sowjetunion formal aufgelöst und durch die **Gemeinschaft unabhängiger Staaten (GUS)** ersetzt. Gorbatschow trat als Präsident der Sowjetunion zurück und legte sein Amt als Generalsekretär der KPdSU, die Jelzin als sein nun schärfster politischer Rivale kurz zuvor per Dekret verboten hatte, nieder.

Die Menschen in der Russländischen Föderation (völkerrechtlich die Nachfolgerin der UdSSR) erlebten unter Präsident Boris Jelzin liberale und demokratische Reformen (Russische Verfassung 1993: Garantie der Menschen- und Bürgerrechte) und einen tiefgreifenden wirtschaftlichen Niedergang. Ganze Industriezweige brachen zusammen und die Arbeitslosigkeit stieg stark an. Während viele Menschen in der postsowjetischen Transformationsgesellschaft infolge hoher Inflationsraten verarmten, bildete sich eine elitäre Schicht von neureichen Wirtschaftsmagnaten, sogenannte **Oligarchen,** die zu den großen Umbruchs- und Krisengewinnern zählen. Sie konnten sich Ende der 1980er- und Anfang der 1990er-Jahre Staatseigentum aneignen und hochprofitable Geschäfte abschließen. Die Oligarchen wurden in der russischen Öffentlichkeit äußerst unbeliebt, da sie als Verursacher des Wirtschaftschaos, das nach dem Zusammenbruch der Sowjetunion herrschte, galten. Aufkommende **Nationalitätenkonflikte** in Tschetschenien destabilisierten Russland in den frühen 1990er-Jahren zusätzlich (Erster Tschetschenienkrieg 1994–1996).

Herausforderungen und Entwicklungsperspektiven Europas

Zentrale Begriffe
Europäische Union – Euro – Osterweiterung – Globalisierung

Europäische Union nach 1990

1992 **Vertrag von Maastricht:** Die Europäische Gemeinschaft heißt fortan Europäische Union:
- Schaffung eines **gemeinsamen Binnenmarktes** (hierfür wurden die Grenzen für Waren, Personen und Dienstleistungen geöffnet),
- Beschluss der Gründung einer **Europäischen Währungsunion** mit dem Euro als Zahlungsmittel ab 1999 (Konten) bzw. 2002 (Bargeldeinziehung), Europäische Zentralbank (EZB) mit Sitz in Frankfurt/Main
- Gemeinsame Sicherheits- und Außenpolitik (GASP),
- vertiefte Zusammenarbeit bei Industrie-, Bildungs-, Sozial- und Kulturpolitik.

1995 **Vertrag von Schengen:** Abschaffung der Grenzkontrollen. EU-Beitritt Österreichs, Schwedens und Finnlands

2001 **Vertrag von Nizza und Verfassungskonvent:** Weiterentwicklung der europäischen Verträge im Hinblick auf die EU-Osterweiterung. Ziel: weitere Handlungsfähigkeit der EU (Mehrheitsentscheidungen und nicht mehr Einstimmigkeit bei vielen Beschlüssen); Proklamation der Charta der Grundrechte der Unionsbürger. Ablehnung des Verfassungsentwurfs durch Volksabstimmungen in Frankreich und den Niederlanden; Einigung der EU-Staats- und Regierungschefs auf einen EU-Grundlagenvertrag (2007 Vertrag von Lissabon).

2004 **Osterweiterung:** Neue Mitgliedsstaaten: Estland, Litauen, Lettland, Polen, Slowakei, Tschechien, Slowenien, Malta, Ungarn, Zypern (2007: Bulgarien und Rumänien, 2013: Kroatien)

2009 **Vertrag von Lissabon** trat in Kraft.
- Rechtsverbindlichkeit der Grundrechtscharta von 2001,
- größerer Einfluss des EU-Parlaments,
- mehr Mitsprache der nationalen Parlamente,
- Einführung des EU-Bürgerbegehrens,
- Schaffung neuer europäischer Ämter und Positionen: EU-Ratspräsident, Hoher Vertreter für die Außen- und Sicherheitspolitik.

2014 Europäische Bankenunion unter Aufsicht der EZB.
2021 BREXIT: Austritt Großbritanniens am 1. Januar 2021.

Europäische Herausforderungen in der Globalisierung

- **Eingeschränkte Handlungsfähigkeit in Krisen:** EURO- bzw. Staatsschuldenkrise (seit 2010), „Flüchtlings"- bzw. Asylkrise (2015/16), BREXIT-Krise (seit 2016), Corona-Krise (2020/2021). EU ist mit sich selbst beschäftigt (27 Mitglieder: unterschiedliche Interessen bzw. Meinungen), Festlegung einer für alle Mitgliedsstaaten verbindliche, gemeinsame politische Lösungen misslingt häufig (z. B. Umgang mit Migranten).
- **Stellung in globalisierter Welt:** Hohe wirtschaftliche Bedeutung bei militärischer Handlungsunfähigkeit (Garantie europäischer Sicherheitsinteressen von „außen" durch NATO und USA). Eine EU-Armee existiert nicht. Fortentwicklung der GASP und der EVP (Europ. Verteidigungspolitik) bietet Chancen in der Globalisierung.
- **Spannungen mit Russland:** Krim-Krise (2014) und Ukraine-Konflikt (seit 2014); **Eskalation durch russischen Angriffskrieg auf die Ukraine (Februar 2022):** stärkere militärische Zusammenarbeit der EU-Staaten im Rahmen der NATO und Beendigung der Abhängigkeit von Gaslieferungen aus Russland angestrebt; größte Flüchtlings-krise in Europa seit 1945 (mehr als vier Millionen Ukrainer auf der Flucht), ausgelöst durch den vom russischen Präsidenten Wladimir Putin befohlenen Überfall, stellt europäische Staaten vor gemeinsame innenpolitische Herausforderung; Chance für neue Einigkeit zwischen den europäischen Mitgliedsstaaten, da Angst vor russischer Invasion in osteuropäischen Mitgliedsstaaten wie Ungarn, Litauen oder Polen; die Hinwendung zur EU und zur westlichen Werteordnung und gemeinsamer äußerer „Feind" Russland vertiefen den innereuropäischen Zusammenhalt.
- **Verhältnis EU vs. Türkei:** Zusammenarbeit im Zuge des EU-Türkei-Migrationspaktes; eingefrorene Beitrittsverhandlungen (Beginn 2005) aufgrund der unbefriedigenden Situation von Rechtsstaatlichkeit, fortwährenden Menschenrechtsverletzungen und der Zypernproblematik.
- **Vertrauensverlust nach innen:** Aufkommen und Erstarken (rechts-)populistischer, teils euroskeptischer bzw. europafeindlicher Bewegungen in vielen Mitgliedsstaaten (*Rassemblement National* in Frankreich, Fidesz-Partei in Ungarn, AfD in Deutschland etc.), die sich durch das erfolgreiche BREXIT-Referendum 2016 und den Austritt Groß-britanniens 2021 bestätigt fühlen.

Probleme postkolonialer Räume in historischer Perspektive

Orientierung im Zeitraum

1917/18: Zerfall des russischen, österreichisch-ungarischen und osmanischen Imperiums – 1918: Wilsons 14 Punkte – 1920: Völkerbund, Mandatssystem – 1945: Ende des Zweiten Weltkriegs – 1960–1970 Höhepunkt der Dekolonisierung

Der Zerfall von Imperien nach 1918 und das Ende des Kolonialismus

Zentrale Begriffe

Kolonialismus – Imperium – Vierzehn Punkte – Selbstbestimmungsrecht der Völker – Völkerbund – Mandatsgebiet – Revolution – Unabhängigkeitskrieg – gewaltloser Widerstand – nationale Befreiungsbewegung – Dekolonisierung „von oben" – Dekolonisierungsprozess an einem ausgewählten Raum (Mittlerer Osten: Afghanistan) – Neokolonialismus – Islamismus – ethnopolitischer Konflikt – *failed state* – „11. September"

Unter **Dekolonisation** wird das formalrechtliche Ende der Kolonialherrschaft verstanden, das mit einem Übergang der Regierungsgewalt (Gubernative) auf von der Kolonialmacht unabhängige politische Instanzen und indigene[1] Akteure verbunden ist, um die Autonomie der früheren Kolonie offiziell herzustellen.

Als Dekolonisierung bezeichnet man den gesamten historischen **Ablösungsprozess** der zuvor abhängigen Gebiete von den europäischen Kolonialmächten. Dekolonisierung umfasst nicht nur die normative juristische Seite (= Dekolonisation), sondern auch die strukturellen Veränderungen in wirtschaftlicher, politischer, sozialer und kultureller Hinsicht. Dieser Ablösungsprozess erfolgte nach dem Zeitpunkt der Dekolonisation meist über mehrere Jahrzehnte hinweg. Die Dekolonisierung stand im Zusammenhang mit einem radikalen Umbau der um 1900 existierenden, vom Kolonialismus geprägten internationalen Ordnung, der nach dem Ersten Weltkrieg begann, nach dem Zweiten Weltkrieg einen deutlichen Schub erfuhr und zwischen 1960 und 1970 einen Höhepunkt erreichte.

INFO Zum Begriff „Imperium"

„Imperium" leitet sich aus dem Lateinischen von „Imperium Romanum" ab und meint in diesem Bedeutungszusammenhang „Herrschaftsgebiet" oder „(Groß-)Reich". Imperien sind weiträumige politische Ordnungssysteme, die häufig durch militärische Expansionsunternehmungen entstanden. Unterlegene politische Einheiten (oft kleiner, z. B. Stämme, Völker, Stadtstaaten) wurden zur Vereinigung mit dem überlegenen Machtgefüge gezwungen. Imperien unterschieden sich von modernen Staaten durch fehlende nationale Geschlossenheit und zeigten eine losere politische Struktur. Die politische Kontrolle der Zentralgewalt schwächte sich meist vom Zentrum zu den äußeren Rändern

---

[1] **indigen:** einheimisch, eingeboren

hin ab (je weiter entfernt vom Machtzentrum desto selbstständiger), weshalb oft (teil-) autonome Klientelstaaten den äußersten Ring des Imperiums bildeten (Beispiel: Ägypten als autonome Provinz des osmanischen Imperiums). Als multiethnische, -nationale und -religiöse Gebilde benötigten Imperien zur Eindämmung von Unabhängigkeitsbestrebungen und zur Einbindung der Elite Identifikationsangebote wie eine privilegierte Religion oder Ideologie.

Legitimationskrise des Kolonialismus nach 1918

Während als **Folge des Ersten Weltkrieges** in den Jahren 1917/18 das russische, das osmanische und das österreichisch-ungarische Imperium zerfielen, konnten die europäischen Kolonialmächte Belgien, Großbritannien und Frankreich ihren imperialen Herrschaftsanspruch über das Jahr 1918 hinaus behaupten. Lediglich das Deutsche Reich musste als Kriegsverlierer auf seine kolonialen Erwerbungen verzichten und büßte seine Stellung als Kolonialmacht nach 1918/19 ein.

Die deutschen Kolonien und Teile des verfallenen osmanischen Reiches wurden in der Rechtsform von Mandaten im Rahmen des **Mandatssystems** des am 10. Januar 1920 gegründeten **Völkerbundes** an andere europäische Kolonialmächte verteilt.

Im Unterschied zu klassischem Kolonialbesitz wurde die Herrschaft im zugeteilten **Mandatsgebiet** nun durch den Auftrag („Mandat") des Völkerbundes völkerrechtlich legitimiert. Die mit einem Mandat verknüpfte Zielsetzung, die (vormalige) Kolonie auf die Unabhängigkeit vorzubereiten, lieferte zudem eine moralische Begründung für die mandatierte europäische Kolonialmacht, den Aufbau einer Mandatsverwaltung im jeweiligen Gebiet voranzutreiben, die sich häufig nur dem Namen nach von einer Kolonialverwaltung unterschieden hat. Obwohl die **Dekolonisierung erst nach Ende des Zweiten Weltkriegs** (nach 1945) weltweit Fahrt aufnahm, bildeten das Ende des Ersten Weltkriegs und die auf dem Versailler Vertrag beruhende Nachkriegsordnung den Ausgangspunkt für die Diskreditierung des Kolonialismus. Bereits 1918 war eine tiefgreifende Legitimationskrise kolonialer Herrschaft spürbar. **Wilsons 14-Punkte-Plan (1918)** markierte den Beginn eines **Wertewandels** in der internationalen Politik, der zu einer allmählichen Umkehrung der bisherigen Normen des imperialistischen Zeitalters und letztlich zu einer Ächtung von jeglicher Form der Fremdherrschaft, von Kolonialismus und Rassismus führte.

Das **Selbstbestimmungsrecht der Völker** entzog den europäischen Staaten die Argumentationsgrundlage für koloniales Expansionsstreben, wenngleich es nach 1918 zunächst nicht auf asiatische und afrikanische Kolonien angewendet wurde und die seit 1880 bestehende koloniale Weltordnung noch bis in die 1960er-Jahre hinein Bestand haben sollte. Die gängigen Rechtsfertigungsstrategien für Kolonialismus und Kolonialbesitz verfingen dennoch immer weniger. Europäische Staaten verstanden sich als fortschrittliche Kulturnationen, die eine Mission zu erfüllen haben: Sie würden den kolonisierten Völkern die „Zivilisation" bringen, was von diesen als Bereicherung zu verstehen sei. Die Kolonisatoren gingen davon aus, ein naturgegebenes, auch moralisch begründbares Recht zu Unterdrückung und Ausbeutung zu haben. Naheliegenderweise wurde diese

Sicht in den Kolonien nicht umfassend geteilt. Nach dem Ersten Weltkrieg ist darum ein Bemühen der Kolonialmächte festzustellen, ihre Herrschaft in den Kolonien humaner zu präsentieren. Die kleine Kolonialmacht Belgien versuchte z. B. durch Schulreformen und eine Ausweitung des Unterrichts für die kolonisierte Bevölkerung im Kongo den zivilisatorischen Aspekt ihrer Herrschaft herauszustellen und den ramponierten Ruf als Kulturnation wiederherzustellen. Der Kongo war bis 1908 Privatbesitz des belgischen Königs Leopold II. gewesen und dieser hatte während seiner persönlichen Regentschaft über das Land zu – selbst für damalige Verhältnisse – äußerst grausamen Methoden zur Unterdrückung (Zwangsarbeit, Sklaverei, Folterungen, Verstümmelungen und Tötungen) und Ausplünderung der Rohstoffe gegriffen (sog. „Kongogräuel").

INFO Zum Begriff Kolonialismus

Kolonialismus (von Kolonie, lat. *colere:* bebauen, Land bestellen) ist ein auf Differenz und Hierarchie beruhendes Machtverhältnis zur Herstellung und **Aufrechterhaltung der politischen, sozialen und kulturellen Ungleichheit.** Der Kolonialismus im 19. und zu Beginn des 20. Jahrhunderts kann als europäisches Zivilisationsprojekt verstanden werden, in welchem Kolonien als Ausdruck von (weißer) Vormachtstellung und Zivilisation aufgefasst wurden. Kolonialbesitz versprach große ökonomische Profite für die expandierenden europäischen Volkswirtschaften. So sollten die ab 1884 erworbenen Kolonien des Deutschen Reiches (verbunden mit der Flottenpolitik) den Anspruch unterstreichen, nicht nur eine europäische Großmacht, sondern in Konkurrenz zu Großbritannien und Frankreich eine imperiale Weltmacht zu sein. Überseebesitz stellte zudem eine Art Bühne für die europäischen Regierungen und politischen und wirtschaftlichen Eliten dar, um sich als „zivilisierte Herrenrasse" inszenieren zu können. Kolonialismus ist aus Sicht mancher Sozialwissenschaftler daher eine mentale Struktur (Ideologie), d. h. er ist Ausdruck einer eurozentrischen, imperialistischen und sozialdarwinistischen geprägten Weltsicht. Um koloniale Verbrechen zu rechtfertigen, wurden ausgeprägt hierarchisierte, rassistische Selbst- und Fremdbilder konstruiert. Der Sozialdarwinismus lieferte die Begründung für die Einteilung in höher- und minderwertigere „Rassen". Die Idee der evolutionären Höherentwicklung durch Auslese (nach der Evolutionstheorie von Charles Darwin) wurde – ein führender zeitgenössischer Vertreter war der deutsche Zoologe Ernst Haeckel – auch auf soziale, ökonomische und moralische Kontexte übertragen.

- **Direkte Kolonialherrschaft:** Siedlerkolonien (unmittelbare Kolonialherrschaft mit der Ansiedlung von Einwanderern aus Europa), Stützpunkt-, Plantagen- oder Strafkolonien.
- **Indirekte Kolonialherrschaft** („indirect rule"): Instrumentalisierung einheimischer Herrschaftseliten, die teilweise freiwillig mit den Kolonisten aus Europa paktierten (Herrschaftskolonie).

Motive für europäischen Kolonialismus	
(seit 1492 in Lateinamerika und Asien, im 19. Jh. verstärkt auch in Afrika)	
Gewinnstreben	wirtschaftliche Ausbeutung von (Boden-)Ressourcen und Menschen

Chauvinismus	exzessiver, aggressiver Nationalismus militärischer Prägung; Großmachtpolitik in Konkurrenz zu anderen europäischen Mächten, z. B. „The Great Game": Konflikt zwischen Großbritannien und Russland um die Vorherrschaft in Zentralasien (Mittlerer Osten, Indien); im Deutschen Reich wilhelminischer Imperialismus (Flottenpolitik)
Rassismus, imperialer Herrschaftsanspruch	europäische Selbstüberhöhung (Überlegenheit des weißen Mannes) sowie Sozialdarwinismus (Recht des „Stärkeren") verbunden mit Sendungsbewusstsein (Zivilisationsmission als Rechtsfertigungsdoktrin)
Realitätsverweigerung, Abenteuerlust	Verklärung der Unterdrückung durch Umdeutung der Kolonien zu einem Zufluchtsort; Imagination des Fremden als andersartig/unterlegen, u. a. durch die Ethnografie

Formen der Dekolonisierung

Für die Beschleunigung der Dekolonisierung nach 1945 und insbesondere ab 1960 sorgte das Zusammenwirken dreier dekolonisationsförderlicher Faktoren:

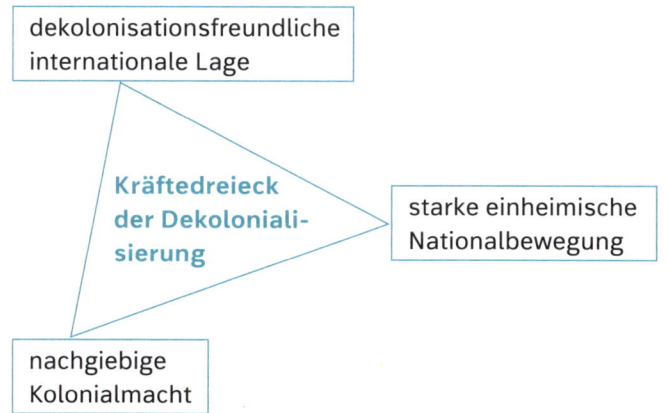

Kräftedreieck der Dekolonisierung, nach: Reinhard, Wolfgang:
Kleine Geschichte des Kolonialismus, Kröner 2018 (1. A. 1996), S. 332 f.

Dekolonisationsfreundliche internationale Lage

Der Kolonialismus verlor ab **1945, nach dem Ende des Zweiten Weltkriegs,** endgültig an Legitimation. Die Generalversammlung der 1945 gegründeten UNO (Vereinte Nationen) begrüßte den Ablöseprozess vormals abhängiger Gebiete und die Konstituierung neuer Staaten im Zuge der Dekolonisierung, da der Kolonialismus als Hindernis für die Förderung des Friedens und der Zusammenarbeit in der Welt angesehen wurde. In der am 14. Dezember 1960 verabschiedeten **Resolution 1514** wurde ausdrücklich betont, dass dem Kolonialismus in allen seinen Erscheinungsformen rasch und bedingungslos ein Ende zu machen sei und erneut erklärt, „dass die universale Verwirklichung des

Selbstbestimmungsrechts aller Völker, einschließlich derjenigen, die unter kolonialer, fremder und ausländischer Herrschaft stehen, eine Grundvoraussetzung für die tatsächliche Gewährleistung und Einhaltung der Menschenrechte und für die Wahrung und Förderung dieser Rechte darstell[e]" (Resolution 1514, XV). Obwohl eine Resolution der Generalversammlung (im Gegensatz zu Beschlüssen des Sicherheitsrats) nicht bindend ist, konnte die Generalversammlung mit dieser Resolution 1514 zum öffentlichkeitswirksamen Forum der Kritik an v. a. den Kolonialmächten Frankreich und Großbritannien werden. Diese konnten keinen wirksamen Widerstand gegen diese Resolution und das unter dem Dach der UNO entstehende **internationale Menschenrechtsregime,** das Kolonialismus als Menschheitsverbrechen brandmarkt, aufbringen.

Zur Beschleunigung der Dekolonisierung wurde 1961 in der Generalversammlung sogar der Beschluss eines verbindlichen Enddatums für den Abschluss des Dekolonisationsprozesses debattiert. Es setzte sich jedoch die Ansicht durch, dass die Verhältnisse in den abhängigen Gebieten zu unterschiedlich seien, um ein einheitliches Datum vorgeben zu können, zumal dies dem Selbstbestimmungsrecht der Völker widersprochen hätte. Darüber hinaus begünstigte die sich im Kalten Krieg herausbildende bipolare Weltordnung die Dekolonisierung. Denn sowohl die USA als auch die Sowjetunion suchten nach weiteren Verbündeten und wollten die neuen Staaten als Konkurrenten jeweils für sich gewinnen, weshalb sie ihnen Angebote militärischer und finanzieller Art unterbreiteten. Der Nachkriegswirtschaftsboom der 1950er- und 1960er-Jahre *(Golden Age of capitalism)* bot sowohl den Kolonialmächten als auch den neuen Staaten einen gewissen finanziellen Spielraum, um die Dekolonisierung Afrikas und Asiens voranzutreiben, sodass in der Dekade von **1960–1970 der Höhepunkt** der **Dekolonisierung erreicht** wurde.

Modell 1: „Nachgiebige" Kolonialmächte

Der Wandel im weltweiten Meinungsklima, größer werdende Skepsis und Ablehnung der Kolonialherrschaft in den Mutterländern selbst sowie das Einbüßen ehemaliger außenpolitischer Stärke infolge zweier Weltkriege führten zu einem kolonialpolitischen Umdenken und einer strategischen Neuausrichtung der europäischen Kolonialmächte. **Großbritannien** signalisierte zu Beginn der **1960er-Jahre** deutlich die Bereitschaft zur **Dekolonisierung „von oben"** der noch verbliebenen britischen Besitzungen in Afrika und erkannte die afrikanischen Unabhängigkeitsbewegungen ausdrücklich an. Es setzte bei der Machtübertragung *(transfer of power)* auf friedliche, im Einvernehmen getroffene Einzellösungen zur Übergabe der Regierungsgewalt an einheimische Eliten. Die Übertragung sollte nach britischer Vorstellung schrittweise von einem Status der Autonomie als Zwischenstadium *(dominions)* hin zur Unabhängigkeit erfolgen. Nach Abschluss der Dekolonisierung sollte eine Gemeinschaft unabhängiger Staaten mit britischen Werten und britischen Lösungen für politische, wirtschaftliche und gesellschaftliche Probleme stehen: das **Commonwealth of Nations.** Nach dem Vorbild der früheren Siedlerkolonien Australien und Kanada sollte sich der politische Machttransfer über Generation durch die allmähliche Ausweitung politischer Befugnisse hinziehen, während der kulturelle und wirtschaftliche Einfluss grundsätzlich erhalten bleiben sollte. **Frankreich** favorisierte hingegen eine zentrale Gesamtlösung: Afrikanische Eliten sollten französisch geprägt werden, sodass diese freiwillig die enge Anbindung an das „Mutterland" nach der Unabhängigkeit suchen und halten würden.

Modell 2: Starke Nationalbewegungen in den Kolonien

Impulse zur Dekolonisierung gingen nach 1945 im verstärkten Maß maßgeblich auch von den kolonisierten Bevölkerungen selbst aus. Diese **Dekolonisierung „von unten"** war der Versuch zur Selbstbefreiung von den Kolonialmächten durch Kampf bis hin zu **Revolutionen**. In afrikanischen und asiatischen Kolonien entstanden aufgrund der wachsenden Ablehnung der Kolonialherrschaft **Nationale Befreiungsbewegungen.** Die Schwäche der Kolonialmächte nach dem Zweiten Weltkrieg, die wie im Falle Frankreichs dennoch Versuche zur Re-Kolonisation verlorener Gebiete unternahmen (z. B. Indochina/ Vietnam), rief bewaffneten Widerstand hervor, welcher zu größeren Aufständen und **Unabhängigkeitskriegen (Dekolonisationskriege)** zur Befreiung von den Kolonialherren anwachsen konnte.

INFO Motive für nationale Befreiungsbewegungen

- Widerstand gegen Ausbeutung, Gewalttaten und Unterdrückungsmaßnahmen seitens der Kolonialmächte
- Erfahrungen von Truppenkontingenten aus den Kolonialstaaten während der Weltkriege, Folge: moralische Diskreditierung des „weißen Herrenmenschen"
- ökonomische Krisen (Weltwirtschaftskrise 1929, 1973/74 Erste Ölkrise)
- Selbstbestimmungsrecht der Völker (vgl. Wilsons 14-Punkte-Plan)
- Panafrikanismus (Ideen oder politische Bewegungen, die die politische und kulturelle Einheit Afrikas betonen sowie eine Zusammenarbeit afrikanischer politischer Bewegungen anstreben)
- Idee des Nationalismus und/oder des Sozialismus bzw. Marxismus-Leninismus (auch als Folge der Ausbildung neuer Eliten an europäischen Universitäten). In einigen asiatischen und afrikanischen Kolonien proklamierten nationale Befreiungs- oder Unabhängigkeitsgruppierungen einseitig die Unabhängigkeit und vertrieben die Kolonisten gewaltsam (z. B. Indochina/Vietnam oder Angola).

In Ghana (brit. Kronkolonie „Goldküste") z. B. leistete die *Convention People's Party* (CPP) gewaltlosen Widerstand gegen die britische Kolonialmacht. Die CCP organisierte Boykotte, Streiks und forderte von Großbritannien das Selbstbestimmungsrecht. Nachdem nach 1957 die Unabhängigkeit erlangt worden war, hielt Ghana die Verbindungen zur ehemaligen Kolonialmacht aufrecht und wurde als erstes schwarzafrikanisches Land Vollmitglied im *Commonwealth of Nations.*

INFO Musterfall Indien

Die Kronkolonie Britisch-Indien hatte für das **Britische Weltreich *(British Empire)*** eine herausragende Bedeutung: Sie lag geografisch in dessen Zentrum und sicherte Großbritannien den Status eines Global Players.
Indiens Unabhängigkeit 1947 hatte daher große Auswirkungen auf die globale Stellung Großbritanniens, da mit einem Schlag 388 Millionen Untertanen und die Hälfte des Territoriums verloren gingen: „Das Vereinigte Königreich war noch immer der wichtigste Kolonialbesitzer, aber nicht länger die einzigartige euroasiatische Doppelmonarchie,

deren Glanz es stolz gepflegt und die seit der Zeit um 1800 als eigenständige asiatische Großmacht fungiert hatte.[1] Darüber hinaus stellt die Dekolonisation Indiens den größten *Transfer of Power* überhaupt dar und muss als Schlüsselereignis des 20. Jahrhunderts mit weitreichender Signalwirkung gesehen werden: Der von Mohandas Karamchand (**„Mahatma"**) **Ghandi** organisierte **gewaltfreie Widerstand** gegen die Briten führte zum Erfolg und die indische Nationalbewegung avancierte zum Vorbild für andere Befreiungsbewegungen. Die Unabhängigkeit Indiens wurde Auftakt, Musterfall und Motor vergleichbarer Entwicklungen in anderen Weltregionen und war die Initialzündung für die Erosion der europäischen Kolonialreiche.

Eine Schattenseite der Dekolonisation Indiens war die mit der Unabhängigkeit vollzogene, rücksichtslose Teilung des indischen Subkontinents in die Staaten Indien (vorwiegend hinduistisch) und Pakistan (vorwiegend muslimisch), woraus eine der größten Flüchtlingskatastrophen der Menschheitsgeschichte resultierte: Rund 15,5 Millionen Menschen verließen ihre Heimat, wobei es zu unzähligen Gewalttaten und Massakern kam, bei denen schätzungsweise rund eine Million Menschen ihr Leben verloren. Der Dauerkonflikt zwischen Indien und Pakistan reicht bis in die Gegenwart hinein.

Aktuelle Probleme infolge von Kolonialismus und Dekolonisierung

Die gegenwärtige, teils prekäre Weltlage wirft Fragen nach den Spätfolgen des Kolonialismus und ggf. unzureichenden Dekolonisierungsprozessen auf:

– Inwieweit sind Kolonialismus und Dekolonisierung ursächlich dafür, dass bestimmte Staaten oder Regionen (aus der Perspektive der heutigen Industrieländer) in der Gegenwart unterentwickelt sind?
– Welche aktuellen Probleme der ehemaligen Kolonien können (auch) vor diesem Hintergrund historisch erklärt werden?

Wichtig zu wissen ist, dass es keine monokausalen Antworten oder Erklärungen geben kann. Vielmehr ist zur Einschätzung der Entwicklung einzelner Staaten ein Zusammenwirken exogener (d. h. auf äußere Einflüsse wie den Kolonialismus und die Dekolonisierung zurückführbare) und endogener (d. h. innere, aus den Gegebenheiten des jeweiligen postkolonialen Staates zu erklärende) Faktoren anzunehmen. Ein Blick in die Vergangenheit kann zu einem Verständnis für das Heranreifen heutiger Gesellschaften mit ihren jeweils spezifischen Konflikten und kulturellen Besonderheiten beitragen.

INFO Theorien zur Unterentwicklung

Modernisierungstheorien: Unterentwicklung beruht überwiegend auf endogenen Faktoren. Das können sein: traditionsorientierte (teils archaische) Werte- und Kulturordnung, Bildungsdefizite, schlecht ausgebaute Infrastruktur, rivalisierende Gruppen innerhalb des Landes und korrupte politische Eliten. Die Theorie ist teleologisch (auf eine Zielvorstellung hin orientiert) angelegt. Sie nimmt an, dass Entwicklungsländer sich auf einer Vorstufe hin zum entwickelten Industriestaat befänden, welcher dieses Stadium seinerseits im Zuge der Industrialisierung auch durchlaufen habe.

---

[1] Jansen, J. C./Osterhammel, J.: Dekolonisation. Das Ende der Imperien. C. H. Beck, München 2013, S. 53 f.

Ziel der gesellschaftlichen Entwicklung müsse diesem teleologischen Geschichtsbild (= geschichtliche Entwicklung läuft auf einen Endzweck gesellschaftlicher Entwicklung zu) zufolge daher die Abkehr von einer agrarisch geprägten, religiös und staatlich beeinflussten zu einer industriell bestimmten, weitgehend säkularen Gesellschaft sein (Vorbild: Industriestaat).

Dependenztheorien und Neokolonialismus: (Strukturgeschichtliche) Erklärung der Unterentwicklung aus exogenen Faktoren heraus. Während des europäischen Kolonialismus seien die Entwicklungsländer durch die Kolonialmächte ihrer politischen, wirtschaftlichen und soziokulturellen Eigenständigkeit beraubt worden. Die Kolonialmächte richteten ihre Kolonien auf ihre eigenen Interessen aus und hätten diese in eine für sie nachteilige internationale Arbeitsteilung gezwungen. Auch nach der formalen politischen Unabhängigkeit der ehemaligen Kolonien seien diese in ein internationales System eingebunden, dessen Struktur noch immer eine strukturelle Abhängigkeit der betroffenen Staaten aufweise, die dafür Sorge, dass sie kulturell wie ökonomisch unterentwickelt blieben, was als Neokolonialismus bezeichnet wird. Kennzeichen des Neokolonialismus sind zentral ungleiche Handelsbedingungen (u. a. Rohstoffexporte in die Industrieländer).

Der Dekolonisierungsprozess am Beispiel Afghanistans (Mittlerer Osten)

Wie in vielen anderen, führt auch im krisen- und bürgerkriegsgebeutelten Afghanistan kein direkt vorgezeichneter Weg vom Kolonialismus und von der Dekolonisierung zum **gescheiterten Staat *(failed state)*** der Gegenwart. Ohne diesbezügliche historische Kenntnisse lässt sich die komplizierte Lage im Afghanistan der Gegenwart aber nicht verstehen.

Endogene Gründe: Stammesdenken (Tribalismus), religiös-konfessionelle Spannungen und Korruption

Afghanistan besteht aus schwer zugänglichen Gebirgsregionen mit teilweise über 7 000 Meter hohen Bergen und Wüsten. Landwirtschaftliche Nutzflächen sind daher rar. In diesem Land leben Menschen unterschiedlicher Bevölkerungsgruppen in Stämmen organisiert, wobei neben der jeweiligen Stammeskultur der Islam traditionell das Leben bestimmt. Die größte Volksgruppe bilden mit über 50 Prozent die Paschtunen, die sich als die eigentlichen Afghanen sehen. Nahezu alle Afghanen sind Muslime, wobei etwa vier Fünftel Sunniten und ein Fünftel Schiiten sind (etliche davon verstehen sich als persisch-stämmig). Im „Vielvölkerstaat" Afghanistan gibt es seit dem 19. Jahrhundert das Spannungsfeld der Zugehörigkeit zum Nationalstaat in Abgrenzung zur Stammesherkunft (Wem gehört die Loyalität: Stamm oder Staat?).

Modernisierungsversuche afghanischer Herrscher und Regierungen scheiter(te)n am Einfluss der Stammesfürsten, die ihre religiösen und tribalistischen Traditionen gegen äußere Einflüsse abschirm(t)en, was mit ursächlich für die Unterentwicklung Afghanistans ist. Die große Kluft zwischen der Hauptstadt Kabul (Zentrum) und den Provinzen (Peripherie) stellt bis in die Gegenwart ein konstantes Spannungsfeld dar, das sich auf das politische Geschehen auswirkt: Bis heute ist die Zahl der Analphabeten in den Provinzen groß, während Kabul zeitweise einer europäischen Stadt ähnlich war und (über viele Jahre hinweg) internationale Schulen und Hochschulen vorzuweisen hatte. Auf die Frage, wie die räumliche Organisation der Herrschaft (föderaler, bundesstaatlicher Aufbau; [teil-]autonome Provinzregierungen etc.) zufriedenstellend gelöst werden kann, gibt es bis heute keine Antwort. Nach der Unabhängigkeit von Großbritannien im Jahr 1919 bestand ein konstitutionelles Königreich. Der afghanische König Mohammed Zahir Schah brachte ab 1933 demokratische Reformen auf den Weg, u. a. Wahlen, ein Zwei-Kammern-Parlament, eine Modernisierung der Infrastruktur und Pressefreiheit. Diese fortschrittliche, westlich-europäisch ausgerichtete Politik war unter der afghanischen Bevölkerung aber sehr umstritten, insbesondere die Emanzipation der Frauen, die ihren Ausdruck im Frauenwahlrecht fand, wurde von konservativen, islamischen Stammesfürsten, die um die relative Autonomie ihrer Gebiete fürchteten und einen Bedeutungsverlust der islamischen Religion nicht mittragen wollten, abgelehnt und bekämpft. Religiös-konfessionelle Spannungen zwischen Sunniten, welche traditionell aus Saudi-Arabien Unterstützung erhalten und Schiiten, die auf iranische Hilfe bauen können, destablisier-(t)en Afghanistan zusätzlich und manch(t)en **ethnopolitische Konflikte** (s. u.) bis hin zu Bürgerkriegen in der gesamten Region wahrscheinlich. Korruption und staatliches Versagen bei der Versorgung der Bevölkerung sowie ein traditionell schwach ausgeprägtes staatliches Gewaltmonopol der afghanischen Zentralregierungen, ließen Afghanistan aufgrund der gravierenden strukturellen Defizite zu keinem Zeitpunkt über den Status eines schwachen oder **versagenden Staates** *(weak state)* hinauskommen. Jeden Mal, wenn der „gemeinsame" Feind (UdSSR, USA etc.) besiegt worden ist, flammen die ethnischen Spannungen innerhalb der Widerstandsbewegungen auf.

Exogene Gründe: Kolonialismus, Stellvertreterkrieg und Neokolonialismus

Afghanistan war und ist bis heute ein Zankapfel zwischen konkurrierenden mittleren und größeren regionalen und überregionalen Mächten. In Konkurrenz zum zaristischen Russland, das ebenfalls Einfluss auf Afghanistan nehmen wollte, beanspruchte **Großbritannien im 19. Jahrhundert** afghanische Stammesgebiete für sein Imperium und nutzte diese zeitweise als Plantagenkolonie, um aus Schlafmohn Opium anbauen zu lassen, das nach China geschmuggelt wurde. In mehreren Kriegen gegen Russland („The Great Game") und Afghanistan versuchte Großbritannien seinen Einfluss auf Dauer in Form einer indirekten Herrschaft (Herrschaftskolonie) zu festigen. Hierbei wurden Grenzziehungen ohne Rücksicht auf traditionelle Strukturen und Stammesgebiete vorgenommen oder auch größere Volksgruppen bewusst zwischen Verwaltungseinheiten aufgeteilt, um diese zu schwächen und Widerstand zu verhindern. Beispielsweise wurde die Hälfte des Stammesgebietes der Paschtunen, eine der größten Volksgruppen Afghanistans, ab 1877 der Kolonie Britisch-Indien zugeschlagen. Britisch-Indien kann als Musterfall der Herrschaftskolonie gelten, die durch Herrschaft einer zahlenmäßig sehr geringen Minderheit von nicht dauerhaft ansässigen Kolonialherren über eine überproportionale Mehrheit von Einheimischen charakterisiert ist. Dies konnte nur gelingen, weil indigene Eliten mit der britischen Kolonialmacht vor Ort zusammenarbeiteten und (traditionell verfeindete) Volksgruppen von den Briten gegeneinander ausgespielt werden konnten, indem Angehörige von Minderheiten über größere Volksgruppen im Rahmen der gewährten Möglichkeiten seitens der Kolonialmacht herrschen konnten *(indirect rule)*. Mehrere zermürbende **Unabhängigkeitskriege** gegen Großbritannien (z. B. Erster Anglo-Afghanischer Krieg, der 1842 mit dem Abzug der britischen Truppen aus Kabul und schließlich aus Afghanistan endete, nachdem die Britische Ostindien-Kompanie einsehen musste, dass die fortgesetzte Besetzung Afghanistans zu riskant und zu kostspielig war – Parallelen zur Situation im Jahr 2021 sind unverkennbar) führten schließlich 1919 zur Anerkennung eines souveränen und unabhängigen Staates Afghanistan durch Großbritannien. Große Teile der traditionell afghanischen Stammesgebiete gingen allerdings an die Kolonie Britsch-Indien verloren und gehören heute zu Pakistan. Nach dem Abzug der Briten aus dem Mittleren Osten war eine Zunahme ethnopolitischer Konflikte, d. h. Interessensgegensätze zwischen Volksgruppen wie den Paschtunen, Tadschiken und Usbeken, die sich aufgrund von Sprache, Religion, kultureller Prägung usw. in ihrer ethnischen Identität unterscheiden, als Folge der britischen Herrschaftspraxis in Afghanistan und Britisch-Indien vorprogrammiert.

Afghanistan war zudem Austragungsort für einen Stellvertreterkonflikt im Kalten Krieg zwischen den Supermächten USA und UdSSR. Ein Bürgerkrieg zwischen der sozialistisch geprägten pro-sowjetischen Demokratischen Volkspartei Afghanistans, die Ende der 1970er-Jahr nach dem Sturz des Könighauses die Macht in der Hauptstadt Kabul an sich reißen konnte und aufständischen Stammesfürsten sowie moslemischen Widerstandsgruppen weitete sich mit dem **Einmarsch sowjetischer Truppen** im Dezember **1979** zu einem zehnjährigen Stellvertreterkrieg aus. Die afghanische Regierung hatte zuvor angeblich ein Hilfegesuch an Moskau gerichtet. Die Pläne der Regierung in Kabul, Afghanistan zu einem sozialistischen und säkularen, also religiös neutralen Staat umzugestalten, der sich nicht auf den Islam (und die Scharia) stützen sollte, führte zu energischem Widerstand gegen diese anti-islamische Zentralisierungspolitik. Die sowjetischen Besatzungstruppen wurden – in Erinnerung an die Kolonialisierungsversuche des zaristischen Russlands – als fremde Invasoren aufgefasst. Die UdSSR schien nicht nur wie bisher informell Einfluss über die sozialistische Demokratische Volkspartei auf Gesellschaft, Politik und Wirtschaft Afghanistans (Neokolonialismus) nehmen zu wollen, sondern eine dauerhafte Militärpräsenz in der Region anzustreben und Afghanistan in die Strukturen des Ostblocks einzubeziehen. Islamistische Gruppierungen erhielten großen Zulauf.

INFO Invasion in Afghanistan

Die sowjetische Intervention im blockfreien Afghanistan am 25.12.1979 rief weltweit Proteste hervor und führte nach einer Phase der Entspannung zu einer erneuten Verhärtung der Fronten im Kalten Krieg. Der Rüstungswettlauf setzte sich fort.

Die Mudschahidin (arab. „Mudschahid": „jemand, der Dschihad betreibt"), eine islamistische Guerilla-Gruppierung, riefen einen Glaubenskrieg gegen die Kommunisten mit dem Ziel aus, einen islamischen Gottesstaat zu errichten **(Islamismus).** Sie führten den Widerstand gegen die Zentralregierung und die sowjetischen Soldaten an und verzettelten die UdSSR in einen zermürbenden Guerilla-Krieg., in dem sie aus den USA, aus Saudi-Arabien und aus Pakistan finanziell, mit Geheimdienstinformationen und Kriegsgerät unterstützt wurden. Nach dem Abzug der UdSSR 1989 konnten sie 1992 die sozialistische Zentralregierung stürzen. Während des mehrjährigen Bürgerkrieges war das traditionell schwach ausgeprägte staatliche Gewaltmonopol der afghanischen Regierung immer mehr aufgeweicht worden. Hauptgrund hierfür war neben der Zerstörung der staatlichen Infrastruktur in dem topographisch anspruchsvollen Land, dass die Zentralregierung ihre Hoheitsgewalt zunehmend an Stammesfürsten und Anführer von Milizen („Warlords") abzutreten bereit war, da diese effektiver als die korrupte und unzuverlässige afghanische Nationalarmee gegen die Mudschahidin vorgingen – Parallelen zur Situation nach dem Abzug der internationalen Truppen im Juni-August 2021 sind erkennbar. Nach 1992 versank Afghanistan im Chaos rivalisierender Gruppierungen innerhalb der Mudschahidin, sodass keine der konkurrierenden Milizen sich zunächst behaupten und den Staat wieder stabilisieren konnte. Ab 1994 setzten sich im Bürgerkrieg allmählich die Taliban durch, belagerten und beschossen zwei Jahre lang die Hauptstadt Kabul und nahmen sie schließlich im September 1996 ein. Sie errichteten das Islamische Emirat Afghanistan (1996-2001), einen fundamentalistischen Gottesstaat, der Zufluchtsort für fanatische Moslems wurde. Der saudische Prinz Osama Bin Laden, Gründer und Anführer der islamistischen Terrorgruppe Al-Qaida, befehligte von Afghanistan und Pakistan aus ein weltweites Terrornetzwerk, das US-amerikanische Einrichtungen zum Ziel hatte. Bin Laden hatte sich im (Bürger-)Krieg gegen die UdSSR auf Seiten der Mudschahidin engagiert.

INFO Islamismus

Unter der Bezeichnung Islamismus werden Bewegungen und ideologische Ausprägungen des fundamentalistischen, politischen Islam zusammengefasst. Der Islamismus kann als Reaktion auf das Eindringen kolonialer Mächte in den islamischen Kulturkreis verstanden werden. Im gesamten Mittleren Osten kann seit Mitte der 1970er-Jahren eine Re-Islamisierung der Bevölkerung beobachtet werden (z. B.: Islamische Revolution 1979 im Iran), angetrieben von dem Bedürfnis nach gemeinsamen, identitätsbildenden Werten in Abgrenzung zum liberalen, westlichen Lebensstil, der oftmals von den indigenen Eliten, nicht aber von der breiten Masse der Bevölkerung gelebt wurde. Es entstanden mehrere radikal-islamische Bewegungen, die sich auf die tradierten Lebensvorschriften und religiösen Grundlagen des Islams berufen und als politische Agenda die Errichtung einer allein religiös legitimierten Gesellschaftsordnung („Gottesstaat") verfolgen.

Krieg in Afghanistan (2001–2021)

Der **„11. September" 2001 (09/11)** ist ein entscheidendes Datum zum Verständnis der Entwicklungen der vergangenen zwei Jahrzehnte in der internationalen Außen- und Sicherheitspolitik:

Als Reaktion auf die islamistisch motivierten Selbstmordanschläge auf das World Trade Center in New York und das Pentagon in Washington D.C. mittels zuvor entführter Passagierflugzeuge kündigte US-Präsident Georg W. Bush (jun.) Vergeltung und einen entschlossenen Krieg gegen den Terror an. Infolge des 11. Septembers wurde erstmals seit Bestehen der NATO der Bündnisfall vom NATO-Rat gemäß Artikel 5 des NATO-Vertrages ausgerufen und schließlich beschlossen, nachdem die US-Regierung Beweise vorgelegt hatte, die einen bewaffneten Angriff der Taliban oder Al-Qaidas auf die USA belegen sollten. Zuvor hatte am 12.9.2001 der UN-Sicherheitsrat die Resolution 1368 einstimmig verabschiedet, die den USA Maßnahmen zur militärischen Selbstverteidigung erlaubten. Als erstes militärisches Ziel im Krieg gegen den Terror rückte Afghanistan ins Visier, nachdem die Taliban die Auslieferung des für die Terroranschläge verantwortlich gemachten Al-Qaida-Führers Osama bin Laden abgelehnt hatten. Dieser wiederum rief im Oktober 2001 in der Manier der Mudschahidin zum „Heiligen Krieg gegen die Ungläubigen" auf.

INFO Taliban-Bewegung

Die Taliban-Bewegung (arab. „Studenten") ist eine radikal-islamische Miliz, die 1994 erstmals in der afghanischen Stadt Kandahar in Erscheinung getreten ist. Unter ihrem Anführer Mohammed Omar errichteten die Taliban 1996 das Islamische Emirat Afghanistan. Sport, Musik und moderne Medien (westlicher, liberaler Lebensstil) waren fortan unter Strafandrohung verboten. Im Oktober 2001 wurden die Taliban durch die afghanische Vereinte Front (ehemalige oppositionelle Mudschahidin-Anführer) in Zusammenarbeit mit amerikanischen und britischen Spezialeinheiten während der US-geführten Intervention „Enduring Freedom" militärisch besiegt. Die Taliban-Führungsriege floh in den Nachbarstaat Pakistan und führte von dort aus eine terroristisch-militärische Kampagne gegen die demokratische Islamische Republik Afghanistan und die internationalen Truppen der ISAF (International Security Assistance Force). Die deutsche Bundeswehr war von 2003 bis 2013 in der Provinzhauptstadt Kundus stationiert, von wo aus sie für die Sicherheit im Norden Afghanistans zuständig war und in Gefechten mit den Taliban mehrere Gefallene zu beklagen hatte.

Obwohl die Operation „Enduring Freedom" die Taliban-Regierung innerhalb kürzester Zeit stürzen und US-amerikanische Spezialeinheiten unter US-Präsident Obama 2011 bei der Erstürmung von dessen Unterschlupf in Pakistan Osama bin Laden ausschalten konnten, ist der Afghanistan-Einsatz zum längsten Krieg in der Geschichte der USA geworden. Hunderte Milliarden Dollar hat dieser Krieg gekostet, ca. 20000 US-Soldaten wurden verwundet und mehr als 2300 sind gefallen. Eine Stabilisierung Afghanistans ist in den vergangenen 20 Jahren trotz militärischer Dauerpräsenz nicht gelungen. Nach Beginn des Abzugs der US- und anderen NATO-Soldaten im Mai 2021 erlangten die

Taliban in kürzester Zeit die Kontrolle über das Land zurück. Die über Jahre von NATO-Soldaten ausgebildete afghanische Armee leistete trotz besserer Bewaffnung kaum Widerstand. Kabul wurde im August 2021 kampflos übergeben, der afghanische Präsident Aschraf Ghani floh ins Exil. US-Präsident Joe Biden erklärte nach dem vollzogenen Truppenabzug, dass die Ära großer Militäreinsätze zur Neugestaltung anderer Länder für die USA vorbei sei.

TIPP Weiterführende Literatur zum Thema

- Bundeszentrale für politische Bildung (Hrsg.): Europa zwischen Kolonialismus und Dekolonisierung. Informationen zur politischen Bildung. Heft Nr. 388. Bonn 2018.
- Jansen, Jan C., und Jürgen Osterhammel: Dekolonisation. Das Ende der Imperien. München 2013.
- Reinhard, Wolfgang: Kleine Geschichte des Kolonialismus. Stuttgart 2018.
- Schetter, Conrad: Kleine Geschichte Afghanistans. München 2017.

Methodentraining

In diesem Kapitel können Sie Ihr Methodenwissen anhand ausgewählter **Materialien** trainieren, angeboten werden:
- eine Karikatur,
- eine Quelle oder eine Darstellung,
- eine Statistik.

Anleitung zur Bearbeitung der Aufgaben

Der **Operator** lautet übereinstimmend: „Analysieren Sie ...". Er gehört zum **Anforderungsbereich II**. Erwartet wird hier von Ihnen, dass Sie aus der Qualifikationsphase bekannte Inhalte selbstständig bearbeiten, ordnen und erklären können und dass Sie Methoden anwenden können. Sie müssen Ihr Fachwissen in einen Zusammenhang stellen, um v. a. strukturelle und zeitliche Zusammenhänge zu erklären sowie Sachverhalte sinnvoll zu verknüpfen und einzuordnen.

„Analysieren" erfordert von Ihnen, dass Sie die wichtigen Informationen aus den Materialien herausfiltern, um sie dann strukturiert zu beschreiben und im historischen Kontext zu erklären. Jede Analyse beginnt mit der **Einordnung des Materials**. Sie müssen klären, ob es sich um eine Quelle oder um eine Darstellung handelt:
- **Quellen** sind Zeugnisse der Vergangenheit.
- **Darstellungen** sind Deutungen/Interpretationen vergangenen Geschehens.

Anschließend bestimmen Sie die **Gattung** genau. Dabei ist zu bedenken, dass jede Quellen- und jede Darstellungsgattung eine jeweils besondere Ausdruckskraft besitzt und eine spezifische Herangehensweise erfordert: „Aus der Kenntnis der Quellengattung lassen sich Hinweise für die Interpretation [...] entnehmen." (H.-J. Pandel)

Gattungen von Quellen und Darstellungen

Im Folgenden werden überblicksartig die Gattungen von Quellen und Darstellungen vorgestellt, die für das schriftliche Abitur in Baden-Württemberg relevant sind.

Fremdtexte	
Journalistischer Text	– Zeitgleiche Quelle (Entstehung und historisches Geschehen sind zeitgleich), – Massenmedium, das informieren, Meinungen bilden bzw. beeinflussen und unterhalten will, – kann sachlich-informativ, kritisch und/oder polemisch gehalten sein, – zeichnet sich aus durch Aktualität, Gegenwartsbezug und regelmäßiges Erscheinen, – jeder journalistische Text hat einen „Standpunkt", der sich sowohl textimmanent als auch über das Publikationsorgan ermitteln lässt,

	– erfordert daher sowohl Kenntnis über den Erscheinungsort als auch eine ideologiekritische Analyse, – als **Quelle** gibt er Einblick in politische Vorstellungen, Wahrnehmungen und Mentalitäten sozialer Gruppen.
Historische Rede	– Zeitgleiche Quelle, – ist auf rhetorische/appellative Wirkung angelegt, wobei zwischen Gerichtsrede, politischer Rede, Festrede und Kanzelrede zu unterscheiden ist, – will das Publikum überzeugen, – zeichnet sich aus durch Aktualität und Gegenwartsbezug, – wesentliche Gestaltungsmittel sind der Aufbau, die Argumentation und die sprachlichen Mittel (z. B. Zitate, Metaphern), – eine angemessene Interpretation erfordert Kenntnis über den Redner, den Redeanlass, den Vortragsort und das Publikum, – gibt als **Quelle** Auskunft über die politischen Ein- und Vorstellungen sowie die historischen Deutungsmuster Einzelner und sozialer Gruppen.
Historikertext	– Interpretiert und bewertet historische Sachverhalte mit zeitlichem Abstand, – ist dem Prinzip der Wissenschaftlichkeit (Objektivität) verpflichtet, – die dargestellten Sachverhalte sind nachvollziehbar und nachprüfbar, bewiesen und begründet, – informiert als **Darstellung** über bestimmte historische Sachverhalte, – gibt als **Quelle** Auskunft über bestimmte Geschichtsbilder.

Bilder	
Plakat	– Zeitgleiche Quelle, – Massenmedium, das die Betrachter überzeugen will, wobei die Plakatsorten *Wahlplakate* und *Werbeplakate* zu unterscheiden sind, – ausgerichtet auf ein heterogenes, mobiles Massenpublikum, – die „Botschaft" soll von den Betrachtern schnell verstanden werden, – enthält Text- und Bildelemente, – einzelne Plakatelemente müssen gut erkennbar sein, – bietet vielfältige Gestaltungsmöglichkeiten (Farbgebung, Verwendung von Zeichen und Symbolen, Verhältnis von Text- und Bildanteil), – gibt als **Quelle** Aufschluss über soziale/politische/ökonomische Zustände der Moderne.

Karikatur	– Zeitgleiche Quelle, – Massenmedium, das gesellschaftliche Zu- und Missstände aufdecken will, – enthält Text- und Bildelemente, – Kritik durch Überspitzung und/oder Verfremdung, – wichtigstes Gestaltungsmittel ist die Verwendung von Symbolen, Personifikationen, Metaphern oder Allegorien, – aber auch Verwendung von Feindbildern und Stereotypen, – „Entschlüsselung" erfordert von dem Betrachter ein hohes Kontext- und Symbolwissen, – gibt als **Quelle** Aufschluss über zeitgenössische Werturteile.

Statistik/
Diagramm
	– Stellt den Zusammenhang zwischen qualitativen und quantitativen Merkmalen eines Sachverhalts her, wobei zwischen *Kreis-, Kurven-* und *Säulendiagramm* zu unterscheiden ist,
	– erklärt politische, soziale oder wirtschaftliche Zustände,
	– stellt Entwicklungen und lang- bzw. längerfristige Prozesse dar,
	– bezieht sich auf soziale Gruppen,
	– dient der Veranschaulichung komplexer Strukturen,
	– erfordert den historischen Vergleich,
	– neben der *grafischen Darstellung* eines bestimmten Sachverhalts bildet die *(Diagramm-)Überschrift* ein wesentliches Element, denn sie enthält Informationen zu
	  • den Merkmalen (z. B. Alter, Geschlecht, Partei),
	  • den Merkmalsträgern, auf die sich die Merkmale beziehen (z. B. Gesamtbevölkerung, Wähler),
	  • dem geografischen Bezugsraum (z. B. Deutsches Reich),
	  • den Zeitraum (z. B. 1890–1914) sowie
	  • den Zahlentypus (z. B. absoluter Wert, Prozentwert).

Die auf den folgenden Seiten angebotenen Übungsmaterialien geben Ihnen Gelegenheit, Methodenwissen anzuwenden und zu trainieren. Vorab möchten wir Ihnen in einigen „Methodenblättern" Hilfestellungen zum sachgerechten Vorgehen geben. Diese Übersichten sind so angelegt, dass Sie sie kopieren und ggf. auch neben andere Materialien legen können, die Sie im Unterricht oder zu Hause bearbeiten.
Die sich anschließenden Materialien sind auf die Schwerpunktthemen abgestimmt. Am Ende eines jeden Schwerpunktthemas finden Sie eine Beispielaufgabe, wie sie im Abitur erscheinen könnte. Den Beispielaufgaben folgen Musterlösungen, die sich an den Übersichten in den „Methodenblättern" orientieren.

Bitte beachten Sie: Sie müssen nicht immer alle hier vorgeschlagenen Arbeitsschritte anwenden. Wie Sie die Materialien bearbeiten, hängt immer von den tatsächlichen Aufgabenstellungen und den Materialien ab.
Lesen Sie die Aufgaben unbedingt genau!

Methodenkompetenz Textarbeit (Quellen/Darstellungen)

Im Mittelpunkt der Textanalyse stehen das Herausarbeiten des Textinhalts und die Erklärung des Textes im historischen Kontext. Im Anschluss an die Erklärung kann eine Beurteilung des Textes erfolgen.

Das Methodenblatt stellt Teiloperationen der grundlegenden Arbeitsschritte vor, die jedoch – in Abhängigkeit von Material und Aufgabenstellung – nicht bei jeder Textanalyse vollständig angewandt werden müssen.

I Beschreibung des Textes
a) formal
Titel, Autor/-in, Erscheinungsort und -datum, Adressaten/Adressatinnen:
– Titel
– Name des Verfassers/der Verfasserin
– Entstehungszeit/Erscheinungsdatum, Entstehungs-/Erscheinungsort
– Adressaten des Textes
Quelle oder Sekundärtext:
– Quelle: aus der Vergangenheit überlieferter Text
– Sekundärtext: in der Gegenwart entstandener Text über die Vergangenheit
Textsorten:
– z. B. Rede, Artikel, Essay, (Regierungs-)Erklärung, Pamphlet, Flugschrift, Interviewtext, (Auto-)Biografie, Monografie („Einzelschrift" zu einem Thema), wissenschaftlicher Text, journalistischer Text …
b) Inhalt und Sprache
Herausarbeiten des Inhalts:
– Thema / Fragestellung / Problem
– Kernaussagen des Textes anhand von übergeordneten Gesichtspunkten
Herausarbeiten sprachlicher Gestaltungsmittel (sofern sie die Interpretation des Textes sinnvoll unterstützen bzw. ergänzen):
– Wortschatz des Autors: z. B. einfach/schwierig, rhetorisch gewandt, nüchtern/bildreich, wissenschaftlich …
– auffällige rhetorische oder literarische Stilmittel

II Erklären im historischen Kontext
Textinhalt in den historischen Kontext einordnen:
– Textinhalt einer politischen/gesellschaftlichen/kulturellen/wirtschaftlichen Situation zuordnen
spezifischen Sachverhalt erläutern, auf den sich der Text bezieht, und den Text in den Sachverhalt einordnen:
– Perspektive des Verfassers/der Verfasserin erklären
– berufliche, gesellschaftliche, politische Stellung/Amt/Funktion des Verfassers/der Verfasserin
– politischer, ideologischer Standpunkt des Verfassers/der Verfasserin

– Verhältnis von Verfasser/-in und Textinhalt: z. B. direkt Beteiligte, Parteigänger/Gegner einer Seite, neutraler Beobachter, rückblickender Kommentator, Historiker/-in …

– Perspektive des Verfassers/der Verfasserin auf den Textinhalt: z. B. Betonung/Abschwächung/Fehlen bestimmter Aspekte, Abwertungen/Aufwertungen z. B. auch durch sprachliche Mittel, ausgewogene/neutrale Darstellung …

– Intention/Wirkungsabsicht des Verfassers/der Verfasserin: z. B. Propaganda, Provokation, Appell, Denunziation, kommerzieller Erfolg, Aufklärung, Problemlösung, sachliche Information …

Resümee: Grundaussage des Textes

III   Beurteilen

sachliche Richtigkeit und Angemessenheit:
– z. B. kein Unterdrücken wichtiger Informationen/Fakten, Berücksichtigung vieler/ aller Informationen/Fakten
– Schlüssigkeit der Argumentation, z. B. logische Fehler, Widersprüche

Transparenz der Textaussage
– Legt der Verfasser seine eigenen Werte/Normen offen?
– Nennt der Verfasser seine Intention?
– Überprüft der Verfasser seine Sichtweise anhand anderer Einschätzungen/Perspektiven/Urteile?

Resümee: zusammenfassendes Gesamturteil formulieren

Quelle: https://lehrerfortbildung-bw.de/u_gewi/geschichte/gym/bp2004/fb4/4_text/1_meth/

Methodenkompetenz Karikatur

I   Beschreibung

Titel
Fundort, Entstehungszeit, Entstehungsort
wichtige Bildelemente:
– Figuren, Tiere, Personifikationen (Darstellung von Dingen oder abstrakten Begriffen als sprechende und handelnde Person), z. B. einzelne Auffälligkeiten, charakteristische Merkmale (z. B. für einzelne Personen oder Personifikationen), Mimik, Gestik, Bewegungen …
– Symbole, z. B. Wappen, Krone, Pickelhaube …
– gegenständliche Abbildungen, z. B. Schiff, Mauer, Panzer, Wippe, Kinderwagen … Natur-Darstellungen, z. B. Wetter, Jahreszeit …
– Farben

Relationen:
– Interaktionen von Figuren
– Bezüge/Zusammenhänge von Gegenständen oder Figuren und Gegenständen Größenverhältnisse
– Bildaufbau, z. B. Vorder- und Hintergrund, Perspektive …

Textteile:
- Bildunterschrift
- Figurenrede
- Texte auf Bildelementen

II Erklärung im historischen Kontext

- **Figuren erklären:**
  - historische Personen identifizieren
  - Personengruppen identifizieren, z. B. deutsche Fürsten, Bürger, Arbeiter, Soldaten, Liberale, Sozialdemokraten ...
  - Personifikationen und Allegorien (bildliche Darstellung eines abstrakten Begriffs; eine Allegorie kann ebenfalls in Form einer Personifikation dargestellt werden) auflösen, z. B. deutscher Michel, Germania, Uncle Sam, Justitia, Friedensengel, Pleitegeier ...
  - Tiereigenschaften erläutern, z. B. Löwe als König, blinder Maulwurf, dummer Esel ...
- **Symbole erklären**
- **gegenständliche Abbildungen interpretieren**
- **Metaphern** auflösen und der Situation zuordnen:
  Karikaturen arbeiten mit Sinnübertragungen, sodass man die beschriebenen Bildelemente auf ihre übertragene Bedeutung untersuchen muss. Folgende Übertragungsbereiche könnten untersucht werden:
  - politische Metaphern, z. B. Gleichgewicht, Abschreckung, Entspannung, Blockade, Umwälzung ...
  - natürliche Metaphern, z. B. Gewitter/Sturm als Krise, dunkle Wolken als Bedrohung, Frühling als hoffnungsvoller Anfang ...
  - metaphorische Situationen, z. B. Tanz, Spiel, Feier, Streit, Gefängnis, Kinderhort, Zirkus ...
  - charakteristische Bezeichnungen oder Redewendungen, z. B. Blut und Eisen, Eiserner Vorhang, Eiertanz, in einem Boot sitzen, Haifischbecken ...
- **Relationen und Textteile** interpretieren
- **Perspektive** des Karikaturisten/der Karikaturistin herausarbeiten: Was/wer wird wofür kritisiert?

Resümee: Gesamtaussage der Karikatur formulieren

III Beurteilung

- Perspektive des Karikaturisten mit zeitgenössischen Perspektiven vergleichen, z. B. Sicht einer Klasse, einer Partei, eines Staates/Blockes, einer relevanten Einzelperson ...
- Aussage der Karikatur in Bezug auf die historische Situation beurteilen: Ist die Darstellung der Sachlage/die Perspektive/die Kritik des Karikaturisten der historischen Situation angemessen?

Quelle: http://lehrerfortbildung-bw.de/faecher/geschichte/gym/fb2/abi/kari_s/

Methodenkompetenz Statistik

Eine Statistik muss beschrieben, erklärt und beurteilt werden. Im Mittelpunkt der Arbeit mit Statistiken steht die Erklärung der genannten Daten im historischen Kontext. Die Basis für diese Erklärung ist eine sinnvolle Beschreibung der Statistik. Der Erklärung folgt eine begründete Einschätzung des Aussagewerts der Statistik.

I Formale und inhaltliche Beschreibung

- **Titel**
- **Fundort/Quellenangabe**
- Herkunft/Bearbeitung des Datenmaterials
- **Darstellungsform,** z. B. Tabelle, Liniendiagramm, Balken-/Säulendiagramm, Kreisdiagramm, Figurendiagramm, evtl. Anordnung (vier Spalten, fünf Kreissegmente …)
- **Variable,** z. B. Zeiträume, Länder, Güter, Wahlergebnisse, Personengruppen …
- **Maßzahlen,** z. B. absolute Zahlen, relative Zahlen (%, Index … mit Bezugsgröße)
- **Inhalte/wesentliche Aussagen,** z. B. Abstände, Steigen/Fallen von Werten, Hoch- und Tiefpunkte …
- **Relationen,** z. B. Vergleich einzelner Angaben (z. B. mehrerer Spalten, Kurven, Maßzahlen …)

II Erklärung im historischen Kontext

- **Historischen Bezug benennen,** z. B. Industrialisierung, Take Off, Hochindustrialisierung, erste Wahl in der Weimarer Republik, Darstellung zum „Wirtschaftswunder", Aufrüstung zur Zeit des Second Cold War …
- **Bezug zwischen Statistik und historischem Kontext herstellen:**
  Aussagen der Statistik im historischen Kontext erklären, z. B.
  - *auffallende Zahlenbewegungen dem historischen Kontext zuordnen*
  - *auffallende Zahlenbewegungen aus dem historischen Kontext heraus begründen*
  - *unterschiedliche Informationen miteinander in Beziehung setzen*

III Beurteilung des Aussagewerts

- **Aussagewert des Datenmaterials prüfen,** z. B.
  - *Herkunft/Bearbeitung der Daten,* z. B.: Bestehen Anhaltspunkte dafür, dass die Daten manipuliert sind (z. B. Daten aus der DDR)? Lassen sich Propagandazwecke erkennen?
  - *Berechnung der Daten,* z. B.: Ist die Datenbasis ausreichend für eine repräsentative Aussage? Ist die Datenmenge sinnvoll oder werden z. B. nur Mittelwerte über lange Zeiträume angegeben? Liegen tatsächlich ermittelte Werte oder gerundete Zahlen, Schätzungen, Hochrechnungen vor?

149

- **Variable prüfen,** z. B.
  - *Ortsangaben,* z. B.: Um welches Gebiet zu welcher Zeit handelt es sich bei der Angabe „Deutschland"? Verändert sich das Bezugsgebiet evtl. im angegebenen Zeitraum?
  - *Begriffsdefinition,* z. B.: Wird z. B. die Variable „Privathaushalte" sinnvoll definiert, z. B. „4-Personen-Haushalt mit mittlerem Einkommen"
- **Variablenauswahl/-kombination prüfen,** z. B.
  - *Problem isolierter Aussagen,* z. B.: Die Angabe von Schienenkilometern sagt nichts über die Netzdichte; die Angabe der Bevölkerungszahl nichts über die Bevölkerungsdichte; der Rückgang von prozentualen Beschäftigtenanteilen in einem Sektor muss kein Sinken der absoluten Beschäftigtenanzahl in diesem Sektor bedeuten, wenn die Bevölkerung und Wirtschaft insgesamt wächst.
- **Vergleichbarkeit prüfen,** z. B.
  - s. o.: *Variable/Variablenauswahl und -kombination prüfen*
  - *Zeitangaben/Maßzahlen:* Sind die ausgewählten Zeiträume und -intervalle identisch? Lassen unterschiedliche Maßzahlen Vergleiche zu?
  - *relative Zahlen:* Prozentangaben zur Produktion in verschiedenen Ländern lassen zwar Vergleiche zum Wachstum, aber keine Rückschlüsse auf den Umfang der Produktion zu (Beispiel: DDR – BRD)
- **Aussagekraft zusammenfassend beurteilen:**
  - *Beurteilung des Datenmaterials*
  - *Beurteilung der statistischen Aussagen*

Quelle: http://lehrerfortbildung-bw.de/faecher/geschichte/gym/fb2/abi/stat_s/

Methodenkompetenz Plakate

Grundlegend für den Umgang mit Plakaten sind die Beschreibung der verwendeten Gestaltungselemente und die Erklärung der Aussagen des Plakats im historischen Kontext. In Bezug auf die Gestaltung sind in der Regel drei Aspekte zu berücksichtigen: Textelemente, Bildelemente und die farbliche Gestaltung. Die Beschreibung und Erklärung kann in eine Beurteilung des Plakats im Hinblick auf unterschiedliche Kriterien (z. B. Angemessenheit, Wirkmächtigkeit, Effektivität) münden.

Das Methodenblatt stellt wesentliche Teiloperationen der grundlegenden Arbeitsschritte vor. Es hängt von dem Erkenntnisinteresse und dem zu untersuchenden Plakat ab, welche der Teiloperationen sinnvollerweise durchgeführt werden sollten. Die folgende Zusammenstellung der Teiloperationen erhebt keinen Anspruch auf Vollständigkeit.

Interpretationsschema, Aufgaben und Leitfragen zur Analyse von Plakaten:

Interpretationsschema	Leitfragen
1. Erstbegegnung Mögliche Aufgabenstellung: Beschreiben Sie die ersten Eindrücke beim Betrachten des Plakats (und entwickeln Sie daraus weiterführende Fragestellungen).	
– Äußern von spontanen Eindrücken, Benennung von auffälligen Einzelheiten, erste kurze Stellungnahme zum Gesamteindruck – Stellen von Fragen, eventuell Aufstellen von Hypothesen	– Welchen Eindruck macht das Plakat auf Sie? – Löst das Plakat bestimmte Gefühle in Ihnen aus? – Welches Thema behandelt das Plakat? – Welche Fragen wirft das Plakat auf?
2. Beschreibung Mögliche Aufgabenstellung: Beschreiben Sie das Plakat. a) Feststellung formaler Merkmale	
Nennen der wesentlichen Informationen (soweit möglich): – Zeichner bzw. Plakatkünstler oder Auftraggeber, – Titel bzw. Unterschrift, – Entstehungsdatum und Anlass (und evtl. Ort) der Veröffentlichung	Wer ist der Zeichner bzw. Plakatkünstler? (Gibt es Informationen darüber, aus welchem Land er stammt, welcher politischen Richtung, welchem Lager er zuzuordnen ist?) – Wer ist der Auftraggeber des Plakats? – Wo und wann wurde das Plakat veröffentlicht? – Ist etwas über den Verbreitungsgrad des Plakats bekannt?
b) Beschreibung des Dargestellten und der Gestaltungsweise	
Systematische Beschreibung des Plakats: – Benennung der wesentlichen Einzelheiten: Berücksichtigung von Bild – Farbe – Text – Beschreibung der Gestaltungsmittel (Komposition, Perspektive, Symbole, Allegorien, Techniken, Schriftart, Schreibweise, Farbeinsatz)	– Zeigt das Plakat reale Personen, Typen oder Kombinationen? – Welche? In welcher Darstellung? (realistisch, verzerrt, Perspektive?, erkennbare Mimik, Gestik, Körperhaltung) – Zeigt das Plakat konkrete Gegenstände oder Symbole/Allegorien? – Wie ist der Bildaufbau gestaltet? (Vordergrund – Hintergrund; Zentrum – Peripherie; oben – unten) – Welche Handlung (oder Zustand/Zusammenhang) ist dargestellt? – Welchen Text enthält das Plakat; wie ist er in die Darstellung eingebunden? – Wie ist die farbliche und grafische Gestaltung des Plakats?

3. Erklärung im historischen Kontext

Mögliche Aufgabenstellung: Erklären Sie das auf dem Plakat dargestellte und die gewählte Darstellungsweise im historischen Kontext.

– Bewusstmachung des historischen Kontextes – Identifikation von historischen Persönlichkeiten oder Typen, Phänomenen, Zusammenhängen – Erschließen von Thema und Inhalt des Plakats	– Gibt es einen konkreten Anlass für die Entstehung dieses Plakats? – Auf welche geschichtliche Situation bzw. welche historischen Zusammenhänge bezieht sich der Plakatgestalter? – In welchem Verhältnis stehen Text, Bildelemente und Farbgebung zueinander?
– Interpretation der vom Plakatgestalter gewählten grafischen und sprachlichen Gestaltungsmittel – Formulieren der Gesamtaussage – Benennen der Intention des Plakatkünstlers bzw. Auftraggebers	– Welche symbolische oder allegorische Bedeutung haben wesentliche Elemente des Plakats? – Was ist die Botschaft des Plakatgestalters und seines Auftraggebers? Wofür wird geworben bzw. wovor wird gewarnt? – Welche zeitgenössische Funktion, welche Wirkungsabsicht hatte das Plakat?

4. Beurteilung

Mögliche Aufgabenstellung: Beurteilen Sie die Darstellung und den Aussagegehalt des Plakats bezüglich seiner historischen Angemessenheit (seiner vermutlichen Wirksamkeit/seiner Zeitgemäßheit/seiner Aussagekraft).

– Erörtern der (vermutlichen) Wirkung des Plakats auf den zeitgenössischen Betrachter – Diskussion der Wirkung des Plakats auf den heutigen Betrachter – Beurteilung des Quellenwertes des Plakats	– Bewertung des Plakats – Welche potenzielle Wirkung hat das Plakat auf den Betrachter? Wie überzeugend sind Darstellung und Botschaft? – Entspricht die Darstellung bzw. Gestaltung den historischen Tatsachen (oder verzerrt das Plakat die tatsächlichen Zustände bewusst / unbewusst?) – Wie ist das Plakat aus heutiger Sicht zu bewerten?

Quelle: http://lehrerfortbildung-bw.de/faecher/geschichte/gym/fb3/d_plakate/1_meth/

Übungen zu den Methoden

Einen Text analysieren

AUFGABE

Analysieren Sie das Interview.

Material: Interview der französischen Nachrichtenagentur Agence France-Press mit Konrad Adenauer, veröffentlicht: 15. September 1949

Frage: Glauben Sie, daß der Beitritt Deutschlands zum Atlantikpakt möglich oder wünschbar sei?

Antwort: Ein Beitritt zum Atlantik-
5 pakt setzt eine bewaffnete Nation voraus. Deutschland ist abgerüstet. Außerdem hat es während des Krieges riesige Verluste an Menschen und Reichtümern erlitten. Zudem haben wir nicht den Wunsch, unser
10 Volk einer neuen blutigen Prüfung auszu-setzen. Diejenigen, die uns entwaffnet ha-ben, besitzen die moralische Pflicht, über unsere Sicherheit zu wachen und uns gege-benenfalls zu verteidigen.

15 **Frage:** Wie werden nach Ihrer Ansicht die Beziehungen der Bundesrepublik mit der westlichen Welt beschaffen sein?

Antwort: Deutschland gehört der west-lichen Welt an. Seine Beziehungen mit ihr
20 verlangen die ganze Aufmerksamkeit des Westens. Unsere Zugehörigkeit zum Wes-ten darf von niemand bezweifelt werden. Wir hoffen auch, daß unsere Beziehungen mit dem Westen sich allmählich bessern.

25 **Frage:** Wie werden sich die Beziehun-gen der Bundesrepublik mit Westeuropa entwickeln?

Antwort: Ich hoffe, daß Deutschland bald in die Gemeinschaft der europäischen
30 Völker aufgenommen werde. Was unse-re Aufnahme in den Europarat betrifft, müssen wir indessen klug sein und den

Eindruck vermeiden, als ob wir die Türe gewaltsam öffnen wollten. Ich glaube, daß es weise sein wird, unsere Kandidatur erst 35 zu stellen, wenn wir die Gewißheit haben, daß Deutschland alle Aussichten hat, auf-genommen zu werden.

Frage: Was gedenkt die Bundesregie-rung zu tun, um die deutsche Einheit wie- 40 derherzustellen?

Antwort: In der nächsten Zukunft können wir nichts Bestimmtes tun, da das Problem der deutschen Einheit in vieler Hinsicht von den Beziehungen zwischen 45 den westlichen Alliierten und Rußland abhängig ist. Wir müssen indessen alles tun, damit die 20 Millionen Deutschen in der Ostzone nicht den Eindruck erhal-ten, verlassen und vergessen zu sein. Die 50 Bundesrepublik muß ein Anziehungspol für Ostdeutschland werden und die psy-chologischen Beziehungen mit dem Osten wahren und stärken. Unsere Politik darf indessen nicht zu dem Glauben verleiten, 55 daß wir das in der Sowjetzone errichtete kommunistische Regime anerkennen.

Frage: Was denken Sie von den franzö-sisch-deutschen Beziehungen?

Antwort: Ich teile den Standpunkt 60 Winston Churchills, daß die französisch-deutschen Beziehungen den Angelpunkt des europäischen Zusammenschlusses bil-

65 den. Ich habe diese Ansicht in Deutschland
schon vor 25 Jahren verteidigt. [...].

Quellenangabe: Keesing's Archiv der Gegenwart. 19. Jg., Siegler-Verlag für Zeitarchive, Königswinter 1949, S. 2069

Hinweis: Das „Archiv der Gegenwart" (Sigle: AdG) wurde 1931 von Isaäc Keesing jr. (1886–1966) gegründet, die deutschsprachige Ausgabe wurde von Heinrich von Siegler herausgegeben. Die monatlich erscheinende Publikation berichtete bis ins Jahr 2004 auf der Grundlage von Zeitungs- und Agenturberichten über wichtige politische Ereignisse in allen Staaten der Welt.

Schritt 1: Beschreiben – Musterlösung

(Einleitung) Bei der vorliegenden Quelle handelt es sich um ein Interview der französischen Nachrichtenagentur Agence France Press (AFP) mit dem Bundeskanzler Konrad Adenauer vom 15. September 1949.

(Inhalt und Sprache) In dem vorliegenden Textauszug handelt es sich um ein Interview, in dem Konrad Adenauer, der erste Bundeskanzler der Bundesrepublik Deutschland, seine außen- und innenpolitischen Ziele erläutert. Adenauer folgend ist Deutschland Teil der westlichen Welt. Er hofft, dass sich die Beziehungen zwischen Deutschland und dem Westen im Laufe der Zeit verbessern werden (vgl. Z. 23 ff.). Adenauer gibt aber auch an, dass Deutschland unbewaffnet bleiben solle und somit kein Mitglied der NATO werden könne (vgl. Z. 4 ff.). Vielmehr sieht er die Alliierten in der Pflicht, für Deutschlands Sicherheit zu sorgen (Z. 11 ff.).
Adenauer verbindet den Prozess der Westintegration Deutschlands nicht mit einem Beitritt zum westlichen Militärbündnis (i. e. NATO), sondern setzt eher auf gute nachbarschaftliche Beziehungen zu den europäischen Nachbarn (vgl. Z. 23 ff.). In der Frage der Europapolitik hebt er die Bedeutung der französisch-deutschen Beziehungen ganz besonders hervor (vgl. Z. 61 f.)
Hinsichtlich der Einheit Deutschlands sieht Adenauer den Handlungsspielraum der Bundesrepublik begrenzt. Sie sei im Wesentlichen von den Beziehungen zwischen den westlichen Alliierten und der Sowjetunion abhängig (vgl. Z. 45 ff.). Doch selbst wenn die Bundesrepublik Deutschland diesbezüglich kaum über direkte Einflussmöglichkeiten verfüge, dürfe bei den Bürgern der sowjetischen Besatzungszone trotzdem nicht der Eindruck entstehen, dass man sie vergessen habe. Westdeutschland müsse auch für die Ostdeutschen attraktiv bleiben (vgl. Z. 51 ff.). Adenauer erkennt damit den Status quo an, hebt aber hervor, dass die Deutschlandpolitik nicht den Eindruck erwecken dürfe, dass man das kommunistische Regime in Ostdeutschland anerkenne.

Schritt 2: Erklären im historischen Kontext – Musterlösung

Die vorliegende Quelle befasst sich mit dem politischen Konzept Konrad Adenauers in Bezug auf die Positionierung der jungen Bundesrepublik Deutschland gegenüber den Mächten im Westen bzw. Osten. Nach dem verlorenen Zweiten Weltkrieg besetzten die alliierten Siegermächte große Teile des deutschen Westens, die Sowjetunion den deutschen Osten, nach Verschiebung der polnischen Westgrenzen gemäß dem Potsdamer Abkommen von 1945. Der Parlamentarische Rat hatte an Stelle einer Verfassung das Grundgesetz formuliert, die neu gegründete Bundesrepublik Deutschland verfügte nicht über volle staatliche Souveränität.

Adenauer war der erste Bundeskanzler der neuen Bundesrepublik Deutschland, das Interview wurde am Tag seiner Wahl geführt. Er umreißt seine Vorstellungen der Außen- und Deutschlandpolitik. Als Zielsetzungen nennt er die Westintegration (vgl. Z. 18 ff.), die europäische Integration (vgl. Z. 30 ff.) und die Wiedervereinigung Deutschlands, wobei er bei Letzterem die Westintegration in den Vordergrund stellt (vgl. Z. 29 ff.). Für Adenauer war die deutsche Wiedervereinigung nur nach erfolgter Westintegration denkbar. Diese Westorientierung der Bundesregierung in der Ära Adenauer diente der Abwehr sowjetischer (ergo kommunistischer) Einflüsse auf Westdeutschland. Angesichts der fragilen historischen Situation war sie ein pragmatisches Mittel, um Souveränität, Handlungsfähigkeit und militärische Sicherheit für die Bundesrepublik zu erreichen. Der im Interview erwähnte Beitritt zum Europarat erfolgte 1951 (vgl. Z. 30 f.). Im gleichen Jahr wurde auch die Montanunion gegründet. Die von Konrad Adenauer angesprochenen deutsch-französischen Beziehungen (vgl. Z. 61 f.) verbesserten sich und mündeten schlussendlich in den Élysée-Vertrag, der der deutsch-französischen Freundschaft einen festen vertraglichen Rahmen gab.

In Bezug auf die europäische Integration konnte Adenauer seine Ziele erreichen. Hinsichtlich der weiterreichenden Westintegration der Bundesrepublik folgte schon bald ein bedeutender Richtungswechsel in Adenauers Politik. Im Interview schließt er indirekt eine Wiederbewaffnung Deutschlands aus, wenn er sagt, dass die Alliierten die Sicherheit Deutschlands garantieren müssten und auch für dessen Verteidigung verantwortlich seien (vgl. Z. 11 ff.). Doch schon sechs Jahre später kam es zur Wiederbewaffnung der Bundesrepublik und im selben Jahr auch zu deren Aufnahme in das Nordatlantische Verteidigungsbündnis (NATO).

Die im Interview anklingende innerdeutsche Politikausrichtung (vgl. Z. 48 ff.) fand in dem von ihm formulierten Alleinvertretungsanspruch der Bundesrepublik Deutschland und der später folgenden Hallstein-Doktrin ihren Ausdruck.

Schritt 3: Beurteilen – Musterlösung

Man kann abschließend festhalten, dass sich anhand dieser Quelle die politischen Grundzüge der Ära Adenauer erschließen lassen. In Bezug auf die Westintegration und die innerdeutsche Politik setzte er die zu Beginn seiner Kanzlerschaft deklarierten Ziele konsequent um, allein in Sachen Wiederbewaffnung und NATO-Beitritt erfolgte schon sechs Jahre später eine Kehrtwende in seiner Politik.

Eine Karikatur analysieren

AUFGABE

Analysieren und bewerten Sie die Karikatur.

Material: Karikatur aus der Satirezeitschrift „Simplicissimus"
(Oktober 1931), Titel: Der letzte Demokrat,
Zeichner: Karl Arnold

Der Simplicissimus war eine satirische Wochenzeitschrift, die im Kaiserreich gegründet wurde (1896), 1933 gleichgeschaltet wurde und bis 1944 erschien. Karl Arnold (1883–1953) war dort Redakteur für Text und Bild.

Quellenangabe: A„Simplicissimus", Jg. 36 (1931/32), Heft 27, München, 5. Oktober 1931;
© VG BILD-KUNST, Bonn 2021

Schritt 1: Beschreiben – Musterlösung

(Einleitung) Die vorliegende Karikatur von Karl Arnold ist im Oktober 1931 in der deutschen Zeitschrift „Simplicissimus" erschienen. Der Titel der Karikatur lautet „Der letzte Demokrat". Zeitlich ist die Karikatur der letzten Phase der Weimarer Republik zuzuordnen, die durch den autoritären Regierungsstil der Präsidialregierungen gekennzeichnet war.

(Beschreibung der Bildelemente) Die Karikatur zeigt in der Bildmitte ein Grab, auf dessen Grabstein folgende Inschrift steht: „Hier ruhen die Demokratie und der Parlamentarismus, geb. im Jahre 1848, gest. an Artikel 48". Auf dem Grabstein steht eine Skulptur, die eine junge, magere Frau zeigt, die in jeder Hand eine Urne hält. Rechts neben dem Grab sitzt zusammengesunken ein alter Mann mit Brille und Vollbart, der einen schwarzen Anzug und einen breitrandigen, schwarzen Hut trägt. Er wirkt wie ein Professor, mithin ein Teil der Intelligenz. Der Mann stützt seine Hände auf einem grauen Schirm ab und blickt mit sorgenvoller Miene auf das Grab. Von oben regnet es Eichenblätter herab und der Boden und das Grab sind schon zum Teil vom Laub bedeckt. Die Bildunterschrift lautet: „Der liebste Platz, den ich auf Erden hab', das ist die Rasenbank am Elterngrab".

Schritt 2: Erklären im historischen Kontext – Musterlösung

(Figuren/Symbole erklären) Der Titel der Karikatur „Der letzte Demokrat", bezieht sich auf den alten Mann, der trauernd am Elterngrab sitzt. Die junge Frau mit den zwei Urnen steht für die Demokratie, der auf deutschem Boden nur ein kurzes Leben beschieden war. Die Ausgezehrtheit symbolisiert deren mangelnde Lebenskraft und Vitalität. Der alte Mann steht für den letzten Demokraten der Weimarer Republik. Durch die herabregnenden Eichenblätter entsteht eine herbstliche Stimmung. Der Herbst zeigt das Ableben (Tod) an.

(Metaphern auflösen) Die Eltern des „letzten Demokraten" werden in der Inschrift als „Demokratie" und „Parlamentarismus" bezeichnet. Mit dem Geburtsjahr 1848 verweist der Karikaturist auf die Revolution von 1848 und die Nationalversammlung in der Paulskirche, die in der Karikatur als Geburtsjahr der Demokratie und des Parlamentarismus in Deutschland angesehen werden. Als Todesursache für die Demokratie und den Parlamentarismus sieht der Karikaturist den Artikel 48 der Weimarer Verfassung, der Notverordnungen erlaubte. Diese ließen Präsidialkabinette zu, welche am Parlament vorbei regierten und so das parlamentarische System aushebelten.

Schritt 3: Bewerten – Musterlösung

(Gesamtaussage formulieren) Zusammenfassend lässt sich sagen, dass die Karikatur in den Notverordnungen und Präsidialkabinetten der 1930er-Jahre der Weimarer Republik schon das Ende der Demokratie und des Parlamentarismus in Weimar sieht.

(Perspektive des Karikaturisten herausarbeiten) Die Karikatur ist im Oktober 1931, also während der letzten Phase der Weimarer Republik, erschienen. Der Karikaturist bezieht hier deutlich Stellung, indem er den Notverordnungsartikel (Artikel 48) der Weimarer Verfassung als das Ende der Demokratie und des Parlamentarismus bezeichnet. Als Geburtsstunde der Demokratie und des Parlamentarismus in Deutschland sieht er das Jahr 1848 an.

(Fazit/Eigene Position) Der Karikatur bewies mit Blick auf das Ende der Weimarer Republik einen prophetischen Blick. Die folgenreichste Notverordnung war die Reichstagsbrandverordnung von 1933, die wesentliche Grundrechte außer Kraft setzte und die Machtbefugnisse des Reichspräsidenten auf den Reichskanzler Adolf Hitler übertrug. Auch heutige Historiker sehen gerade im Artikel 48 der Weimarer Verfassung einen wesentlichen Grund für das Scheitern der Republik. In dieser Hinsicht stellt der Karikaturist die Situation treffend dar.

Hinsichtlich des Geburtsjahres kann man allerdings unterschiedlicher Meinung sein, denn eine direkte Linie zwischen 1848 und der Weimarer Republik lässt sich nicht ziehen. Die Revolution von 1848 scheiterte und in den Folgejahren wurden parlamentarische und demokratische Tendenzen eher unterdrückt.

Bezogen auf die Ideen der Verfassung der Paulskirche, lässt sich dennoch eine Verbindung zwischen 1848 und der Weimarer Republik herstellen. Die in der Paulskirchenverfassung formulierten Rechte waren die Grundlage für die Grundrechte der Weimarer Verfassung.

Eine Statistik analysieren

AUFGABE

Analysieren und beurteilen Sie die Statistik.

Material: „Innerdeutscher Reiseverkehr" 1962–1987 in Zahlen

Jahr	Reisen aus der DDR in die BRD (in Tausend)		Reisen aus der BRD und West-Berlin in die DDR (in Tausend)	
	Rentner	Personen unter dem Rentenalter	gesamt	davon West-Berliner
1962	27		ca. 2000	
1967	1072		1424	60
1972	1079	11	6260	3320
1975	1370	40	7734	3210
1978	1433	49	7837	3260
1981	1601	37	5020	1800
1984	1607	61	5219	1600
1987	3800	1290	5500	ca. 1900

Quellenangabe: nach: Jürgen Theil: Das geteilte Deutschland. 1961–1990. Quellen zur Geschichte und Politik Klasse 10–13 (TEMPORA). Ernst Klett Verlag, Stuttgart/Leipzig 2007, S. 76

Schritt 1: Anysieren/Beschreiben – Musterlösung

(Einleitung) Die Statistik „Innerdeutscher Reiseverkehr" stammt aus dem Buch „Das geteilte Deutschland. 1961 – 1990" von Jürgen Theil, das 2007 erschienen ist.

(Darstellungsform, Variablen, Messzahlen) In einer Tabelle werden die Reisenden aus der DDR in die BRD und umgekehrt angegeben. Bei den Reisen aus der DDR in die BRD wird nochmals unterschieden in Rentner und Personen unter dem Rentenalter. Bei den Reisen aus der BRD in die DDR werden die Gesamtzahl aller Reisenden sowie der Anteil der West-Berliner darunter genannt. Betrachtet wird der Zeitraum von 1962 bis 1987. Die Jahre von 1962 bis 1972 sind in einem Fünfjahresrhythmus angegeben und ab 1972 bis 1987 in einem Dreijahresrhythmus. Alle erhobenen Daten sind absolute Zahlen in Tausend.

(Inhalte der Statistik: Darstellung und Vergleich der Angaben) Die Statistik beginnt im Jahr 1962. In diesem Jahr reisten 27 000 Rentner aus der DDR in die BRD, vermutlich zu Verwandtenbesuchen, während in demselben Jahr ca. 2 Millionen Bürger aus der BRD ihre Verwandten in der DDR besuchten. Auffallend ist, dass aus der DDR keine Personen unter dem Rentenalter ausreisen durften und dass bei den Reisen aus der BRD in die DDR keine West-Berliner Bürger angegeben sind. Während im Jahr 1967 die Zahl der Rentner, die aus der DDR in die BRD reisten, auf 1,07 Millionen anstieg, ging die Zahl der Reisenden aus der BRD in die DDR auf ca. 1,4 Millionen zurück, von denen 60 000 aus West-Berlin stammten.

Auffällig ist, dass ab dem Jahr 1972 die Reisen aus der BRD in die DDR sprunghaft auf 6,2 Millionen anstiegen, wovon mit 3,3 Millionen etwas mehr als die Hälfte aus West-Berlin kamen. In den weiteren Jahren bis 1978 stieg die Zahl auf über 7,8 Millionen Bürger an, die von der BRD in die DDR reisten. Auffällig ist, dass die Zahl der West-Berliner, die in die DDR reisten, nahezu konstant blieb.

Im gleichen Zeitraum stieg auch die Zahl der Reisen aus der DDR in die BRD an. Auffällig hier ist allerdings der sprunghafte Anstieg bei den Personen unterhalb des Rentenalters. Während in den Jahren 1962 und 1967 keine jüngeren Personen Reisen in die BRD unternehmen durften, gab es im Jahr 1972 11 000 Bürgerinnen und Bürger aus der DDR, die in die BRD reisen durften. Im gleichen Jahr stieg die Zahl der Rentner nur um 7 000. Im Jahr 1975 kam es bei den Personen unter dem Rentenalter zu einer Vervierfachung auf 40 000 Reisende, aber auch bei den Rentnern stieg die Zahl um ca. 300 000 Reisende an. Auch drei Jahre später im Jahr 1978 kam es bei beiden Gruppen zu einem erneuten Anstieg auf 1,433 Millionen bei den Rentnern und auf 49 000 bei den Personen unter dem Rentenalter.

Ab dem Jahr 1981 sinkt die Zahl der Reisen aus der BRD in die DDR auf beinahe 5 Millionen und die Zahl der West-Berliner, die in die DDR reisen, sinkt auf 1,8 Millionen. Auch bei den Reisen in die andere Richtung sank in diesem Jahr die Zahl bei den Personen unter Rentenalter auf 37 000 Personen ab. Lediglich bei den Personen im Rentenalter kam es in diesem Jahr zu einem Anstieg auf 1,601 Millionen.

In den folgenden sechs Jahren steigt die Gesamtzahl der Reisen von der BRD in die DDR dann wieder von 5,2 Millionen (1984) auf 5,5 Millionen (1987) an. Die Zahl der Reisenden aus West-Berlin sinkt dagegen im Jahr 1984 auf 1,6 Millionen ab, bevor sie im Jahr 1987 auf ca. 1,9 Millionen ansteigt. Wie bei den Reisen von der BRD in die DDR steigt auch die

Anzahl der Reisenden aus der DDR in die BRD an. Im Jahre 1984 bei den Rentnern auf 1,07 Millionen und bei den Personen unter dem Rentenalter auf 61 000. Den deutlichsten Anstieg gab es aber im Jahr 1987 mit 3,8 Millionen bei den Rentnern und mit 1,290 Millionen bei den Personen unter dem Rentenalter.

(Gesamtaussage formulieren) Insgesamt lässt sich sagen, dass es bei den Rentnern, die aus der DDR in die BRD reisten, einen stetigen Anstieg gab, während es bei den Personen unterhalb des Rentenalters überhaupt erst ab dem Jahre 1972 Reisende in die BRD gab und deren Zahl im Gegensatz zu den Rentnern stark schwankte.

Bei den Reisen aus der BRD in die DDR lässt sich feststellen, dass die Gesamtzahl über den ganzen Zeitraum stark schwankte, wobei noch festzuhalten ist, dass es erst im Jahr 1967 West-Berliner gab, die in die DDR reisten.

Schritt 2: Erklären im historischen Kontext – Musterlösung

Die Statistik gibt den innerdeutschen Reiseverkehr und dessen Schwankungen von 1962 bis 1987 wieder. Klammert man auf Seiten der DDR die Rentner aus, die in die BRD reisten, so kann man anhand dieser Statistik deutlich die Auswirkungen der Deutschlandpolitik im Zeitraum von 1962 bis 1987 erkennen. Eine Auswirkung ist zum Beispiel das Passierscheinabkommen von 1963, welches es den West-Berlinern erstmals seit dem Bau der Berliner Mauer ermöglichte, ihre Verwandten und Freunde in Ost-Berlin zu besuchen. Während es im Jahre 1962 keine Reisen von West-Berlinern in die DDR gab, so gab es ihm Jahre 1967 bereits 60 000 West-Berliner, die in die DDR gereist waren.

Der deutliche Anstieg von Reisen aus der BRD und West-Berlin in die DDR im Jahr 1972 ist eine direkte Folge des „Wandels durch Annäherung", der innerdeutschen Politik, die Willy Brandt (als Bundeskanzler) und Egon Bahr (als Bundesminister für besondere Aufgaben), beide SPD, betrieben. Sie verhandelten mit der DDR-Führung einen Grundlagenvertrag, der kurzfristige Besuchsreisen von Westdeutschen in die DDR ermöglichte, den sogenannten „kleinen Grenzverkehr". Und auch wenn es nur wenige Zehntausende waren, durften nun auch Personen unter dem Rentenalter Reisen aus der DDR in die BRD unternehmen.

Der Rückgang des innerdeutschen Reiseverkehrs in den 1980er-Jahren ist wahrscheinlich eine Konsequenz aus der angespannten politischen Weltlage zwischen Ost und West. Durch den Einmarsch der Sowjetunion in Afghanistan und durch Reagans Politik der Stärke auf der Seite der USA setzte eine erneute Konfrontation und ein erneuter Rüstungswettlauf ein, der sich in Form des NATO-Doppelbeschluss auch auf die BRD und DDR auswirkte.

Der starke Anstieg von Reisen aus der DDR in die BRD im Jahr 1987 lässt sich vielleicht durch den ersten Staatsbesuch des DDR Staatsratsvorsitzenden Honecker in der BRD erklären.

Schritt 3: Beurteilen/Fazit des Aussagewerts – Musterlösung

Da die Daten einem Schulbuch entnommen sind, kann man davon ausgehen, dass die Statistik repräsentativ ist. Anhand der dargelegten Zahlen lässt sich gut der Zusammenhang zwischen der Deutschlandpolitik und dem Reiseverkehr zwischen der DDR und der BRD erkennen.

Ein Plakat analysieren

Analysieren Sie das Plakat und beurteilen Sie dessen Wirkung auf Zeitgenossen.

Material: Plakat „Marshall Plan", hrsg. v. High Commissioner of Germany, HICOG (1950)

Hinweis: „High Commissioner of Germany" (HICOG) ist die Bezeichnung für den US-amerikanischen Vertreter der Alliierten Hohen Kommission, die die im Besatzungsstatut (Potsdamer Abkommen) festgelegten alliierten Kontrollrechte über Deutschland ausübte.

Quellenangabe: Bundesrepublik Deutschland, 1950, HICOG (Hrsg.). Verfügbar im Archiv der Stiftung Haus der Geschichte (Bonn); bpk-Bildagentur

Schritt 1: Analysieren/Beschreiben – Musterlösung

(Einleitung) Das Plakat wurde im Jahr 1950 in der Bundesrepublik Deutschland veröffentlicht. Es handelt sich hierbei um ein Werbeplakat für den Marshall-Plan. Herausgegeben wurde das Plakat von dem alliierten hohen Kommissar für Deutschland (HICOG). (Beschreibung der Bildelemente) Im Vordergrund des Plakats sieht man mittig ein Segelschiff mit schwarzem Rumpf, auf dessen Bug in Großbuchstaben der Name Europa steht und das in voller Fahrt vor dem Wind mit geblähtem Großsegel durch die Wellen einer stürmischen See pflügt. Auf dem Segeltuch sind 15 deutlich erkennbare europäische Nationalflaggen abgebildet. Zu erkennen sind die deutsche, niederländische, italienische, schwedische, norwegische, französische, schweizerische, belgische und dänische Flagge. Einige Flaggen sind zweimal vorhanden und einige sind auch nur teilweise zu sehen.

Das Schiff vermittelt einen sehr dynamischen Eindruck. Vorangetrieben wird es von einem Wind mit der Bezeichnung „ERP". Die Buchstaben sind proportional sehr groß gehalten und wirken im Gesamtkontext machtvoll.

Schritt 2: Im historischen Kontext erklären – Musterlösung

Bei dem Bild handelt es sich um ein Werbeplakat für den Marshall-Plan, das 1950 in der Bundesrepublik Deutschland vom High Commissioner for Germany (kurz: HICOG) veröffentlicht wurde. Der Marshall-Plan stellte ein finanzielles Hilfsprogramm dar, mit welchem die USA den Wiederaufbau in Europa fördern wollten, um wirtschaftliche und politische Stabilität in Deutschland und Europa herzustellen. Ziel war es, durch ein solches Hilfs- und Wiederaufbauprogramm im Sinne der Truman-Doktrin die Ausbreitung des Kommunismus auf Westeuropa einzudämmen.

Ins Leben gerufen wurde der Marshall-Plan im Jahr 1947. Er umfasste Sachlieferungen, wie Lebensmittel und Rohstoffe, sowie Kredite für Investitionen. Unterstützung stand mit dem nach dem amerikanischen Außenminister George C. Marshall benannten Plan allen europäischen Ländern offen, auch den osteuropäischen. Die einzige Teilnahmebedingung war allerdings, dass sich alle teilnehmenden Staaten auf eine gemeinsame europäische Wirtschaftspolitik einigen mussten. Somit könnte man den Marshall-Plan auch als ersten Schritt hin zu einer europäischen Integration betrachten.

Stalin interpretierte den Marshall-Plan als Versuch der Amerikaner, den sowjetischen Einfluss auf Europa zurückzudrängen. Auf Druck Stalins wurde den osteuropäischen Staaten und der SBZ die Beantragung von Mitteln verboten.

(Symbole erklären) Das Plakat vermittelt zwei zusammenhängende Botschaften: Zum einen kann das Schiff Europa nur durch die stürmische See steuern, wenn alle europäischen Staaten zusammenarbeiten, sozusagen gemeinsam ein großes Segel setzen. Zum anderen braucht das Segel den Marshall-Plan/ERP, der die Finanzmittel bereitstellt, um das Boot voranzutreiben. Man könnte zudem der Fahrtrichtung des Schiffes eine symbolische Bedeutung beimessen, denn mit der Hilfe des „ERP-Windes" fährt das Schiff „Europa" von rechts nach links, also geografisch bzw. im Rückbezug auf die gängigen Kartendarstellungen von Osten nach Westen.

3. Schritt: Beurteilen/Fazit – Musterlösung

Das Plakat vermittelt sehr anschaulich alle Zielsetzungen des Marshall-Plans: Der „Wind des ERP" treibt das Segelschiff der europäischen Nationalstaaten an – zur Zusammenarbeit und zum Vorankommen.

Auf den zeitgenössischen bundesrepublikanischen Bürger wird das Plakat sicherlich den gewünschten positiven Effekt gehabt haben. Seit der Berlin-Blockade und der Luftbrücke 1948/49 wurden die US-Amerikaner nicht mehr als Kriegsgegner bzw. Besatzer, sondern als Freunde wahrgenommen. Die positive Einstellung gegenüber den USA und dem westlichen Wirtschaftssystem wird sich durch das Empfinden, gemeinsam etwas erreichen zu können, nochmals verstärkt haben.

Im Plakat wird allerdings verschwiegen oder nicht thematisiert, dass hinter dem ERP auch deutlich die Intention steckt, den Einfluss der UdSSR auf Europa im Sinne der „Containment-Policy" beziehungsweise der Truman-Doktrin einzudämmen.

Abiturbeispiel 1 (11/1: Wege in die Moderne)

AUFGABE

1 Der indische Historiker Chakrabarty spricht von den „zwei Gesichtern der Moderne". Erläutern Sie diese Metapher anhand zweier selbstgewählter Beispiele.

2 Analysieren Sie die Statistik (M1).

3 Seit den 1970er-Jahren kritisieren einige Historiker den Begriff „Industrielle Revolution". Überprüfen Sie anhand von M1 und weiterer selbstgewählter Beispiele, inwieweit der Begriff „Revolution" den Prozess der Industrialisierung treffend beschreibt.

Material 1:

Entwicklung der Erwerbstätigkeit in Deutschland 1800-1907

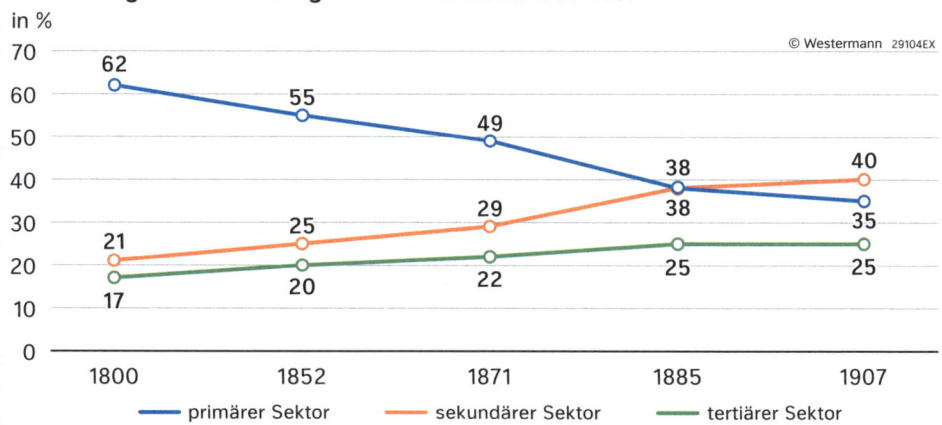

© Westermann 29104EX

Anmerkung: primärer Sektor: Rohstoffgewinnung/Urproduktion (Ressourcen, Agrarwirtschaft); sekundärer Sektor: Rohstoffverarbeitung/(industrielle) Produktion von Sachgütern; tertiärer Sektor: Dienstleistungen.

Quellenangabe: erstellt nach Daten aus: Geißler, Rainer/Meyer, Thomas Die Sozialstruktur Deutschlands. Zur gesellschaftlichen Entwicklung mit einer Bilanz zur Vereinigung. Springer Fachmedien Verlag, Wiesbaden, 7. A. 2014

Aufgabe 1: Erläuterung der Metapher – Musterlösung in Stichpunkten

Moderne hat sowohl negative als auch positive Auswirkungen = zwei Gesichter

- Ausgewähltes Beispiel für positive Auswirkungen: Parlamentarisierung, meist ange-stoßen durch politische Revolutionen von „oben" und „unten"
  Erklärung: Verfassung begrenzt Macht des Monarchen, Mitbestimmungsrecht des Volkes durch verfassungsrechtlich verankerte, parlamentarische Strukturen
- Ausgewähltes Beispiel für negative Auswirkungen: Kolonialismus
  Erklärung: militärische Inbesitznahme auswärtiger Territorien verbunden mit poli-tischer Unterdrückung und wirtschaftlicher Ausbeutung der indigenen Bevölkerung sowie der lokalen Ressourcen zum alleinigen Nutzen des „Mutterlandes", das mit diesen Ressourcen Modernisierungsprozesse vorantreiben konnte

TIPP zum Punktesammeln

Nennen Sie nicht nur Beispiele für positive und negative Auswirkungen, sondern erklären Sie diese im Zusammenhang.

Aufgabe 2: M1 Analysieren/Beschreiben – Musterlösung in Stichpunkten

(Formale Analyse) Liniendiagramm mit drei verschiedenen Graphen, Daten zur „Entwick-lung der Erwerbstätigkeit in Deutschland 1800-1907", entnommen aus: Geißler, Rainer/ Meyer, Thomas: Die Sozialstruktur Deutschlands. Zur gesellschaftlichen Entwicklung mit einer Bilanz zur Vereinigung; erschienen bei Springer Fachmedien, Wiesbaden, im Jahr 2014.

- Aufbau des Diagramms: x-Achse: Jahreszahlen von 1800 bis 1907 in unregelmäßigen Abständen (52, 19, 14, 22 Jahre), y-Achse in Zehnerschritten der prozentuale Anteil der Erwerbstätigen je Sektor
- Gegenstand: Veränderungen der Erwerbstätigenquote, gegliedert nach volkswirt-schaftlichen Sektoren: primärer Sektor (blau) = Landwirtschaft/Bergbau, sekundärer Sektor (orange) = (industrielle) Produktion von Sachgütern, tertiärer Sektor (grau) = Dienstleistungen (inkl. Handel)

(Inhaltliche Analyse) Darstellung der Graphen: Blau: im Jahr 1800 = Erwerbstätigen-quote von 62%/Maximum; Anteil sinkt fortwährend (1852: 55%, 1871: 49%, 1885: 38%) auf Minimum 1907: 35%; Orangefarben: im Jahr 1800 = Erwerbstätigenquote von 21%, lineares Wachstum bis 1871: 29%, exponentiellen Anstieg bis 1885: 38 % (→ kreuzt hier Graphen des primären Sektors), bis 1907: 40% („überholt" blauen Graphen); Grau: im Jahr 1800 = Erwerbstätigenquote von 17%, linearer Anstieg bis 1907: 25%
Auswertung: blauer Graph sinkt, die beiden anderen steigen stetig an; Veränderung zeigt die Auswirkung der Industrialisierung auf die Struktur der Erwerbstätigkeit, ausgehend von Agrargesellschaft zog die Industrialisierung Arbeitskräfte zunächst in Produktions-, zunehmend in Dienstleistungssparten, im 1885 = Industriegesellschaft

(Erklären im historischen Kontext) Mitte des 19. Jahrhunderts = Einsetzen der Frühin-dustrialisierung in Deutschland: technische Neuerungen (z. B.. Saatmaschine, Nitrat als

Düngemittel) erleichterten im Agrarsektor die Feldarbeit und erhöhten die Produktion. Maschinen ersetzten menschliche Arbeitskraft, Folge: Verarmung der Landbevölkerung (Pauperismus), Landflucht und Urbanisierung (ehemalige Landarbeiter zogen in die Städte)

Industrieller Schrittmacher = Eisenbahn, ermöglichte Verlagerung der Produktion in konzentrierte Standorte und arbeitsteilige Organisation der Prozesse. Antrieb von Maschinen durch künstlich erzeugte Energie (Dampf, Elektrizität) ermöglichte Massenproduktion, die vielen Menschen Arbeit bot = „Take-off-Phase"

Folge: tiefgreifende Veränderung der Arbeitswelt bis 1885, ablesbar am rasant wachsenden, orangefarbenen Graphen (Take-off-Phase), radikale Veränderungen des Lebens der Menschen, Herausbildung der Arbeiterschaft (Proletariat) als neue Klasse, aber mit schlechten Arbeits- und Lebensbedingungen (Pauperismus)

Demgegenüber die Bourgeoisie/das (Besitz-)Bürgertum als wohlhabende Klasse, ökonomische Teilhabe am Wirtschaftswachstum durch Eigentum an Produktionsmitteln (Boden, Maschinen, Gebäude etc.), steigende Kaufkraft erzeugt Aufschwung der Konsumgüterindustrie sowie neue Arbeitsplätze im Dienstleistungssektor.

(Fazit/Beurteilung) Die Statistik bildet die Entwicklung von der Agrargesellschaft zu einer Industrienation im 19. Jahrhundert und den damit verbundenen sektoralen Wandel umfassend ab.

TIPP zum Punktesammeln

Für die volle Punktzahl ist es wichtig, Fakten bei der Einordnung in den historischen Kontext in Bezug zum Sachverhalt (hier: Statistik) zu setzen.

Aufgabe 3: Überprüfen – Musterlösung in Stichpunkten

(Kriterien für die Überprüfung) Begriff „Revolution": a) schnelle, b) bewusst herbeigeführte, c) radikale (i. d. R. gewaltsame) Veränderung der gegebenen (politischen, sozialen und/oder ökonomischen) Bedingungen

(zu überprüfende These) Industrialisierung = Revolution = schneller Prozess?

(Anwendung der Kriterien)

a) **„schnell": einerseits** – im Vergleich zu politischen Revolutionen im 18./19. Jh. verlief Industrialisierung langsam, setzte bereits im 17. Jh. ein, nahm im 19. Jh. an Tempo zu, Beleg: Liniendiagramm; **andererseits** – tiefgreifender Strukturwandel braucht Zeit, Industrialisierung verlief im historischen Gesamtbild sehr schnell, weil der technische Fortschritt (z. B.. Telegraph, Dampfmaschine usw.) rasant verlief

b) **„bewusst herbeigeführt":** gezielte Weiterentwicklung technischer Errungenschaften (Eisenbahn als Schrittmacher-Industrie), Unternehmertum staatlich gefördert

c) **„radikale Veränderung":** Industrialisierung löste weitreichende **politische Veränderungen** aus, Verelendung der Arbeiterklasse mit der Folge einer Politisierung und Ausbildung eines Klassenbewusstseins, Gründung von Interessenvertretungen: Parteien (z. B.. SPD, 1890 stärkste Kraft), Gewerkschaften; **soziale Veränderungen:** sektoraler Wandel (vgl. Liniendiagramm); **ökonomische Veränderungen:** Wirtschaftsliberalismus des Ökonomen Adam Smith (1723–1790) begründete wirtschaftspolitische Ordnungs-idee: Staat sollte von Eingriffen ins Wirtschaftsgeschehen absehen, um Eigendynamik des Marktes und freien Wettbewerb als Antrieb der Entwicklung freizusetzen, Folge: einerseits vielfältiges Güterangebot, Wirtschaftswachstum durch freien Wettbewerb, Gewinnanreize – andererseits Konjunkturschwankungen und soziale Verwerfungen (= soziale Frage).

(Fazit) Die Industrialisierung kann als „industrielle Revolution" bezeichnet werden. Oberflächlich verlief diese Revolution zwar gewaltfrei, setzte aber durch die Zerstörung gewachsener Strukturen durchaus strukturelle Gewalt frei (z. B.. Armut). Wenngleich das Kriterium „schnell" für diesen Wandel Interpretationsspielraum zulässt, handelt es sich doch um einen radikalen, tiefgreifenden Wandel auf verschiedenen Ebenen (politisch, sozial, ökonomisch), der bewusst herbeigeführt wurde und immer noch anhält.

Abiturbeispiel 2
(12/1: West- und Osteuropa nach 1945)

AUFGABE

1 Stellen Sie die Phasen der Deutschlandpolitik der Bundesrepublik von 1949 bis 1990 dar.
2 Analysieren Sie M1.
3 Analysieren Sie M2 und vergleichen Sie M2 mit M1.
4 Überprüfen Sie die Behauptung, die Neue Ostpolitik habe die deutsche Einheit maß-geblich vorbereitet.

Material 1: Karikatur von Hanns Erich Köhler aus dem Jahr 1949

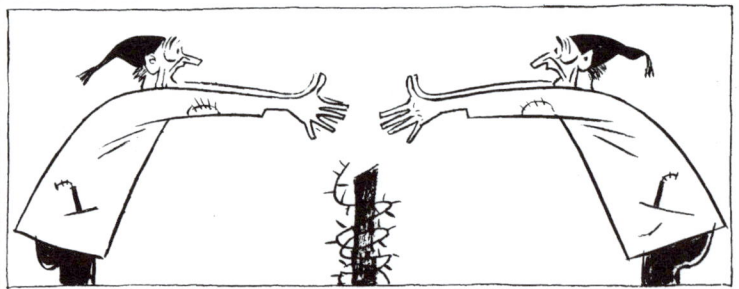

1945:
„Bruder!!"

1955:
„Mein lieber
Vetter!"

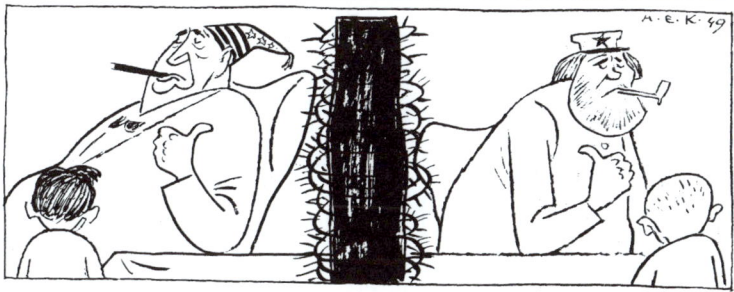

1965:
„Ach, ja – wir
haben irgend-
einen entfernten
Verwandten im
Ausland ..."

Quellenangabe: © Hanns Erich Köhler, 1949. In: Geschichte SII: Deutschland im Umbruch. Gesichte Deutschlands 1933–1990. Schroedel, Braunschweig 1990; © Wilhelm-Busch-Gesellschaft e.V.

Material 2: Aus einer Rede von Egon Bahr vor der evangelischen Akademie Tutzing am 15.7.1963

[...] Die amerikanische Strategie des Friedens läßt sich auch durch die Formel definieren, daß die kommunistische Herr- schaft nicht beseitigt, sondern verändert
5 werden soll. Die Änderung des Ost/West- Verhältnisses, die die USA versuchen wol- len, dient der Überwindung des Status quo, indem der Status quo zunächst nicht verän- dert werden soll. Das klingt paradox, aber
10 es eröffnet Aussichten, nachdem die bishe- rige Politik des Drucks und Gegendrucks nur zu einer Erstarrung des Status quo ge- führt hat. Das Vertrauen darauf, daß unsere Welt die bessere ist, die im friedlichen Sinn
15 stärkere, die sich durchsetzen wird, macht den Versuch denkbar, sich selbst und die andere Seite zu öffnen und die bisherigen Befreiungsvorstellungen zurückzustellen. [...]

Die erste Folgerung, die sich aus einer [20] Übertragung der Strategie des Friedens auf Deutschland ergibt, ist, daß die Politik des Alles oder Nichts ausscheidet. Entweder freie Wahlen oder gar nicht, entweder ge- samtdeutsche Entscheidungsfreiheit oder [25] ein hartes Nein, entweder Wahlen als erster Schritt oder Ablehnung, das alles ist nicht nur hoffnungslos antiquiert und unwirk- lich, sondern in einer Strategie des Frie- dens auch sinnlos. Heute ist klar, daß die [30] Wiedervereinigung nicht ein einmaliger Akt ist, der durch einen historischen Be-

schluß an einem historischen Tag auf einer historischen Konferenz ins Werk gesetzt
35 wird, sondern ein Prozeß mit vielen Schritten und vielen Stationen. Wenn es richtig ist, was Kennedy sagte, daß man auch die Interessen der anderen Seite anerkennen und berücksichtigen müsse, so ist es sicher
40 für die Sowjet-Union unmöglich, sich die Zone zum Zwecke einer Verstärkung des westlichen Potentials entreißen zu lassen. Die Zone muß mit Zustimmung der Sowjets transformiert werden. Wenn wir soweit
45 wären, hätten wir einen großen Schritt zur Wiedervereinigung getan. [...]

Wenn es richtig ist, und ich glaube, es ist richtig, daß die Zone dem sowjetischen Einflußbereich nicht entrissen werden
50 kann, dann ergibt sich daraus, daß jede Politik zum direkten Sturz des Regimes drüben aussichtslos ist. Diese Folgerung ist rasend unbequem und geht gegen unser Gefühl, aber sie ist logisch. Sie bedeutet,
55 daß Änderungen und Veränderungen nur ausgehend von dem zurzeit dort herrschenden, verhaßten Regime erreichbar sind. [...]

Der amerikanische Präsident hat die Formel geprägt, daß so viel Handel mit den
60 Ländern des Ostblocks entwickelt werden sollte, wie es möglich ist, ohne unsere Sicherheit zu gefährden. Wenn man diese Formel auf Deutschland anwendet, so eröffnet sich ein ungewöhnlich weites Feld.
65 Es wäre gut, wenn dieses Feld zunächst einmal nach den Gesichtspunkten unserer Möglichkeiten und unserer Grenzen abgesteckt würde. [...]

Das Ziel einer solchen Politik kann na-
70 türlich nicht sein, die Zone zu erpressen, denn kein kommunistisches Regime, und schon gar nicht das so gefährdete in der Zone, kann sich durch Wirtschaftsbeziehungen in seinem Charakter ändern lassen.
75 [...]

Uns hat es zunächst um die Menschen zu gehen und um die Ausschöpfung jedes denkbaren und verantwortbaren Versuchs, ihre Situation zu erleichtern. Eine materielle Verbesserung müßte eine entspannende 80 Wirkung in der Zone haben. Ein stärkeres Konsumgüterangebot liegt in unserem Interesse. In der Sowjetunion ist der Konsumwunsch gewachsen und hat zu positiven Wirkungen beigetragen. Es ist nicht 85 einzusehen, warum es in der Zone anders sein sollte.

Die Sowjetunion ist angetreten mit dem Ziel, den Westen einzuholen und zu überholen, gerade auch auf dem Gebiet des 90 Lebensstandards, auf dem der Westen am stärksten ist. Abgesehen davon, daß es sich dabei um ein Ziel handelt, das den Westen als Vorbild hinstellen muß und an seiner Leistung orientiert ist, ist offensichtlich, 95 daß diese Politik nicht allein die Zone innerhalb des Ostblocks ausnehmen kann. Den Prozeß zur Hebung des Lebensstandards zu beschleunigen, weil sich dadurch Erleichterungen mannigfacher Art für 100 die Menschen und durch verstärkte Wirtschaftsbeziehungen verstärkte Bindungen ergeben können, würde demnach in unserem Interesse liegen.

Wir haben gesagt, daß die Mauer ein 105 Zeichen der Schwäche ist. Man könnte auch sagen, sie war ein Zeichen der Angst und des Selbsterhaltungstriebes des kommunistischen Regimes. Die Frage ist, ob es nicht Möglichkeiten gibt, diese durchaus 110 berechtigten Sorgen dem Regime graduell so weit zu nehmen, daß auch die Auflockerung der Grenzen und der Mauer praktikabel wird, weil das Risiko erträglich ist. Das ist eine Politik, die man auf die Formel 115 bringen könnte: Wandel durch Annäherung. [...]

Quellenangabe: Der vorliegende Text ist ein Auszug aus der Rede „Wandel durch Annäherung", gehalten von Egon Bahr vor der evangelischen Akademie in Tutzing am 15.7.1963. Veröffentlicht in: Deutschlandarchiv 8 (1973), online-Archiv, Bundeszentrale für politische Bildung, Bonn. S. 862-863. Als pdf im Archiv der Friedrich-Ebert-Stiftung abrufbar: https://www.fes.de/archiv/adsd_neu/inhalt/ stichwort/tutzinger_rede.pdf (aufgerufen 19.3.2017)

Aufgabe 1: Darstellung eines Sachverhalts – Musterlösung in Stichpunkten

<u>Ende des Zweiten Weltkriegs</u>: Entstehung zweier deutscher Staaten mit jeweils eingeschränkter Souveränität. 1949 Gründung der Bundesrepublik Deutschland (BRD); außenpolitische Themen: Versöhnung (v. a. mit Frankreich), Selbstbestimmung, Westintegration, europäische Zusammenarbeit, „Deutsche Frage"/Verhältnis zur Deutschen Demokratischen Republik (DDR), ausgehend vom Wiedervereinigungsgebot im Grundgesetz (Ziel: Erreichung der nationalstaatlichen Einheit).

Phasen der Deutschlandpolitik von 1949 bis 1990:
<u>Konrad Adenauer (CDU)</u>: sog. **„Westintegration"** (= Sicherung einer „Position der Stärke" gegenüber dem Ostblock, Anziehungskraft für Deutsche im sowjetischen Herrschaftsbereich (sog. **„Magnettheorie"**); Mitte der 1950er-Jahre zunehmend selbstbewusstere DDR; keine Perspektiven für Wiedervereinigung, Folge: neue politische Linie **„Hallstein-Doktrin"** (Abbruch der diplomatischen Beziehungen zu Staaten, die die DDR diplomatisch anerkannten), Alleinvertretungsanspruch der BRD für das (ganze) deutsche Volk in West und Ost.
<u>Ludwig Erhard (CDU)</u>: erste Öffnungen der BRD gen Osten, weil Entspannungspolitik der USA die Hallstein-Doktrin zur Belastung machte; Aufweichung des Alleinvertretungsanspruches und Einrichtung von Handelsvertretungen in osteuropäischen Staaten, aber keine Änderung der Politik gegenüber der DDR.
<u>Kurt Georg Kiesinger (CDU), Große Koalition (CDU/CSU, SPD)</u>: weiterer Bedeutungsverlust des Alleinvertretungsanspruches; neues Ziel: Friedenserhalt
<u>Willy Brandt (SPD), Koalition SPD, FDP</u>: außenpolitische Wende = **„Neue Ostpolitik";** Regierungserklärung Brandts: „zwei deutsche Staaten", Ziel: verbesserte Beziehungen, „Wandel durch Annäherung"; Verträge mit der UdSSR und Polen: Zusicherung gegenseitigen Gewaltverzichtes = Voraussetzung für neue Beziehung zur DDR, Anerkennung der Grenzen (wichtig: Anerkennung der Westgrenze Polens im „Warschauer-Vertrag" 1970), Bemühung um Normalisierung der Beziehungen; „Grundlagenvertrag" BRD/DDR 1972 (Verpflichtung zu guten nachbarschaftlichen Beziehungen, Unverletzlichkeit der Grenzen, Austausch „Ständiger Vertreter", Anerkennung von „Unabhängigkeit und Selbstständigkeit" beider Staaten, ABER: keine Anerkennung der DDR im völkerrechtlichen Sinne; trotz Widerstands v. a. der CDU/CSU-Opposition Ratifizierung der Ostverträge durch Bundestag.
<u>Helmut Kohl (CDU)</u>: **„Zehn-Punkte-Programm"** (Nov. 1989) zur Überwindung der deutschen Teilung: nach stufenweiser Annäherung Beitritt der DDR zur BRD, Folge: bundesstaatliche Einheit; **„Zwei-plus-Vier-Gespräche":** Klärung der Bedingungen für ein vereinigtes Deutschland mit voller Souveränität; 12.9.1990 Unterzeichnung, „Zwei-plus-Vier-Vertrag": deutsche Einheit am 3.10.1990 („Tag der deutschen Einheit").

Aufgabe 2: Analyse einer Karikatur – Musterlösung in Stichpunkten

(Einleitung) M1 ist eine Karikatur von Hanns Erich Köhler aus dem Jahr 1949, bestehend aus drei Bildern, welche untereinander angeordnet sind und jeweils einen zeitlichen Abstand von 10 Jahren (eine Dekade) zum folgenden Bild aufweisen.

(Beschreiben) **Bild 1:** Zwei identische, zerlumpt wirkende Männer (Zipfelmütze = Stereotyp des Deutschen/„Michel") reichen sich über eine mit Stacheldraht umwickelte, kleinere Mauer hinweg die Hände; Mimik und Gestik = Verzweiflung über Trennung, Wunsch, beieinander zu sein. Jeder „Michel" mit Pfeife in der Tasche der geflickten Jacke. Neben Bild: Jahreszahl 1945 und Ausruf „Bruder!!".

Bild 2: Zwei jetzt wohlgenährte Männer können sich über die jetzt hohe stacheldrahtbewehrte Mauer nicht mehr sehen, schreiben sich gegenseitig Briefe: „Mein lieber Vetter!" (Text Bild 2); Verhaltensänderung: Verlangen nach Zusammenkommen entfallen (statt „Brüder" nur noch „Vettern"); äußerliche Veränderungen: bessere Kleidung, Pfeife rauchend; Unterschiede: Mann links trägt Zipfelmütze mit Sternen, Anzug mit Krawatte, sitzt in Sessel/Mann rechts trägt Zipfelmütze mit Hammer und Sichel, Jacke, sitzt auf Stuhl; unterschiedliche Mimik, Köperhaltung = Mann links sitzt gerade, Mann rechts gebeugt; Mann links wirkt zufrieden, Mann rechts besorgt; Jahreszahl: 1955.

Bild 3: beide Männer noch dicker, Mauer noch höher, beide Männer sitzen in Sesseln mit dem Rücken zur Mauer; Mann links = großer Sessel, Zigarre rauchend; Mann rechts = kleiner Sessel, Pfeife rauchend; Mann links immer noch mit Zipfelmütze, mit zusätzlich Streifen, Mann rechts mit Kappe mit Stern, Vollbart (= Karl Marx); keine Kommunikation mehr, Jahreszahl: 1965; sind Großväter und berichten ihren Enkeln: „Ach, ja – wir haben irgendeinen entfernten Verwandten im Ausland ..." (Text Bild 3).

(Erklären im historischen Kontext) Erscheinungsjahr 1949 = Gründung der beiden deutschen Staaten, mehr als ein Jahrzehnt vor Bau der Berliner Mauer. Männer = „Michel", Stereotyp/Personifikation des Deutschen (Zipfelmütze). In den drei Bildern = unterschiedliche Entwicklung der beiden deutschen Michel/Staaten sichtbar:
Bild 1: ähnliches Aussehen = spiegelt Nachkriegssituation in West und Ost.
Bilder 2 und 3: politische (Block-)Zugehörigkeit erkennbar an Zipfelmützen: BRD „Stars and Stripes" (= US-amerikanische Nationalflagge); DDR „Hammer und Sichel", später Kappe mit Sowjetstern; unterschiedliche Ausstattung durch Marshall-Plan bedingt, unterschiedliche Versorgungslage.

(Fazit/Intention) Karikatur stammt von 1949, bemerkenswertes zeitgeschichtliches Dokument: Karikaturist sieht Entwicklung vorher.

Aufgabe 3: Textanalyse/Quellenvergleich – Musterlösung in Stichpunkten

(Textanalyse) Text: Auszug aus einem Vortrag Egon Bahrs (SPD) vor der evangelischen Akademie in Tutzing am 15.7.1963. Thema: Egon Bahrs deutschlandpolitische Konzeption „Wandel durch Annäherung".

Zunächst Bezugnahme Bahrs auf die aktuelle Politik der USA und deren Wandel gegenüber der UdSSR. Ziel der US-Außenpolitik nicht mehr Beseitigung, sondern Änderung der kommunistischen Herrschaft (Z. 1 ff.); Überwindung des Status quo durch Öffnung gegenüber der „anderen Seite" = Sowjetunion/DDR (Z. 16 ff.); Öffnung erscheint möglich, weil politische Ordnung der westlichen Welt (= Demokratie) stärker sei und sich friedlich durchsetzen werde (Z. 6-9); „Politik des Alles oder Nichts" (= Forderung einer Anpassung an westliche Systeme) zurückgestellt (vgl. Z. 12 ff.); deutsche Einheit nur durch viele kleine Veränderungen erreichbar (Z. 17), ggf. Transformation der DDR, langfristig Wiedervereinigung (mit Zustimmung der UdSSR/DDR, Z. 43 f. und Z. 56 f.); Abschied von Ziel des Regimesturzes (Z. 52 f.); Versuch wirtschaftlicher Annäherung (John F. Kennedy: „so viel Handel mit den Ländern des Ostblocks entwickelt werden soll, wie es möglich ist, ohne unsere Sicherheit zu gefährden", Z. 60-64); BRD nimmt Wirtschaftsbeziehungen zur DDR auf (Z. 64 ff.); Ziel: Situation der Menschen im Osten verbessern (Z. 78 ff.), positive Entwicklungen, z. B.. durch höheren Konsum, für die UdSSR/DDR erwartet (Z. 88 ff.); Bau der Berliner Mauer = Zeichen eines schwachen Staates, der Angst eines kommunistischen Regimes, das sich in seiner Existenz bedroht sehe (Z. 107 ff.); Folge: „Wandel durch Annäherung" als Chance, eine „Auflockerung der Grenzen und der Mauer" zu erreichen (Z. 115).

(Vergleich) M1 und M2 stammen zwar aus verschiedenen Zeiten, befassen sich aber beide mit der deutschen Teilung. Die Karikatur M1 nimmt schon 1949 die Situation und die Probleme der deutschen Teilung vorweg, wie sie in dem Vortragsauszug (=Textquelle) von Egon Bahr M2 dargestellt werden.
Gemeinsamkeiten: Verhärtung der Fronten Mitte 1960er-Jahre, die unüberwindbare Mauer im letzten Bild der Karikatur ist mit dem Bau der Berliner Mauer 13.08.1961 Realität und zu einem Symbol der deutschen Teilung geworden. Die „Erstarrung des Status quo" (Z. 12 f.) von der Bahr spricht, wird in Karikatur deutlich: keinerlei Möglichkeit mehr für Familienbesuche, auf politischer wie privater Ebene Kontaktaufnahme unmöglich. Bahr: Westen habe einen höheren Lebensstandard als die Sowjetunion und sei diesbezüglich ein Vorbild für diese, weshalb dies auch auf den Ostblock und somit auf die DDR übertragbar erscheine (Z. 82–89). Thematisierung der wirtschaftlichen Unterschiede des Lebensstandards, von denen Egon Bahr spricht, auch in Karikatur ersichtlich.
Unterschiede: Karikatur beschreibt innerdeutsche Situation und nicht den weltpolitischen Zusammenhang (Ost-West-Konflikt) = Fehlen der Abhängigkeit der Außen- und Deutschlandpolitik von internationalen Gegebenheiten. Zunehmende Entfremdung der beiden deutschen Staaten aber auch bedingt durch die Konfrontation der beiden Blöcke mit ihrem vorläufigen Höhepunkt in der Kuba-Krise. Diese Abhängigkeit der bundesdeutschen Politik von der internationalen politischen Wetterlage ist im Textauszug deutlich Thema (vgl. Z. 1–7, Z. 31–36).
(Fazit) Karikatur = Beschreibung der zunehmenden Entfremdung der beiden deutschen Staaten und Vorwegnahme der ersten Phase der Deutschlandpolitik; Textauszug = Aufzeigen eines Auswegs aus dieser Sackgasse und Zuordnung zur zweiten Phase.

Aufgabe 4: Überprüfung der Behauptung – Musterlösung in Stichpunkten

Die Verteidiger der Neuen Ostpolitik sahen in dem Konzept des „Wandels durch Annäherung" einen ersten Schritt hin zur deutschen Einheit. Die Position ist retrospektiv

(= rückblickend) durchaus richtig, denn eine Wiedervereinigung 1989/90 wäre ohne die Entspannungspolitik nicht möglich gewesen. Im Gegensatz dazu meinten Kritiker, dass die Ostpolitik Brandts eher zu einer Stabilisierung der DDR geführt und ihre Existenz künstlich in die Länge gezogen habe.

Kritiker der Neuen Ostpolitik:
Außenpolitik: BRD habe durch die neue Ostpolitik ihren Widerstand gegen eine internationale Aufwertung des Regimes aufgegeben und somit die internationale Anerkennung der DDR ermöglicht = nach Unterzeichnung des Grundlagenvertrags sprunghafter Anstieg diplomatischer Beziehungen anderer Länder zur DDR (1978: völkerrechtliche Anerkennung durch 123 Staaten). DDR habe Zugang zu internationalen Organisationen bekommen = DDR – zusammen mit BRD – 1973 Mitglied der UNO, Beteiligung am Helsinki-Prozess und Teilnahme an Konferenz für Sicherheit und Zusammenarbeit in Europa (KSZE).
Innenpolitik/Zivilgesellschaft: keinerlei Beteiligung der Bürger bzw. Bürgerrechtler = Ansprechpartner der Bundesregierung sei nur die Regierung der DDR gewesen. Neue Ostpolitik habe zu einer Ausweitung des Stasi-Spitzelsystems geführt und zu noch stärkerer Unterdrückung und Überwachung der DDR-Bürger.
Ökonomie: DDR habe durch die wirtschaftlichen Beziehungen einen indirekten privilegierten Zugang zur Europäischen Gemeinschaft und somit zu neuen Absatzmärkten bekommen; Milliardenkredite der BRD an die DDR, die deren wirtschaftliches Überleben sicherten, nicht möglich ohne Wandel durch Annäherung; DDR habe sich die Gewährung von Erleichterungen für ihre Bürger gut von der BRD bezahlen lassen und schöpfte so erheblichen ökonomischen Nutzen aus den Abkommen.

Verteidiger der Neuen Ostpolitik:
Außenpolitik: erst durch Einbindung der DDR in internationale Organisationen Wandel in den späten 1980er-Jahren möglich; Helsinki-Prozess bot neue Optionen im Annäherungsprozess: Verpflichtung der DDR durch Unterzeichnung der KSZE-Schlussakte, ihren Bürgern mehr innenpolitische Freiräume zu gewähren und Menschenrechte zu achten (= Anknüpfungspunkt für Oppositionelle).
Innenpolitik/Zivilgesellschaft: menschliche Erleichterungen für die Menschen in der DDR: Kontakte zwischen Bundesdeutschen und DDR-Bürgern durch direkte Telefonverbindungen, Reiseerleichterungen; Verhinderung eines weiteren Auseinanderlebens (siehe M1), zumal eine noch größere Kluft zwischen Ost- und Westbürgern eine Wiedervereinigung sicherlich erschwert hätte.
Vorwurf der Kritiker, dass nur DDR-Regime Ansprechpartner gewesen sei und nicht Bürgerrechtsbewegungen, ist nicht stichhaltig: Existenz einer breiten Oppositions- und Bürgerrechtsbewegung erst in den 1980er-Jahren; Deutschlandpolitik unter Umgehung des DDR-Regimes unmöglich.

(Fazit) im Nachhinein schwer zu beurteilen, wie sich die Geschichte der beiden deutschen Staaten ohne die Neue Ostpolitik entwickelt hätte. Weiterführung der Politik der Stärke hätte vermutlich nicht viel bewirkt, weil das DDR-Regime von der Sowjetunion abhängig war. Wiedervereinigung wurde erst durch die Politik Gorbatschows (Glasnost, Perestroika) möglich. Neue Ostpolitik hatte auch Einfluss auf Beziehungen zwischen BRD und andere Ostblockstaaten (besonders Polen): Entkrampfung des deutsch-polnischen Verhältnisses führte zu Abbau der Vorurteile innerhalb der polnischen Öffentlichkeit. Die Angst vor deutschem Revanchismus verlor an Bedeutung. Diese Wandlung beeinflusste auch die Haltung der Osteuropäer während des deutschen Einigungsprozesses der Jahre 1989/90 und war eine notwendige Voraussetzung für die deutsche Einheit.

Abiturbeispiel mündliche Prüfung

(erster Prüfungsteil, ca. 10 Minuten)

AUFGABEN für den Vortrag

1 Analysieren Sie M1.
2 Erläutern Sie unter Einbeziehung von M2 die mögliche Intention des Zeichners.
3 Erörtern Sie – unter Berücksichtigung von M1 und M2 – die Behauptung, die Revolution 1848/49 sei am Widerstand der alten Mächte gescheitert.

Material 1: Isidor Popper: „Zwischen mir und mein Volk soll sich kein Blatt Papier drängen", Satyrische Zeitbilder No. 28, verlegt bei S. Berendsohn in Hamburg, Lithografie, 1849.

Zwischen mir und mein Volk soll sich kein Blatt Papier drängen.

Anmerkungen: Bei dem linken Mann im Zimmer handelt es sich um den preußischen König Friedrich Wilhelm IV., bei dem rechten Mann um General Friedrich von Wrangel, der als militärischer Befehlshaber maßgeblich an der späteren Niederschlagung der Revolution beteiligt war. Die Person vor der Tür mit dem Blatt in der Hand dürfte den Königsberger Abgeordneten und Präsidenten der Nationalversammlung in der Frankfurter Paulskirche Eduard Simson darstellen. Auf dem Blatt ist als Überschrift „Petition" zu erkennen, der Rest des Textes ist nicht lesbar.

Quellenangabe: bpk-Bildagentur; Geheimes Staatsarchiv, SPK/Thomann

Material 2: König Friedrich Wilhelm IV. bei der Eröffnung des Vereinigten Landtages, 11.04.1847

Edle Herren und getreue Stände! Es drängt mich zu der feierlichen Erklärung, daß es keiner Macht der Erde je gelingen soll, Mich zu bewegen, das natürliche, ge-
5 rade bei uns durch seine innere Wahrheit so mächtig machende Verhältnis zwischen Fürst und Volk in ein konventionelles, konstitutionelles zu wandeln, und daß Ich es nun und nimmermehr zugeben werde, daß sich zwischen unserem Herr Gott im Him-
10 mel und diesem Lande ein beschriebenes Blatt, gleichsam als eine zweite Vorsehung eindrängte, um uns mit seinen Paragraphen zu regieren und durch sie die alte heilige Treue zu ersetzen."
15

Quellenangabe: Görtemaker, Manfred: Deutschland im 19. Jahrhundert, Bundeszentrale für politische Bildung, 1989, S.97

Aufgabe 1: Analyse der Karikatur – Beispiellösung für die mündliche Prüfung
Schritt 1: Beschreibung der Karikatur M 1
(Formale Analyse): Bei dem vorliegenden Material handelt es sich um eine zeitgenössische politische Karikatur („Satyrisches Zeitbild" = zeitgenössische Bezeichnung für Karikatur) von Isidor Popper mit dem Titel: „Zwischen mich und mein Volk soll sich kein Blatt Papier drängen". Erschienen ist die Karikatur im Jahr 1849 in der Reihe „Satyrische Zeitbilder, No. 28" beim Verlag S. Berendsohn in Hamburg. Sie fand als Lithografie rasche Verbreitung.

(Inhaltliche Analyse): Die Karikatur zeigt zwei Männer in Uniform, die sich in einem prunkvoll ausgestatteten Raum aufhalten, der mit Stuckelementen wie Bordüren, zwei Büsten, einem angedeuteten Brokatvorhang, einem Ölgemälde und einer Chaiselongue (Sofa, Kanapee) ausgestattet ist, was auf den repräsentativen Zweck dieser Räumlichkeit hinweisen könnte. Naheliegend wäre eine Art Audienz- oder Thronsaal in einem Schloss. Der linke Mann im Raum ist korpulent und übertrieben rundlich gezeichnet. Auffällig sind zudem der große Kopf und die in Relation zum Rumpf zu kurzen Beine, was ihn wie ein Riesenbaby in Uniform wirken lässt. Die Uniform ist mit Orden und anderen Effekten wie Schulterklappen bestückt und erinnert an die Aufmachung einer Karnevalsuniform. Laut Informationstext handelt es sich um den preußischen König Friedrich Wilhelm IV., der sich mit einem angehobenen Bein gegen die leicht geöffnete Zugangstür zum Raum stemmt, in der linken Hand ein Schweißtüchlein hält und sehr angestrengt bemüht ist, die drängenden Personen vor der Tür fernzuhalten. Der Ausspruch „Zwischen mir und mein Volk soll sich kein Blatt Papier drängen", der gleichzeitig titelgebend für die Karikatur als Ganzes ist, kann ihm zugeordnet werden. Die rechte Person trägt einen auffälligen Zirbelbart, ist schlank und in eine weiße Uniform mit der typischen preußischen Pickelhaube und einem Säbel gekleidet. Hier handelt es sich um eine karikierte Darstellung des Generals Friedrich von Wrangel, der seinen Rücken unter großer Anstrengung gegen den des Königs drückt, so als ob er diesem einerseits den „Rücken stärken", andererseits aber auch sicherstellen möchte, dass Friedrich Wilhelm IV. nicht von der Tür zurückweicht und dem Ansturm nachgibt. Vor der Türe sind mehrere ältere Männer zu sehen, die Gehröcke tragen und im Gegensatz zu dem uniformierten König und dem General zivil, also bürgerlich gekleidet sind. Bei diesen Personen, die versuchen zum König vorzudringen, handelt es sich um Abgeordnete der Nationalversammlung in der Frankfurter Paulskirche. Der Frontmann, der von den hinteren Abgeordneten gegen die Tür geschoben wird, da diese ihm vor der Nase zugeschlagen werden soll, hält ein Schriftstück in den Händen, das er offensichtlich dem König zeigen oder übergeben möchte. Es ist mit „Petition" überschrieben, was Bittschrift bedeutet. Bei dem vorderen Abgeordneten handelt es sich wahrscheinlich um den Parlamentspräsidenten Eduard Simson, der am 3.4.1849 eine Abordnung von insgesamt 32 Mitgliedern der Nationalversammlung anführte, deren Auftrag es war, dem preußischen König Friedrich Wilhelm IV. die Kaiserkrone anzutragen und damit einhergehend seine Zustimmung zum Verfassungsentwurf der Nationalversammlung einzuholen, die ihn als deutschen Kaiser des zu schaffenden deutschen Nationalstaats vorgesehen hatte.

Schritt 2: Erklärung im historischen Kontext (Stichpunkte)

<u>Ausgangspunkt Februarrevolution in Frankreich 1848:</u> Sturz des sogenannten Bürgerkönigs Louis-Philippe I. und Ausrufung der Zweiten Republik.

<u>Märzrevolution im Deutschen Bund 1848:</u> französisch inspirierte Proteste, ausgehend von Baden, gegen die Fürsten und deren restaurative Regierungen im gesamten Deutschen Bund. Sturz Metternichs in Wien.

<u>Märzrevolution im Königreich Preußen:</u> Straßen- und Barrikadenkämpfen am 18.3.1848 in Berlin; Eingehen des preußischen Königs Friedrich Wilhelms IV. auf die liberalen (Grundrechte, Verfassung, freie Wahlen etc.) und nationalen (ein deutscher Nationalstaat) Märzforderungen der aufgebrachten Bürger: Berufung einer preußischen Nationalversammlung und Ankündigung einer liberalen Verfassung für das Königreich Preußen. Ausritt des Königs durch die Straßen Berlins mit schwarzrotgoldenen Schärpen und Ehrerweisung gegenüber „Märzgefallenen" und Eintreten für ein geeintes deutsches Vaterland. Hierbei bewusstes Aufgreifen der symbolträchtigen Farbkombination der Freiheitsbewegung nach 1815 durch den preußischen König.

Hintergrund: Verbreitung von Schwarzrotgold in der Zeit des Vormärzes (z. B. Wartburgfest 1817, Hambacher Fest 1832), insbesondere bei den Burschenschaften in den Ländern des Deutschen Bundes in Anlehnung an die Uniformfarben des lützowschen

Freikorps (= Freiwilligenverband der preußischen Armee in den sogenannten Befreiungskriegen gegen das napoleonische Frankreich).

Nationalversammlung („Paulskirchenparlament") im Mai 1848: Eröffnung der Nationalversammlung in der Paulskirche in Frankfurt; Ausarbeitung einer Reichsverfassung und Schaffung eines deutschen Nationalstaats (zentrale Debatten zum Wahlrecht oder über das zukünftige Staatsoberhaupt bis weit in das Jahr 1849).

Erstarken der Gegenrevolution ab November 1848: Rückeroberung und Besetzung Wiens durch kaiserliche Kräfte; Besetzung Berlins durch königliche Armeeeinheiten, angeführt von General Friedrich von Wrangel, Auflösung der preußischen Nationalversammlung und Oktroyierung („oktroyieren"= aufnötigen, „von oben" aufzwingen) einer Verfassung zur Sicherung der Macht des Militärs und Aufrechterhaltung des monarchischen Prinzips.

Kaiserdeputation und Ablehnung Kaiserkrone: Wahl des preußischen Königs zum erblichen deutschen Kaiser im März 1849 mit Mehrheit der Nationalversammlung und am 3.4.1849 Entsendung einer Abordnung unter Führung des Königsberger Abgeordneten und Präsidenten der Nationalversammlung Eduard Simson nach Berlin zur Antragung der Kaiserkrone (sog. „Kaiserdeputation"). Ablehnung mit der Begründung, dass eine Annahme nicht ohne das freie Einverständnis der gekrönten Häupter, der Fürsten und freien Staaten Deutschlands möglich sei. Scheitern der Reichsverfassung.

Auflösung Nationalversammlung: Nach Verlegung eines um die preußischen und österreichischen Abgeordneten geschrumpften Rumpfparlaments von Frankfurt nach Stuttgart. Auflösung am 16.6.1849 durch preußische Truppen.

Ergebnis: Scheitern der Revolution „von unten", d. h. eine von den Bürgern getragene Umwälzung der bestehenden politischen und gesellschaftlichen Ordnung. Weitere Versuche zur Reichsgründung „von oben" bis zum Jahr 1871 erfolglos (ein Beispiel für hierfür war die von König Friedrich Wilhelm IV. forcierte Erfurter Union nach 1849 zur Umgestaltung des Deutschen Bundes zu einem föderal gestalteten Nationalstaat, allerdings unter institutioneller Absicherung der Vorherrschaft der Fürsten).

Schritt 3: Intention des Karikaturisten (unter Einbezug von M 2)

Der titelgebende Ausspruch „Zwischen mich und mein Volk soll sich kein Blatt Papier drängen" bezieht sich wahrscheinlich auf eine Rede König Friedrich Wilhelms IV. anlässlich der Eröffnung des Vereinigten Landtages am 11.04.1847. Dort betonte er, dass er eine Verfassung, die das monarchische Prinzip zugunsten der Volkssouveränität einschränke, als Eingriff in die gottgewollte Ordnung zwischen Fürsten und Volk ablehne. Er wolle es daher nicht zulassen, dass sich zwischen Gott und „diesem Lande ein beschriebenes Blatt, gleichsam als eine zweite Vorsehung eindrängte, um uns [Anm.: Fürst und Volk als gottgewollte Einheit] mit seinen Paragraphen zu regieren und durch sie die alte heilige Treue zu ersetzen" (M 2, Z.6ff.). Friedrich Wilhelm IV., der von den Ideen der deutschen Romantik geprägt war, trat für die Bewahrung christlicher und ständischer Traditionen ein und favorisierte ein mittelalterlich anmutendes, beinahe feudales Treueverhältnis zwischen Volk und Monarchen („Gottesgnadentum"). Dennoch war er zu Beginn seiner Regierungszeit ab 1840 durchaus ein Hoffnungsträger des liberalen Bürgertums, da er beispielsweise die Verfolgung von sog. Demagogen in Preußen einstellen ließ und immer wieder Reformversuche des Deutschen Bundes anzustoßen versuchte. Allerdings war er ein klarer Verfechter des monarchischen Prinzips und lehnte die Volkssouveränität als Legitimationsprinzip grundsätzlich ab. Dieser am 11.4.1847 sinngemäß geäußerte Ausspruch Friedrich Wilhelms IV. wird von Isidor Popper auf die gescheiterte Kaiserdeputation im April 1849 satirisch überspitzt übertragen. Der König selbst muss die Tür zwischen sich und den Abgeordneten gewaltsam unter großer Anstrengung zudrücken, um zu verhindern, dass die ausgearbeitete Reichsverfassung der Nationalversammlung, die ihm überbracht werden soll, sich zwischen ihn und das Volk drängen kann. Die Kaiserkrone, die ihm angeboten wird, hätte ihre Legitimation aus der Wahl der Abgeordneten der Nationalversammlung bezogen und wäre kein Kaisertum von Gottes Gnaden gewesen. Das preußische Militär, personifiziert durch General Friedrich von Wrangel, stützt zum einen des Königs Herrschaft, scheint andererseits aber auch sicherstellen zu wollen, dass Friedrich Wilhelm IV. dem Ansturm nicht nachgibt wie im März 1848. Popper übt scharfe Kritik am Umgang des preußischen Königs mit den gewählten Volksvertretern und verdeutlicht bildlich, dass der preußische König die Wünsche des Volkes nicht wahrhaben, diese unterdrücken und die Abgeordneten daher aussperren möchte (=Motiv der gewaltsam zugehaltenen Tür als politisches Sinnbild für Unterdrückung). In der Karikatur wirkt der König wie ein trotziges Kleinkind. Die Verweigerung der Kaiserkrone und die Ablehnung der ausgearbeiteten Reichsverfassung werden als „kindisch" apostrophiert.

Aufgabe 3: Erörterung – Beispiellösung für die mündliche Prüfung

TIPP zum Punktesammeln

„Erörtern" verlangt hier eine dialektische Argumentation (Für und Wider), die zu einem eigenständigen Urteil führt..

Dafür spricht beispielsweise:
Mit der Ablehnung der Kaiserkrone war die gesamte Verfassungskonstruktion der Nationalversammlung in der Paulskirche gescheitert. Die erneuten Volkserhebungen im süddeutschen Raum infolge der Enttäuschung über die Ablehnung, die sogenannte „Reichsverfassungskampagne", wurden im Juni/Juli mithilfe preußischer Armeeeinheiten gewaltsam beendet. Besonders bedeutsam erscheint in diesem Zusammenhang, dass die Nationalversammlung zu keinem Zeitpunkt über eine exekutive Macht verfügte. Diese war vollständig bei den Regierungen der Einzelstaaten und damit bei den Fürsten geblieben. Die demokratisch gewählten Parlamente in den Einzelstaaten kontrollierten ebenfalls nicht die Exekutive und hatten keinen Zugriff auf die Armeen. Die Fürsten konnten sich aufgrund ihres raschen Einlenkens im März 1848 an der Macht halten und die weiteren Entwicklungen in den Einzelstaaten beobachtend abwarten. König Friedrich Wilhelm IV. von Preußen verstand es zudem, sich im März 1848 öffentlichkeitswirksam an die Spitze einer nationalen Bewegung zu stellen, deren Ziel unter der Führung Preußens ein einheitlicher deutscher Nationalstaat sein sollte. Aus heutiger Perspektive erscheint dieses nahezu anbiedernde Verhalten taktisch klug. Friedrich Wilhelm IV. schien auf Zeit spielen zu wollen. Als die revolutionäre Bewegung ab Oktober/November 1848 dann

tatsächlich am Abflachen war, konnten die Fürsten, allen voran der preußische König, die Gunst der Stunde nutzen, um die Kontrolle mittels ihrer Armeen wiederzuerlangen und Verfassungen zu erzwingen, die deren Vormacht sicherten.

Dagegen spricht beispielsweise:
Die Fürsten konnten die Entwicklungen zu ihren Gunsten wenden, da aus der zunehmenden Uneinigkeit bei den revolutionären Trägerschichten (Bürgertum, untere Schichten) unterschiedliche, sich teilweise ausschließende Forderungen entstanden waren: Abgesehen von der Anfangsphase (März/April 1848) gab es keine einheitliche revolutionäre Front. Infolge militärischer Siege der fürstlichen Armeen wurde die innere Spaltung zusätzlich verstärkt. Kurz nach der Märzrevolution zerbrach der fragile Zusammenhalt des Bürgertums und der unteren Schichten ab Mai 1848 allmählich. Beispielhaft sei der Berliner Zeughaussturm im Juni 1848 genannt. Arbeiter und Angehörige der unteren Schichten, die sich übergangen fühlten, da ein Antrag auf allgemeine Volksbewaffnung in der preußischen Nationalversammlung nicht angenommen worden war, stürmten das Waffendepot im Zeughaus und bewaffneten sich eigenmächtig. In der Folge musste die Berliner Bürgerwehr – der militärische Arm des Bürgertums – die Hilfe des königlichen Militärs in Anspruch nehmen, um die Besetzer vertreiben und die entwendeten Waffen wieder einsammeln zu können. An diesem Beispiel wird die sogenannte doppelte Frontstellung des Bürgertums deutlich. Die liberale Mehrheit des deutschen Bürgertums verfolgte als Ziel Reformen, aber in aller Regel keine radikalen politischen und ökonomischen Veränderungen, wie sie von Teilen der unteren Schichten gefordert wurden. Das Bürgertum tendierte daher mehrheitlich zu einem Ausgleich mit den Fürsten, was dazu führte, dass sich die unteren Schichten nicht hinreichend vertreten fühlten, was auch in der Bezeichnung „Professorenparlament" für die Nationalversammlung in der Paulskirche zum Ausdruck kam. Der Frankfurter Nationalversammlung fehlte so zunehmend die Unterstützung der Straße, was den Druck auf die Fürsten reduzierte. Ein wichtiger Aspekt waren die Schwächen und Anlaufschwierigkeiten der Nationalversammlung. Aufgrund der anfangs chaotischen Parlamentsarbeit (keine Erfahrungswerte, wie Parlamentarismus funktioniert, keine festen Parteien oder Fraktionen, keine Geschäftsordnung usw.) verzögerten sich wichtige Entscheidungen, notwendige Kompromisse wurden behindert und die Vielzahl der Aufgaben (Ausarbeitung einer Verfassung, Herstellung eines deutschen Nationalstaats usw.) überforderte das junge Parlament zusätzlich. Diese Zeit konnten die Fürsten nutzen, um ihre Stellung zu konsolidieren.

Abschließendes Fazit und Ausblick: Reichsgründung 1871, Industrialisierung/Soziale Frage, Novemberrevolution und Entstehung der Weimarer Republik etc.

Mögliche Anknüpfungspunkte und weiterführende, über die Prüfungsaufgabe hinausgehende Fragen im Kolloquium

(zweiter Prüfungsteil, ca. 10 Minuten)

Mögliche Vertiefungsfragen zu den gegebenen Materialien und Aufgaben:

AUFGABENBEISPIELE

– Begründen Sie den Quellenwert der vorliegenden Karikatur „Zwischen mir und mein Volk soll sich kein Blatt Papier drängen" von Isidor Popper. Siehe hierzu Lösungshinweise zu Aufgabe 1 (oben) und im vorliegenden Band den Abschnitt „Methodenkompetenz Karikatur" (ab S. 145 f.).
– Beschreiben Sie zwei grundsätzliche Fragen, mit denen sich die Nationalversammlung in der Paulskirche zu befassen hatte.

Mögliche Aspekte für die Antwort:
– Staatsform für deutschen Nationalstaat: Monarchie oder Republik?
– Organisation des Staatswesens: Einheit- oder Bundesstatt?
– Wahlrecht: Beschränktes (Zensuswahlrecht) oder allgemeines Wahlrecht?
– Grundrechtsdebatte: Freiheits- und Gleichheitsrechte für das Individuum
– Staatsgebiet: Klein- oder großdeutsche Lösung?

Mögliche Vertiefungsfrage (1) zur Thematik „Deutsche Nationalstaatsbildung":

AUFGABENBEISPIEL

– Erläutern Sie die Stellung des Deutschen Kaisers in der Reichsverfassung von 1871.

Mögliche Aspekte für die Antwort:
Das Deutsche Reich war ein konstitutionell-monarchischer föderalistischer Bundesstaat, dessen monarchisch-föderale Exekutive und damit das Bundespräsidium der Kaiser darstellte, dessen Titel und Amt erblich an das preußische Herrscherhaus Hohenzollern geknüpft wurden.
Der Kaiser vertrat das Deutsche Reich als Staatsoberhaupt völkerrechtlich nach außen, hatte den Oberbefehl in Kriegs- und Friedenzeiten inne, konnte die Reichsregierung ernennen und entlassen, verfügte über legislative Mitwirkungsrechte über den Bundesrat und konnte sowohl diesen als auch den Reichstag einberufen/eröffnen, vertagen und schließen. Der Bundesrat, als Vertretung der Souveräne des Reichs, der 25 Einzelstaaten (Gliedstaaten), konnte zudem eine Auflösung des Reichstages nur mit Zustimmung des Kaisers erwirken. Besonders bedeutsam war, dass der Kaiser in Personalunion als preußischer König seine zentrale Stellung auch im Verhältnis zu den Einzelstaaten festigen konnte (Vetorecht Preußens).

Mögliche Vertiefungsfrage (2) zur Thematik „Deutsche Nationalstaatsbildung":

AUFGABENBEISPIEL

– Überprüfen Sie mit Blick auf die Reichsverfassung von 1871, inwiefern sich die Forderungen der Liberalen und Demokraten von 1848 mit der Reichsgründung 1871 nun
doch erfüllt haben.

Mögliche Aspekte für die Antwort:
Reichstag und Wahlrecht: Der Reichstag als Versammlung der gesamten deutschen
Bevölkerung (und somit als Ausdruck der Volkssouveränität) hatte zusammen mit dem
Bundesrat die Legislative inne, wobei er nicht über eine Gesetzesinitiative im eigentlichen
Sinne verfügte, da stets die Zustimmung des Bundesrats zu Gesetzen erforderlich war.
Zudem konnte der Reichstag die Regierung nicht zur Verantwortung ziehen und somit
nicht kontrollieren. Das Wahlrecht, das für die damalige Zeit durchaus als fortschrittlich
galt, entsprach hingegen (links-)liberalen Forderungen von 1848. Wahlberechtigt waren
alle männlichen Staatsbürger über 25 Jahre, deren Stimmen gleich gezählt wurden. Es
gab also keinen Zensus wie beispielsweise in Preußen, wo bis Ende 1918 das Dreiklassenwahlrecht galt.
Fazit: Bismarck verstand es, Forderungen der Liberalen und Demokraten zu übernehmen, diese aber in der Verfassungswirklichkeit des Kaiserreiches zu neutralisieren.
Bismarck manipulierte die gesamte „Reichsgründung von oben", sodass liberale und
demokratische Forderungen von 1848 aufgenommen, aber so umgesetzt wurden, dass
das monarchische Prinzip bestehen und die Volkssouveränität nicht zum bestimmenden
Legitimationsprinzip werden konnte. Dies zeigte sich beispielsweise im Titel „Deutscher
Kaiser", der ganz gezielt die Titulatur der geplanten Reichsverfassung der Nationalversammlung in der Paulskirche aufgriff.

Mögliche Vertiefungsfrage (3) zur Thematik „Deutsche Nationalstaatsbildung":

AUFGABENBEISPIELE

– Gelungene „Reichsgründung von oben"? Erörtern Sie, inwieweit die verspätete deutsche Nationalstaatsbildung durch die Fürsten Probleme aufgeworfen hat.
– Mögliche Aspekte für die Antwort: s. Abschnitt „Die Gründung des deutschen Kaiserreichs" (ab S. 29).

Mögliche Vertiefungsfragen zur Thematik „Auswirkungen der Industrialisierung auf die Gesellschaft im Kaiserreich":

AUFGABENBEISPIELE

- Charakterisieren Sie die Klassengesellschaft im Deutschen Kaiserreich.
  Mögliche Aspekte für die Antwort: s. Abschnitt „Die Klassengesellschaft" (ab S. 32).

- Beschreiben Sie den Aufstieg der Arbeiterbewegung im Deutschen Bund und im Deutschen Kaiserreich zwischen 1860 und 1900.
  Mögliche Aspekte für die Antwort: s. Abschnitt „Die Arbeiterbewegung als Lösung der sozialen Frage" (ab S. 35).
- Erörtern Sie, inwieweit die staatliche Sozialpolitik Bismarcks „Zuckerbrot" als Gegenstück zur „Peitsche" der Sozialistenverfolgung gewesen ist.
  Mögliche Aspekte für die Antwort: s. Abschnitt „Staatliche Lösungsversuche für die soziale Frage" (ab S. 35).
- Modernisierungsgewinner oder -verlierer? Beurteilen Sie die Stellung der Arbeiter im Modernisierungsprozess um 1900.
  Mögliche Aspekte für die Antwort: s. Abschnitt „Die Urbanisierung" (ab S. 39, besonders S. 41).

Mögliche Vertiefungsfragen zur Thematik „Politischer Protest in West- und Osteuropa nach 1945":

AUFGABEN

- Stellen Sie den Umgang mit politischem Protest in Osteuropa zwischen 1949 und 1969 anhand zweier Beispiele dar.
  Mögliche Aspekte für die Antwort: s. Abschnitt „Umgang mit Protest in der DDR und Osteuropa in den 1950er- und 1960er-Jahren" (ab S. 104).

- Erörtern Sie, inwiefern der Helsinki-Prozess eine Zäsur für den Umgang mit Protest in Osteuropa darstellte.
  Mögliche Aspekte für die Antwort: s. Abschnitt „Bürgerrechtsbewegungen in Osteuropa und in der DDR" (ab S. 111).

- Überprüfen Sie diese Behauptung: „Was 1848/49 scheiterte, gelang 1989: eine friedliche Revolution für Freiheit und Einheit."
  Mögliche Aspekte für die Antwort: s. Abschnitt „‚Friedliche Revolution' in der DDR" (ab S. 121) und den Abschnitt „Die Deutsche Einheit und der Zerfall des Ostblocks" (ab S. 123).

Originalprüfungen Abitur 2022

Quelle der Aufgabenstellung

Quelle der Aufgabenstellung: Ministerium für Kultur, Jugend und Sport Baden-Württemberg. Veröffentlicht mit der Zustimmung des Regierungspräsidiums Stuttgart.
Hinweis: Die Musterlösungen zu den Aufgaben sind nicht amtlich, sondern wurden von den Autoren des Bandes „FiNALE-Prüfungstraining" erstellt.

Abiturprüfung 2022 zu Schwerpunktthema I

Informationen auf dem Deckblatt der Originalprüfung

Bearbeitungszeit:	270 Minuten einschließlich Auswahlzeit
Hilfsmittel:	Nachschlagewerke zur deutschen Rechtschreibung und Zeichensetzung, grafikfähiger Taschenrechner.
Hinweise:	– Sie erhalten **zwei** Aufgaben.
	– Wählen Sie von den zwei Aufgaben **eine** Aufgabe aus und bearbeiten Sie diese.
	– Vermerken Sie auf der Reinschrift, welche Aufgabe Sie bearbeitet haben.
	– Sie sind verpflichtet, die Vollständigkeit der vorgelegten Aufgaben vor Bearbeitungsbeginn (auf Anzahl der Blätter, Anlagen usw.) zu überprüfen.
	– Lösungen auf den Aufgabenblättern werden nicht gewertet.
	– Rechtschreibung und Zeichensetzung in den Materialien wurden aktualisiert.

AUFGABENSTELLUNG

1 Erläutern Sie drei Probleme, mit denen sich die Weimarer Republik von 1918 bis 1923 konfrontiert sah.

2 Analysieren Sie M 1 und vergleichen Sie M 1 mit M 2.

3 *Die Stabilität des NS-Regimes beruhte auf sozialen Wohltaten.* Erörtern Sie diese These.

4 Analysieren Sie M 3.

Beispiellösung zu Prüfung 1 (nicht amtlich)

Aufgabe 1: Erläutern – Musterlösung

TIPP zum Punktesammeln

Für die Darstellung der historischen Situation ist auf eine angemessene Einleitung in die Aufgabe zu achten. Einführend kann demnach zunächst der Begriff der „Weimarer Republik" erklärt werden.

Im Anschluss sollen drei Probleme der Weimarer Republik im angegebenen Zeitraum beschrieben und an schlüssigen Beispielen veranschaulicht werden. Hier ist es wichtig, die negativen Auswirkungen auf die Weimarer Republik zu erklären.

(Einführung: Begriffserklärung): Die Weimarer Republik gilt als Nachfolger des Kaiserreichs. Am 9. November 1918 rief der MSPD-Politiker Philipp Scheidemann vom Fenster des Berliner Reichstages die deutsche Republik aus. Nach der Abdankung des Kaisers Wilhelm II. trat Anfang 1919 in der Stadt Weimar die deutsche Nationalversammlung zusammen, welche eine neue demokratische Verfassung erarbeitete und mit ihrer Verabschiedung die Weimarer Republik begründete. Die Weimarer Republik sah sich aber bereits von Beginn an mit Problemen konfrontiert.

(Probleme):
- Beispiel 1: Die Frage nach der Staatsform (parlamentarische Demokratie oder Rätesystem?) führte früh zur Spaltung der revolutionären Kräfte. Während sich die Anhänger der Republik durchsetzten, radikalisierten sich die Anhänger des Rätesystems und reihten sich in die Reihe der Gegner der Weimarer Republik ein. Weimar wird deshalb häufig als „Demokratie ohne Demokraten bezeichnet".
- Beispiel 2: Es gab von links und rechts extremistische Angriffe auf die junge Republik. Schwächend wirkte die Existenz paramilitärischer Verbände bestehend aus v.a. jungen Männern unterschiedlichster sozialer Herkunftsmilieus, die offen mit Gewalt drohten, offensiv militärische Disziplin bezeugten und Putschversuche unterstützten (z.B. Hitler-Putsch 1923). Politische Morde von links und rechts waren an der Tagesordnung (z.B. Rosa Luxemburg und Karl Liebknecht), wobei die Weimarer Justiz auf dem „rechten Auge blind" war und die Taten nur unverhältnismäßig ahndete (vgl. Hitler-Putsch). Die Existenz der Verbände verdeutlichte, dass für einen Teil der Bevölkerung und des politischen Spektrums eine Rückkehr zur parlamentarischen Politik nicht gewünscht war.
- Beispiel 3, Krisenjahr 1923: Die Folgen des Ersten Weltkriegs und die Bestimmungen des Versailler Vertrages führten die Weimarer Republik an einen drohenden Staatsbankrott heran. Die Franzosen besetzten das Ruhrgebiet („Ruhrbesetzung"/„Ruhrkampf"), um die Deutschen zur Zahlung der Reparationen zu zwingen. Die Regierung in Berlin ließ daraufhin Geld drucken, um die wirtschaftlichen Verluste auszugleichen und die Schulden zu bezahlen, was jedoch zu einer Hyperinflation führte. Diese trieb

viele Menschen in wirtschaftliches Elend und schürte so das Misstrauen in die Demokratie.

– Beispiel 4: Die Bestimmungen des Versailler Vertrags führten zu Belastungsfaktoren für die Weimarer Republik: 1. wirtschaftlich (z. B. Reparationszahlungen für Kriegsschäden, Gebietsabtretungen wie beispielsweise Elsass-Lothringen an Frankreich), 2. psychologisch (Kriegsschuldartikel: „alleinige" Kriegsschuld Deutschlands) und 3. politisch (Erfüllungspolitik: außenpolitische Strategie, welche vorsah, die als überzogen empfundenen Forderungen der Alliierten so weit zu erfüllen, bis deren Unerfüllbarkeit deutlich wurde. Rechte Feinde der Republik nutzten dies, um die Außenpolitik Gustav Stresemanns zu denunzieren).

– Beispiel 5, Dolchstoßlegende: Im August 1918 musste sich die deutsche Militärführung eingestehen, dass sie den Krieg nicht mehr gewinnen konnte. Sie forcierte deshalb einen schnellen Waffenstillstand, um den gegnerischen Durchbruch bis nach Deutschland zu verhindern, denn bisher war das deutsche Gebiet weitgehend von Kriegshandlungen verschont geblieben.

Dies war der Ausgangspunkt für die spätere Behauptung, das deutsche Heer sei „im Felde unbesiegt" geblieben. Generalfeldmarschall von Hindenburg, Chef der Obersten Heeresleitung, behauptete 1919 vor einem Untersuchungsausschuss, nicht das deutsche Heer habe den Krieg verloren, sondern die Niederlage sei auf die verantwortlichen demokratischen Politiker und die sozialdemokratischen und sozialistischen Revolutionäre in der Heimat zurückzuführen. Die Front sei damit von hinten „erdolcht" worden. Mit dieser „Dolchstoßlegende" lenkte die Militärführung von der eigenen Verantwortung, den fehlenden militärischen Mitteln und nicht zuletzt der Kriegsmüdigkeit ab und wälzte alle Folgen, die aus der Niederlage resultierten, auf die demokratischen Politiker der Weimarer Republik ab.

Der Erfolg der „Dolchstoßlegende" beruhte auf einem Zusammenspiel von Nichtwahr-haben-Wollen und Verschleierung. Für die Verschleierung der Verhältnisse hatte auch die Zensur von Presse und Feldpost eine wichtige Rolle gespielt. Auch war die Kriegspropaganda nicht müde geworden, von großen Erfolgen der deutschen Truppen zu berichten, Niederlagen wurden hingegen kaum oder nur verharmlosend erwähnt. Dass Hindenburg 1925 Reichspräsident wurde, verlieh der „Geschichtslüge" zusätzliches Gewicht.

Hinsichtlich des Scheiterns der Weimarer Republik kann die Bedeutung der Dolchstoßlegende nicht hoch genug eingeschätzt werden. Der Historiker Volker Ullrich spricht in diesem Zusammenhang von einer Vergiftung des „innenpolitischen Klimas der Weimarer Republik". Die demokratischen Parteien wurden auf diese Weise von Anfang an in Misskredit gebracht und als „Novemberverbrecher" diskreditiert. Die Dolchstoßlegende wurde somit ein wichtiges Propagandamittel gegen das „Weimarer System". Nicht zuletzt Adolf Hitler und die NSDAP profitierten maßgeblich von dieser „Geschichtslüge" und konnten mit ihrer Hilfe zusätzliche Anhänger für sich gewinnen.

Material 1: Rede von Reichskanzler Heinrich Brüning vor dem Reichstag am 13.10.1931

Mehr als je zuvor zwingt uns unsere heutige Notlage zu einer einheitlichen Zusammenfassung der staatlichen Machtmittel, namentlich auch der von dem Herrn Reichspräsidenten erlassenen besonderen Machtbefugnisse, gegen alle Bestrebungen und Strömungen, die den Staat zu bedrohen suchen. Die Sicherung der Autorität des Reichs ist die Vorbedingung der Festigung des Vertrauens nach innen und außen und für den politischen und wirtschaftlichen Wiederaufbau, an dem alle positiven Kräfte mitarbeiten müssen. [...]

Die Reichsregierung ist sich bewusst, dass Notverordnungen und polizeiliche Maßnahmen allein nicht ausreichen, sondern nur den Weg frei machen können. [...] Entscheidend im Ganzen ist der richtunggebende ethische Wille, der Wille zur nationalen Selbstbehauptung, zur Freiheit, aber auch zur Selbstzucht und zum Opfer für das Vaterland. [...]

In einer Zeit, in der die wirtschaftlichen Grundlagen in der ganzen Welt wanken, in einer Zeit [...], wo unter Umständen täglich neue Maßnahmen getroffen werden müssen, da gäbe es allerdings eine zweckmäßige politische Lösung vor allem in Deutschland, das am schwersten unter den Verhältnissen leidet, das wäre eine Regierung aller verantwortungsvollen und verantwortungsbereiten Parteien. Von ganzem Herzen würde ich einem solchen Ideal nachgehen [...], aber alle Fühlungnahmen, die ich in den vergangenen Wochen und Monaten vorgenommen habe, haben ergeben, dass ein Zusammenfinden der Parteien, die für eine solche Regierung notwendig sind, in Deutschland leider ausgeschlossen ist. In der schwersten und schicksalsreichsten Stunde des deutschen Volkes gehen die Tendenzen leider darauf hinaus, lieber sich auseinanderzureißen, schärfste Fronten gegeneinander aufzurichten, als sich zusammenzufinden in der einfachen und simplen Pflichterfüllung für das ganze deutsche Volk. Deswegen, meine Damen und Herren, habe ich mich entschlossen, weil ich zur Erkenntnis kam, dass kein anderer Weg möglich sein würde, eine Regierung zu bilden, die noch unabhängiger von den Parteien ist, als es das vorhergehende Kabinett gewesen ist. [...]

Meine Damen und Herren! Ich lasse mich durch Kritiken, durch Angriffe, durch Verleumdungen nicht beirren. Ich stehe vor Ihnen, ich habe Ihnen meine Politik gesagt. Sie, die Parteien und jeder Einzelne von Ihnen, tragen die Verantwortung für das, was kommen wird.

Quellenangabe: Verhandlungen des Reichstags. V. Wahlperiode 1930, Bd.446, Stenographische Berichte, 53. Sitzung vom 13.10.1931, S. 2070 – 2077.

Material 2: Karikatur von Werner Hahmann aus der politisch-satirischen Zeitschrift „Kladderadatsch", 18.10.1931

Bildunterschrift: „Ein zärtliches Paar. Die Liebesbezeugungen werden immer herzlicher."
Hinweis: Die Person rechts trägt eine Polizeiuniform.

Quellenangabe: Digitale Universitätsbibliothek Heidelberg. [https://digi.ub.uni-heidelberg.de, letzter Aufruf 24.7.2021]

Aufgabe 2: Analysieren und vergleichen – Musterlösung

Schritt 1: Analyse von M 1

<u>(Feststellung formaler Merkmale):</u> In seiner Reichstagsrede vom 13.10.1931, am ersten Jahrestag der Einführung der Präsidialkabinette, beschreibt Reichskanzler Heinrich Brüning vor dem deutschen Reichstag die aktuelle politische Lage in der Weimarer Republik und schildert zukünftige Gefahren für die junge Demokratie in Deutschland.

<u>(Inhalt/Gedankengang):</u> In der Rede befasst sich Brüning mit der Politik der Notverordnung. Zunächst formuliert er eine Begründung für die aktuellen Notverordnungen der Regierung (vgl. Z. 2 f.). Diese trügen dazu bei, die „Autorität im Reich" zu sichern. Auf dieser Grundlage könne der wirtschaftliche und politische Wiederaufbau angestrebt werden. Um die Republik zu stabilisieren, sei dazu ein nationaler Willens- und Kraftakt aller „positiven Kräfte" (Z. 12) notwendig sowie die Bereitschaft, für das Vaterland Opfer zu bringen (vgl. Z. 18–22). Im Anschluss beschreibt er das demokratische Ideal, dass die Lösung für die Probleme der Republik im Zusammenwirken der „verantwortungsvollen und verantwortungsbereiten" (vgl. Z. 31 f.) Parteien zu erarbeiten sei. Es fehle jedoch Kompromissbereitschaft der unterschiedlichen politischen Lager. Brüning kritisiert das Verhalten der Parteien offen, die sich lieber bekämpfen würden als sich zum Wohl des Vaterlandes zusammenzuschließen und ihrer Pflicht nachzukommen (vgl. Z. 42–47).

Im Anschluss resümiert er, dass folgerichtig sein einziger Ausweg eine Regierungstätigkeit ohne Beteiligung der Parteien sei. Damit rechtfertigt er seine Politik der Notverordnungen und weist die Verantwortung dafür den Parteien zu (vgl. Z. 58 f.).

<u>(Sprache):</u> Brüning verwendet in seiner Rede emotional besetzte Begriffe und Superlative wie „Opfer", „Vaterland" (Z. 21 f.), „Pflichterfüllung" (Z. 46), um den Ernst der Lage zu betonen. Auch wendet er sich selbst durch die Verwendung des Personalpronomens „ich" (Z. 33, 48, 56 f.) an die Reichstagsmitglieder, die er mit „meine Damen und Herren" anspricht (Z. 47 f., 54). Dadurch verdeutlicht er einerseits seine persönliche Betroffenheit, andererseits schafft er gleichzeitig Betroffenheit bei den Reichstagsmitgliedern, die direkt zur Verantwortung gezogen werden (vgl. Z. 37 f., 58 f.).

<u>(Einordnung in den historischen Kontext):</u> Die Rede stammt aus der Anfangsphase der Präsidialkabinette unter Heinrich Brüning. Die Weimarer Republik sah sich zu dieser Zeit mit den Folgen der Weltwirtschaftskrise des Jahres 1929 konfrontiert. Die Weimarer Koalition war in ihrer Folge an sozialpolitischen Differenzen zerbrochen. Die Unfähigkeit oder Unwilligkeit der Parteien zu politischen Kompromissen machte die Bildung einer mehrheitsfähigen Regierung unmöglich und führte nach den Reichstagswahlen 1930 zur Regierung nach Artikel 48 („Notverordnung") der Weimarer Verfassung. Statt des Parlaments übernahmen Präsidialkabinette die Regierungsgeschäfte, gestützt auf das besondere Recht des Reichspräsidenten, Notverordnungen zu erlassen.

<u>(Haltung/Intention des Redners):</u> Die Rede soll die Notverordnungspolitik der Regierung rechtfertigen und die staatstragenden Parteien in die Verantwortung nehmen.

Schritt 2: Vergleich von M 1 und M 2

<u>(Überleitung):</u> M 2 ist eine Karikatur von Werner Hahmann, erschienen in der politisch-satirischen Zeitschrift „Kladderadatsch" vom 18.10.1931. Vergleichsaspekte s. S. 188:

1. <u>Entstehungszeit des Materials:</u> Karikatur und Rede sind zur gleichen Zeit, in der Regierungsperiode Brünings, erschienen. Ungefähr vor einem Jahr hatte die Notverordnungspolitik begonnen und die politischen Unruhen wurden seither immer stärker. Es handelt sich hierbei also um eine Gemeinsamkeit zwischen Rede und Karikatur.
2. <u>Darstellung des Parlamentarismus:</u> In der Rede beschreibt Brüning die Ursachen für das Scheitern des Weimarer Parlamentarismus. Er sieht die Verantwortung bei den Parteien, welche nicht bereit waren, politische Kompromisse einzugehen und eine Regierung zu bilden. In der Karikatur wird die Verantwortung der Exekutive zugeschoben. So engt der Polizist, der die Exekutive in der Karikatur symbolisch repräsentiert, die Frau, welche für den Parlamentarismus steht, ein. Der Parlamentarismus wird damit als schwaches Opfer dargestellt, welches sich den Zwängen der gewalttätigen Exekutive nicht erwehren kann. Während die Parteien also in der Rede als aktive Hauptverantwortliche für den Niedergang des Parlamentarismus angeklagt werden, stellt der Karikaturist sie als passive und wehrlose Opfer dar.
3. <u>Bewertung der Notverordnungspolitik:</u> Während Brüning die Notverordnungspolitik als Schutz gegen die Bedrohungen darstellt, wird diese in der Karikatur als etwas Negatives dargestellt. Durch den Würgegriff scheinen die Notverordnungen den Parlamentarismus zu unterdrücken, bis sie ihn über kurz oder lang beseitigen werden.
4. <u>Intention:</u> M 1 richtet sich direkt an den Reichstag und die staatstragenden Parteien mit dem Ziel, das Parlament von der Notwendigkeit der Notverordnungspraxis zu überzeugen und gleichsam Kritik für das verantwortungslose Verhalten der Parteien zu üben. M 2 dagegen ist in einer öffentlich zugänglichen Zeitung erschienen und richtet sich an das Volk. Den deutschen Bürgerinnen und Bürgern soll das Fehlverhalten der Exekutive offengelegt und deren Notverordnungspraxis kritisiert werden.

Schritt 3: Gesamtfazit
Aus beiden Quellen lässt sich die Krise Deutschlands unter der Regierung durch Präsidialkabinette und Notstandverordnungen erkennen. Jedoch zeichnen beide Materialien die Verantwortung für die Situation als einseitige ab. Sie ist jedoch weder monokausal bei den Parteien noch bei der Exekutive zu suchen, sondern hat unterschiedliche Ursachen (vgl. Probleme von Aufgabe 1), weshalb keine der beiden Seiten von ihrer Verantwortung für den Niedergang des Parlamentarismus losgesprochen werden kann.

Aufgabe 3: Erörtern – Musterlösung
Definition/Begriffserklärung:
Von 1933–1945 waren die Nationalsozialisten in Deutschland an der Macht. Ob die Stabilität ihres Regimes auf sozialen Wohltaten beruht habe, wird im Folgenden erörtert. Zunächst soll jedoch der zentrale Begriff definiert werden: Unter sozialen Wohltaten versteht man Leistungen, die der Staat zum Vorteil der Bevölkerung erbringt.

Mögliche Pro-Argumente:
Man könnte anführen, dass soziale Wohltaten insofern zu einer Stabilisierung des NS-Regimes führten, als Mitglieder der NS-Volksgemeinschaft Karrierechancen und wirtschaftliche Vorteile erhielten, wenn sie loyal zum NS-Regime standen. Ermöglicht wurde

dies auch durch Verfolgung und Entrechtung von Juden und politischen Gegnern, welche im Anschluss ihre Funktionen und ihr Hab und Gut verloren. Die Verdrängung von Juden und sog. „jüdischen Mischlingen" aus Handel, Gewerbe, Wohnungen, Häusern und Wissenschaft im Sinne der Nürnberger Gesetze wurde als „Arisierung" bezeichnet. Die Profiteure wiederrum waren enger mit dem NS-Regime verbunden und unterstützten.

Zu den sozialen Wohltaten der Nationalsozialisten gehörten außerdem Programme für die Arbeiterschaft. Hitler schuf, etwa durch die Wiedereinführung der Wehrpflicht, den Reichsarbeitsdienst, seine Rüstungspolitik und die Verdrängung von Nichtariern aus Berufen und Ämtern neue Arbeitsplätze. Die Arbeitslosenrate fiel im Juli 1933 von ursprünglich über 6 Mio. auf 4,46 Mio., bis zum Januar 1934 auf 3,77 Mio. Bereits 1936 war die Vollbeschäftigung erreicht (Januar 1937: 0,56 Mio. Arbeitslose). Dies hatte nach der Weltwirtschaftskrise von 1929 eine besondere Bedeutung und generierte viel Zustimmung in der Bevölkerung – Zustimmung, die die Weimarer Republik nie bekam.

Die am 27. November 1933 gegründete NS-Gemeinschaft „Kraft durch Freude", eine Unterorganisation der deutschen Arbeiterfront (DAF), sorgte außerdem für ein umfangreiches Freizeitprogramm, z. B. durch Urlaubsreisen, Theateraufführungen, Konzerte, Kunstausstellungen oder Vorträge. Mit dem umfassenden Wirken dieser Organisation sollte die Arbeiterschaft in die „Volksgemeinschaft" integriert werden.

Auch andere Mitglieder der NS-Volksgemeinschaft wurden durch soziale Wohltaten unterstützt. Das Winterhilfswerk sammelte Sach- und Geldspenden für bedürftige. So konnte die materielle Not von Teilen der Bevölkerung gelindert und eine innere Stabilisierung der Gesellschaft erreicht werden. Zudem zielte die Spendensammlung auf das Zusammengehörigkeitsgefühl der „Volksgemeinschaft" ab.

Zusammenfassend lässt sich sagen, dass einige Argumente daraufhin deuten, dass die Stabilität des NS-Regime auf sozialen Wohltaten beruhte. Götz Aly bezeichnet das nationalsozialistische Regime in diesem Zusammenhang als „Gefälligkeitsdiktatur", da die Staatsführung sichZuspruch oder wenigstens Gleichgültigkeit „erkauft" habe.

Mögliche Kontra-Argumente:
Jedoch lässt sich entgegenhalten, dass die sozialen Wohltaten der Nationalsozialisten zum Großteil der Propaganda dienten. Die „Scheinwohltaten" sollten die Zustimmung der deutschen Bürger zum NS-Regime sicherstellen, die Versprechungen entsprachen jedoch oftmals nicht der Realität. Als Beispiel lässt sich hier das Programm „Kraft durch Freude" anführen, welches die im Zuge der Aufrüstung notwendigen Produktionssteigerungen ohne nennenswerte Lohnerhöhungen verschleiern und durchsetzen sollte. KdF-Veranstaltungen sollten der Entspannung und der Regeneration zur Erhöhung der Arbeitsleistung dienen sowie die Arbeiterschaft ruhigstellen. Dass es sich hierbei nur um „Scheinwohltaten" handelt, lässt sich beispielsweise an der steigenden Sterblichkeitsrate zu dieser Zeit sowie am Rückgang des Konsums erkennen. Damit wird deutlich, dass eine große Diskrepanz zwischen Propaganda und Realität bestand.

Des Weiteren beruhte die Stabilität des NS-Regimes auch auf Zwang und Gewalt gegen bestimmte Bevölkerungsgruppen. So war beispielsweise die Arisierungskampagne nur möglich, indem die jüdische Bevölkerung bzw. Regimegegner ausgebeutet wurden, welche zugleich von den sozialen Wohltaten ausgeschlossen waren.

Neben den „sozialen Wohltaten" trug jedoch zentral die Gleichschaltung der Bevölkerung zur Durchsetzung der Diktatur bei. Dadurch sollten alle Lebensbereiche der Menschen unter die Kontrolle der Nationalsozialisten gelangen. Bereits Kinder und Jugendliche wurden in Jugendverbänden wie der Hitler-Jugend (HJ) oder dem „Bund deutscher Mädel" (BDM) auf den Nationalsozialismus und seine Ziele hin beeinflusst, was zur Stabilität des NS-Regimes beitrug, da eine gleichgeschaltete Jugend nur selten Widerstand leistete. Auch durch das Bespitzeln, die Unterdrückung und Terror durch die Gestapo wurden Regime-Gegner, die die Stabilität des NS-Regimes gefährden könnten, bereits früh erkannt und Widerstand niedergeschlagen.

Fazit/Formulierung eines eigenen Urteils:
Zusammenfassend lässt sich sagen, dass die Stabilität des NS-Regimes nur teilweise auf sozialen Wohltaten beruhte. Die Aufstiegsmöglichkeiten für die Parteimitglieder und die Integration der Arbeiterschaft in die NS-Volksgemeinschaft sicherten zwar den Rückhalt vieler Deutscher für das Regime, dennoch waren diese im Vergleich zu dem ständigen Terror und der Gleichschaltung nur ein Nebenaspekt, um die Diktatur unter Hitler zu stabilisieren. Des Weiteren lassen sich einige der sozialen Wohltaten als „Scheinwohltaten" identifizieren. Dies legt offen, dass eine große Diskrepanz zwischen Propaganda und Realität herrschte und statt der sozialen Wohltaten selbst eher die Propagandamaschinerie sowie aktive Repression der Bevölkerung zu Stabilität des Regimes beitrug.

Material 3: **Aus den Deutschland-Berichten der Sozialdemokratischen Partei Deutschlands (Sopade) vom Januar 1940**

Im Juni 1933 verlegte der Vorstand der SPD seinen Sitz in das Exil nach Prag, ab 1938 nach Paris. In den Deutschland-Berichten veröffentlichte dieser Exilvorstand Berichte mit geheimen Informationen aus Deutschland und den besetzten Gebieten.

Es erscheint unmöglich, sich die Lage im heutigen, von den deutschen Truppen besetzten Polen richtig vorzustellen, wenn man nicht selbst dieses erschreckende Bild
5 mit eigenen Augen gesehen hat. [...]
Eine nicht abreißende Kette von Haussuchungen bei allen Firmen und Privathaushaltungen wird von der Gestapo durchgeführt, sowohl bei Polen als auch bei
10 Juden. Es wird da nicht der geringste Unterschied gemacht. Alles wird ausgeraubt. Daneben werden Enteignungen am laufenden Band, ebenfalls bei Polen und Juden, durchgeführt. [...]
15 Ist der Raub aller Vermögenswerte die Hauptaufgabe der Gestapo, so sind ihre zweite Aufgabe die Verhaftungen und Erschießungen von allen möglichen Leuten. [...] Verhaftet werden jedenfalls in erster Linie ehemalige höhere Beamte, Partei- 20 führer, welcher Partei auch immer sie zugehörten, Industrielle und Kaufleute. [...] Wer von den Verhafteten am Leben bleibt, ist im Einzelfalle auch schwer feststellbar. Nur eins steht fest: es finden tatsächlich 25 jede Nacht seit der Besetzung Warschaus durch die deutschen Truppen Erschießungen statt. Jeder, der sich in Warschau aufgehalten hat, kann bezeugen, dass in jeder Nacht wiederholt, manchmal längere Zeit 30 hintereinander, Gewehrsalven zu hören sind. [...] Nur selten sind die Erschießungen

auf Widerstandsregungen der Bevölkerung zurückzuführen, wenn auch das, namentlich in den ersten Tagen, häufig der Fall gewesen ist. Meist handelt es sich aber um Racheakte oder um irgendeinen Vorwand, der dazu herhalten muss, das unglückliche Opfer zu beseitigen, damit man sich seines Nachlasses bemächtigen kann. [...]

Die Landbestellung – Wintergetreide usw. – ist im ganzen Lande nur in sehr geringem Umfang durchgeführt worden, da die besten landwirtschaftlichen Arbeitskräfte als Kriegsgefangene oder Zwangsarbeiter ins Reisch abtransportiert worden sind. Auch die diesjährige Ernte ist zum großen Teil nach dem Reich geschafft worden. Unlösbare Probleme in der Versorgung der Bevölkerung mit Lebensmitteln, Brennmaterial usw. sind durch die Transportschwierigkeiten aufgeworfen worden. [...] Polen ist nahezu von Eisenbahnen entblößt. Sie stehen eigentlich nur für die sogenannte Umsiedlung der Bevölkerung zur Verfügung.

Und damit kommen wir auf das eigentlich entsetzlichste Problem, das es heute in Polen gibt, die Umsiedlung. Tatsächlich sind Pommerellen und Posen[1] heute zum großen Teil schon von der polnischen Bevölkerung geräumt. Die Polen – und zwar ausnahmslos die gebildeten Bevölkerungsschichten, teilweise aber auch die Arbeiter – sind aus diesen beiden Provinzen ins Innere des Landes geschafft worden. Sie erhielten Befehl, binnen 24, 12 ja 3 Stunden ihre Stadt zu verlassen und durften nichts als die notwendigsten Kleider oder Schlafdecken mitnehmen. Sie wurden dann in Güterwagen in irgendein Provinznest befördert, wo sie gar nicht die Möglichkeit haben, sich zu ernähren und meist den dort wohnenden Polen zur Last fallen. [...]

In diesen westlichen Teilen des polnischen Staatsgebietes haben die Erschießungen oder offiziellen Hinrichtungen denn auch bis heute keine Unterbrechung erfahren. [...] Augenscheinlich harmlose Menschen, die bei der Besetzung gefangen genommen wurden, werden jetzt unter irgendwelchem Verdacht hingerichtet. Das Delikt ist meist sogenannte Anstiftung zum Mord an Volksdeutschen. Zur Verurteilung genügen meist Angaben von Leuten, die gehört haben oder haben wollen, wie der betreffende Pole auf Deutsche geschimpft hat. [...]

In Lodz[2] habe ich selbst auf dem Kosciuszko-Platz die Leichen von durch die Gestapo gehenkten Polen und Juden gesehen, die tagelang zur Abschreckung hängen blieben. In Lodz ist auch der Judenterror am schlimmsten. Die sogenannte Arbeitspflicht der Juden ist hier restlos durchgeführt, auch die Anordnung, dass Juden auf dem Rücken einen gelben Fleck tragen müssen. [...] Die Austreibung der Polen und Juden aus Lodz ist noch nicht im Gange. Sie soll aber durchgeführt werden, weil diese Stadt dem Reich direkt angegliedert wird.

Anmerkungen:

1 Pommerellen und Posen: Provinzen im Westen Polens

2 Lodz: Stadt im Westen Polens

Quellenangabe: Deutschland-Berichte der Sozialdemokratischen Partei Deutschlands (Sopade) 1934–1940 (Siebter Jahrgang 1940). hg. von Klaus Behnken. Salzhausen/Frankfurt am Main 1982 (6. Auflage). S. 36-41.

Aufgabe 4: Analysieren – Musterlösung

(Formal): Bei der Quelle handelt es sich um einen Bericht der sozialdemokratischen Partei Deutschlands (Sopade) aus dem Jahr 1940. Der Bericht wurde von Angehörigen der SPD aus dem Pariser Exil verfasst und hat die Lage des von Deutschland besetzten Polen zum Thema.

(Inhalt/Gedankengang): Zunächst wird die Ausbeutung der im besetzten Polen lebenden polnischen Bevölkerung durch die deutsche Besatzungsmacht thematisiert. Als Beispiel werden Hausdurchsuchungen und Enteignungen angeführt (vgl. Z. 6–13), die im Generalgouvernement an der Tagesordnung seien. Des Weiteren käme es ohne Unterlass zu Verhaftungen und Erschießungen durch die Gestapo. Größtenteils handele es sich bei den Opfern um Angehörige des polnischen Wirtschafts- und Bildungsbürgertums (vgl. Z. 19–22). Ursache für die Erschießungen seien einerseits Widerstandsaktionen der Bevölkerung, Racheakte (vgl. Z. 37), Denunziation (vgl. Z. 84 f.) oder die Möglichkeit der finanziellen Bereicherung aus dem Besitz der Opfer gewesen.

Im Anschluss wird die Entrechtung und Ermordung der polnischen Bevölkerung durch die Deutschen beschrieben. Die polnischen Juden würden einerseits zur Arbeit und zur Kennzeichnung (vgl. Z. 94 f.) gezwungen, andererseits werde ein großer Teil der landwirtschaftlichen Arbeiter zur Zwangsarbeit nach Deutschland deportiert. Die Folgen seien große Versorgungsengpässe bei der polnischen Bevölkerung.

Am Ende wird näher auf die geplante Annexion, das heißt auf die geplante Angliederung von nur noch von Deutschen bewohnten polnischen Landesteilen, an das Deutsche Reich eingegangen (vgl. Z. 100 f.).

(Sprache): Der Verfasser des Berichts verwendet eine bildliche Sprache sowie drastische Begrifflichkeiten zur Verdeutlichung des verbrecherischen Charakters der Besatzungspolitik, z. B. „Judenterror" (vgl. Z. 93), „dieses erschreckende Bild" (Z. 4), „entsetzlichstes Problem" (vgl. Z. 58). Durch die Aneinanderreihung von Problemen wirkt das Land schwach und verletzlich, wodurch eine Identifikation erreicht werden sollte.

(Historischer Kontext): Zu den grundlegenden Zielen der Nationalsozialisten gehörten von Anfang an die Vernichtung des „jüdischen Bolschewismus" und die Eroberung von „Lebensraum im Osten". Voraussetzung dafür war ein Krieg gegen Polen. Als die NS-Führung im März 1939 gegenüber Polen einen immer aggressiveren Konfrontationskurs einschlug, verschärften sich die deutsch-polnischen Spannungen. Hitler wies die Wehrmachtsführung im April 1939 schließlich an, einen Feldzug gegen Polen vorzubereiten, welcher am 1. September 1939 durchgeführt wurde und den Beginn des zweiten Weltkrieges markierte. Im besetzten Polen wurde die NS-Rassenlehre z. B. durch Ermordungen, Deportation und Zwangsarbeit umgesetzt. Durch die Verschleppung von Arbeitern aus besetzen Gebieten zur Zwangsarbeit konnte die deutsche Kriegswirtschaft erhalten und ausgebaut werden. Des Weiteren offenbaren die Ermordungen der polnischen Juden bereits 1940 die Schrecken der jüdischen Shoah.

(Haltung/Intention des Autors): Mit der Beschreibung der NS-Verbrechen äußert die SPD deutliche Kritik an der deutschen Besatzungspolitik in Polen. Gleichzeitig soll mit der Veröffentlichung zur Aufklärung der Deutschen sowie zur Ablehnung des Nationalsozialismus beigetragen werden.

Abiturprüfung 2022 zu Schwerpunktthema II

AUFGABENSTELLUNG

1 *Für die Teilung Deutschlands war die Währungsreform in der Westzone ausschlaggebend.* Erörtern Sie diese These.

2 Analysieren Sie M 1 und vergleichen Sie M 1 mit M 2.

3 Stellen Sie die „neue Ostpolitik" unter Willy Brandt dar.

4 Analysieren Sie M 3.

Beispiellösung zu Prüfung 2 (nicht amtlich)

Aufgabe 1: Erörtern – Musterlösung

Definition/Begriffsklärung:

Am 20. Juni 1948 führten die drei westlichen Besatzungsmächte („Westzonen") eine Währungsreform im Vereinigten Wirtschaftsgebiet durch, die eine Währungsumstellung von der alten Reichsmark auf die neue Deutsche Mark (D-Mark) vorsah. Tags darauf wurde die D-Mark in den Westzonen zum alleinigen gesetzlichen Zahlungsmittel.

Zu klärende Frage: War die Einführung der D-Mark ausschlaggebend für die Teilung Deutschlands in einen liberal-demokratischen West- und einen sozialistischen Oststaat?

Mögliche Pro-Argumente:

Eskalation im Ost-West-Konflikt durch Währungsreform:

Für die These spricht die Zunahme der Spannungen zwischen den Siegermächten. Die Sowjetunion ließ am 23. Juni 1948 nun ebenfalls eine Währungsreform in der Sowjetischen Besatzungszone (SBZ) durchführen und startete am 24.6.1948, nachdem der Versuch misslungen war, die Ostmark als Währung (und damit die sozialistische Wirtschaftsordnung der SBZ) auf ganz Berlin auszudehnen, mit der Blockade der westlichen Sektoren der Stadt. Der Marshall-Plan, die damit verknüpfte Westorientierung und die hierfür erforderliche Währungsreform 1948 in den Westzonen liefen auf eine Teilung Deutschlands in zwei Wirtschaftsräume hinaus. Dies entsprach dem übergeordneten Ziel der USA, die sowjetische Expansion einzudämmen *(containment policy)*, indem für stabile wirtschaftliche und politische Verhältnisse in Europa gesorgt wurde. Die Währungsreform in den Westzonen führte daher absehbar zu einer weiteren Eskalation zwischen West und Ost. Nach der Einigung der Westalliierten im März 1948, die britisch-amerikanische Bi-Zone um die französische Besatzungszone zur Tri-Zone zu erweitern, war die Währungsreform der nächste entscheidende Schritt zur Umsetzung der in den Londoner Empfehlungen favorisierten Weststaatslösung.

Verfestigung gegensätzlicher Wirtschaftsordnungen in Deutschland:

Für die These spricht ferner, dass die D-Mark als neue Währung für die Schaffung eines einheitlichen Wirtschaftsraumes zwischen der amerikanischen, britischen und französischen Besatzungszone bedeutsam war. Man bezeichnete die sog. Tri-Zone als Vereinigtes Wirtschaftsgebiet, für das eine marktwirtschaftliche Wirtschaftsordnung kapitalistischer Prägung vorgesehen war. Eine erstarkende Wirtschaft würde eine stabile

Währung benötigen, was auf die inflationäre, im Prinzip wertlose Reichsmark nicht zutraf. Der Währungswechsel sollte eine vertrauenswürdige neue Währung etablieren und baldmöglich die Zwangsbewirtschaftung mit Lebensmittelmarken beenden. Entstehen sollten (wieder) dezentral gesteuerte Märkte, auf denen die Preisbildung frei über das Zusammentreffen von Angebot und Nachfrage erfolgen konnte.

Die in der SBZ seit Mitte 1945 durchgeführten Maßnahmen zum Aufbau des Sozialismus standen im völligen Gegensatz zur Wirtschaftspolitik der Westalliierten. Die sowjetische Besatzungsmacht hatte nach 1945 Vorbereitungen für eine Plan- bzw. Zentralverwaltungswirtschaft getroffen, in welcher staatliche Planungsbehörden zentral die Güterverteilung organisieren und Preise sowie Löhne festsetzen sollten. Großgrundbesitz, Großbetriebe und Banken waren im Zuge der Sowjetisierung der Gesellschaft und Wirtschaft ab 1946 in aller Regel entschädigungslos enteignet und verstaatlicht worden. Die kurz nach der Währungsreform in den Westzonen in der SBZ eingeführte Ostmark war eine Binnenwährung nach sowjetischem Vorbild und nicht konvertierbar, d.h. im Außenhandel und internationalen Reiseverkehr konnte diese im Unterschied zur D-Mark nicht in Devisen wie US-Dollar gewechselt werden. Die SBZ wurde mit der Ostmark ökonomisch noch stärker auf die Wirtschafts- und Gesellschaftsordnung der Sowjetunion ausgerichtet.

Teilnahme am Marshall-Plan und beginnende Westintegration:

Des Weiteren spricht für die These, dass eine stabile Währung eine Voraussetzung für die Teilnahme der Westzonen am US-amerikanischen Marshall-Plan (ERP = European Recovery Program) war, um so von Hilfsgeldern und Rohstofflieferungen profitieren zu können. Hierzu erhielt die D-Mark einen festen Wechselkurs zum US-Dollar, sodass Unternehmen verlässlich kalkulieren und eine Ausweitung der Produktion vornehmen konnten. Die Einbindung der Westzonen in das ERP legte das Gebiet de facto auf eine marktwirtschaftliche Wirtschaftsordnung fest. Auch die später erfolgte Westintegration (Blockeinbindung: NATO-Beitritt etc.) der Bundesrepublik in der Ära Adenauer waren durch die Teilnahme der westlichen Besatzungszonen am ERP bereits deutlich vorgezeichnet. Denn die vom ERP begünstigten Staaten mussten Mitglieder der am 16. April 1948 gegründeten Organisation für europäische wirtschaftliche Zusammenarbeit (OEEC) sein, deren Aufgabe in der Koordinierung des Wiederaufbauprogramms in Europa und der Zuweisung der eigentlichen Mittel des ERP bestand. Bis zum Beitritt der Bundesrepublik im Oktober 1949, der als Beginn der Westintegration gilt, wurde Westdeutschland bereits von der französischen Besatzungszone und der britisch-amerikanischen Bi-Zone in der OEEC vertreten.

Mögliche Kontra-Argumente:

Multikausalität der Teilung Deutschlands:

Als ein gewichtiges Gegenargument für die Teilung Deutschlands ließe sich anführen, dass viele unterschiedliche, ineinandergreifende Faktoren ausschlaggebend waren und die Währungsreform in den Westzonen nicht isoliert zu sehen ist. Entscheidende weitere Faktoren auf internationaler Ebene und Maßnahmen seitens der SED in der SBZ waren u. a.:

– der sogenannte Kalte Krieg zwischen den USA und der Sowjetunion ab spätestens 1947 als sich verschärfender Systemgegensatz (Ost-West-Konflikt), der prägend für die Entwicklungen in Europa und Deutschland war.

- die Sowjetisierung Osteuropas (und der SBZ), die von den USA als Zeichen eines unbegrenzten Expansionswillens gesehen wurde.
- die sowjetische Ablehnung des ERP für die SBZ und andere osteuropäische Staaten.
- das Scheitern der Münchner Konferenz aller deutschen Ministerpräsidenten (6.6.1947) an der Forderung der Ministerpräsidenten der SBZ, die politische Einheit Deutschlands vor der wirtschaftlichen herzustellen.
- die Volkskongresse (Volkskongressbewegung der SED) in der SBZ ab Ende 1947, die als Instrument zur Bildung einer verfassungsgebenden Versammlung gedacht waren, aus welcher der Gründungsakt eines eigenständigen Oststaates vollzogen werden konnte. Die SED hatte eine fertige Verfassung lange vor deren offiziellen Verabschiedung durch den dritten Deutschen Volkskongress am 30.5.1949 in der Schublade und wartete die entsprechenden Vorgänge in Westdeutschland (Verkündung Grundgesetz am 23. Mai 1949) ab, um den Anschein zu erwecken, die Spaltung Deutschlands gehe allein vom Westen aus.

Politische Weichenstellungen zur Einführung einer liberalen Demokratie:
Als weiteres Gegenargument kann auf die politischen Entwicklungen in den Westzonen hingewiesen werden, die für die Etablierung einer liberalen Demokratie von großer Bedeutung waren. Die Grundlagen einer freiheitlich-demokratischen Ordnung waren bereits ab August 1945 in Umsetzung der Beschlüsse der Potsdamer Konferenz (u. a. Demokratisierung und Dezentralisierung) gelegt worden; z. B. im Jahr 1946 Gemeindewahlen und Ausarbeitung freiheitlich-demokratischer Verfassungen in den Ländern der amerikanischen Besatzungszone sowie der Länderrat als Grundlage für eine föderale Struktur des zukünftigen Deutschlands. Weitere wichtige Maßnahmen waren u. a.:
- die auf der Londoner Sechs-Mächte-Konferenz (23.2. – 2.6.1948) – nach dem Scheitern der Londoner Außenministerkonferenz Ende 1947 – ohne Beteiligung der Sowjetunion beschlossene Weststaatslösung (Londoner Empfehlungen), d. h. Beitritt der französischen Besatzungszone zum Vereinigten Wirtschaftsgebiet der britischen und amerikanischen Bi-Zone und damit Erweiterung zur Tri-Zone.
- die Frankfurter Dokumente (1.7.1948) an die westdeutschen Ministerpräsidenten, in welchen die Westalliierten die Einberufung einer verfassunggebenden Versammlung mit dem Ziel verlangten, eine demokratische und föderalistische Verfassung für den zu gründenden Weststaat auszuarbeiten.
- die Wahl und Arbeit des Parlamentarischen Rats (1.9.1948 – 8.5.1949): Beratung und Annahme des von einer Expertenkommission ausgearbeiteten Grundgesetzes für die Bundesrepublik.

Fazit/Schlussfolgerung:
(Mögliches abwägendes Urteil): Die Währungsreform in den Westzonen war zwar nicht der ausschlaggebende Faktor für die Teilung Deutschlands, aber durchaus ein entscheidender Schritt auf den Weg zur Weststaatsgründung und darüber hinaus eine notwendige Voraussetzung für die Teilnahme der westlichen Besatzungszonen am ERP, was wiederum als Weichenstellung in Richtung Westintegration und Blockeinbindung der Bundesrepublik nach 1949 gesehen werden kann.

Material 1: „Macht's wie wir!", Plakat, DDR 1953

Die „Haus- und Hofgemeinschaften der Nationalen Front" waren Zusammenschlüsse z.B.
von Bewohnern eines Mietshauses und sollten Mitglieder motivieren, das politische Leben
im Sinne der SED aktiv mitzugestalten.
Die Fahne, die das Kind schwenkt, trägt die Farben Schwarz-Rot-Gold. Diese Fahne wurde
damals sowohl von der DDR als auch von der Bundesrepublik als Nationalflagge verwendet.

Quellenangabe: David Heather: DDR Poster. Ostdeutsche Propagandakunst. Prestel, München u. a.
2014, S. 79.

Material 2: „Frei und geheim gewählt", Karikatur von Mirko Szweczuk, Bundesrepublik Deutschland 1955

Die Person links oben (im Wachturm) trägt die Züge des SED-Generalsekretäre Walter Ulbricht.

Quellenangabe: Mirko Sczewczuk: Einsichten und Ansichten. Essen/Berlin (West) 1955, Bildteil 25.

Aufgabe 2: Analysieren und vergleichen – Musterlösung

TIPP zum Punktesammeln

Ein Plakat bildet immer eine zugespitzte Position gegenüber einem bestimmten Geschehen oder Sachverhalt ab. Wenden Sie zur Analyse den **Dreischritt** aus dem Methodenkapitel des FiNALE-Prüfungstrainers an S. 148 ff.):

1. Beschreiben Sie das Plakat formal und bildlich: Welche Bildelemente gibt es, wie stehen sie miteinander in einem Zusammenhang?
2. Erklären Sie den historischen Kontext, in dem die Bildquelle entstanden ist.
3. Arbeiten Sie die Gesamtaussage des Plakats heraus und beurteilen Sie diese in Bezug auf die historische Situation.

Schritt 1: Analyse von M 1

(Feststellung formaler Elemente, Einleitung): M 1 ist ein (Propaganda-)Plakat der Nationalen Front des demokratischen Deutschlands mit dem Titel „Macht's wie wir!", das 1953 in der DDR erschienen ist. Entnommen wurde dieses Plakat aus dem Band von David Heather mit dem Titel „DDR Poster. Ostdeutsche Propagandakunst", erschienen bei Prestel in München im Jahr 2014.

(Beschreibung der Bild- und Textelemente): Zu sehen sind sieben Personen (drei Frauen, zwei Männer und zwei Kinder), die eine Hausfassade im Hintergrund, die architektonisch an den Stil des sowjetischen Klassizismus erinnert, mit Girlanden schmücken und eilig letzte Verschönerungsarbeiten vor einem Festumzug, einer Parade oder einem Feiertag durchzuführen scheinen. Auf einem am Haus angebrachten Plakat ist zu lesen: „Deutsche Patrioten! Kämpft noch entschlossener für Einheit, nationale Unabhängigkeit und Frieden!". Die gezeigten Frauen, Männer und Kinder wirken ausgelassen und fröhlich, was an den lachenden Gesichtern zu erkennen ist. Ins Auge fällt darüber hinaus die Feiertagskleidung der beiden Kinder: Das Mädchen, das von seiner Mutter auf den Schultern getragen wird, schwenkt zusätzlich ein Fähnchen in den Farben Schwarz-Rot-Gold; das andere Kind, ein älterer Junge im Grundschulalter, steht neben der Mutter und hält eine der Girlanden. Eine Frau im Vordergrund (vom Betrachter aus gesehen rechts der Mitte), die mit einer Schürze bekleidet ist und einen Farbeimer sowie einen Pinsel in ihren Händen hält, wirkt, als würde sie eilig auf die beiden arbeitenden Männer – der eine befestigt mit einem Hammer einen Holzhandlauf auf dem Pfosten eines Geländers, während der andere auf einer Leiter stehend eine der Girlanden an der Fassade um ein dort angebrachtes Plakat drapiert – zulaufen und sich hierbei zum Betrachter umdrehen, um ihn beiläufig aufzufordern: „Macht's wie wir!". Dieser Aufruf, der das untere Viertel des Plakats dominiert, ist groß in dynamischer Schreibschrift gedruckt, wodurch der Effekt einer direkten Ansprache des Betrachters verstärkt wird. Darunter ist etwas kleiner und in Großbuchstaben der Slogan zu lesen: „Bildet Haus- und Hofgemeinschaften". Abgesetzt darunter und noch etwas kleiner steht: „der nationalen Front des demokratischen Deutschlands".

Schritt 2: Erklärung im historischen Kontext

Das Plakat stellt dem Betrachter eine Hausgemeinschaft vor (wahrscheinlich zwei Familien in einem Mehrparteienmietshaus), die sich freudestrahlend beim Aufbau des Sozialismus im Sinne der Nationalen Front des demokratischen Deutschlands (später umbenannt in Nationale Front der DDR, im Folgenden kurz „Nationale Front") einbringt. Das Plakat an der Hausfront richtet einen Appell an „Deutsche Patrioten", die sich zukünftig „noch entschlossener für Einheit, nationale Unabhängigkeit und Frieden" im jungen Staat engagieren sollen. Die Nationale Front war zuständig für die Organisation der Volkskammerwahlen, weshalb sie formell die Kandidatenaufstellung für die sogenannten Einheitslisten verantwortete. Ausschließlich von ihr zugelassene Kandidaten waren für DDR-Bürger „wählbar". Da die Sitzverteilung in der Volkskammer aber bereits vor der Wahl feststand und stets die absolute Mehrheit für die SED sicherstellte, konnte über Wahlen in der DDR an den bestehenden Machtverhältnissen grundlegend nichts verändert werden (siehe hierzu im FiNALE-Prüfungstrainer „Rolle der SED und der Blockparteien", S. 95, und „Wahlen in der DDR", S. 95 f.). Offiziell sollte durch die Kandidaten-kür der Nationalen Front sichergestellt werden, dass alle gesellschaftlichen Gruppen am politischen und gesellschaftlichen Prozess partizipieren und sich einbringen können (vgl. hierzu auch Zeitungsartikel Erich Honeckers für die „Prawda", M 3 in dieser Prüfung, Z. 47 ff.). Vor diesem Hintergrund ist das (Propaganda-)Plakat als Versuch zu verstehen, über die Bildung von Haus- und Hofgemeinschaften die zunehmende Unzufriedenheit in großen Teilen der Bevölkerung mit der politischen (unfreie „Wahlen" und Einparteien-diktatur der SED) und ökonomischen Situation (Versorgungsmängel und Unterdrückung privatunternehmerischer Initiativen) abzumildern. Da die Nationale Front jedoch de facto eine Vorfeldorganisation der SED war, um die anderen Parteien („Blockparteien") und Massenorganisationen in Schach zu halten und die Vormachtstellung der SED im Staat zu festigen, überrascht es nicht, dass sich die von ihr auf diesem (Propaganda-)Plakat angepriesenen Haus- und Hofgemeinschaften von Anfang an dem Verdacht ausgesetzt sahen, in erster Linie dem Überwachen und Ausspionieren missliebiger und dem Regime fernstehender Personen zu dienen. Das Plakat entstand 1953, im Jahr des Volksauf-standes vom 17. Juni (siehe hierzu im FiNALE-Prüfungstrainer „Umgang mit Protest in der DDR und Osteuropa in den 1950er- und 1960er-Jahren", S. 104 f.), in dessen Folge die Abwanderung unzufriedener DDR-Bürger in die Bunderepublik deutlich zunahm. Da v. a. junge und gut ausgebildete Menschen das Land verließen und dadurch eine weitere Verschlechterung der ökonomischen Verhältnisse drohte, intensivierte das SED-Regime ab Mitte 1953 seine propagandistischen und repressiven Maßnahmen, um eine Flucht (sog. „Republikflucht") bzw. bereits deren Vorbereitung mittels Überwachung durch das MfS („Stasi") und über die soziale Kontrolle der DDR-Bürger im Alltag zu verhindern. Hierbei dürfte den Hausvertrauensmännern und -frauen, die einer Haus- oder Hofge-meinschaft vorstanden und ein gesetzlich vorgeschriebenes Hausbuch zu führen hatten, eine nicht zu unterschätzende Rolle zugekommen sein.

Schritt 3: Intention M 1
Das Plakat der Nationalen Front versucht, alle Bürger der DDR für den Aufbau des Sozi-alismus auf deutschem Boden („Deutsche Patrioten!") zu mobilisieren, indem es Patri-otismus, Eigeninitiative, Fröhlichkeit und tatkräftiges Mitarbeiten im Rahmen der sozi-alistischen Gesellschaftsordnung propagiert. Zugleich wird die Bildung von Haus- und Hofgemeinschaften als solidarischer Akt und als Ausdruck der (nationalen) Geschlos-senheit dargestellt. Über diese Organisationseinheiten auf Ebene der Mehrparteien-mietshäusern sollten Personen sozial eingebunden und damit der indirekten Kontrolle des Staates unterworfen werden, die der sozialistischen Gesellschaftsordnung und der Politik der SED bislang reserviert oder gar feindlich gegenüberstanden.

Schritt 4: Vergleich von M 1 mit M 2
Mögliche Vergleichsaspekte:
1. Quellentyp und Adressat: M 1 ist ein (Propaganda-)Plakat der von der SED kontrol-lierten Nationalen Front, das an DDR-Bürger adressiert ist und aus dem Jahr 1953 stammt. Bei M 2 handelt es sich um eine Karikatur mit dem Titel „Frei und geheim gewählt" von Mirko Szewczuk, die 1955 in der Bundesrepublik veröffentlicht worden

ist und sich an die westdeutsche Bevölkerung richtet. Gemeinsam ist beiden Materialien, dass sie in den ersten Jahren der DDR und in zeitlicher Nähe zum Volksaufstand vom 17. Juni 1953 entstanden sind.

2. Darstellung der Bevölkerung: Während M 1 eine vom Sozialismus überzeugte, tatkräftig am Aufbau des Staates mitwirkende, fröhliche und solidarisch-kooperative DDR-Bevölkerung darstellt, die eher einer Wunschvorstellung als der Realität entspricht, zeigt M 2 eine unzufriedene, unterdrückte DDR-Bevölkerung, die einem staatlichen Internierungs- bzw. Arbeitslager („Sowjetzone") durch die Stacheldrahtumzäunung „nach Westen" zu entfliehen versucht und dabei von Walter Ulbricht, dem damaligen SED-Generalsekretär, von einem Wachturm aus beschimpft wird. Die gezeichneten Frauen, Männer und Kinder sehen kraftlos, abgemagert und „verbraucht" aus und stehen im Gegensatz zu der lachenden sozialistischen Musterbevölkerung in M 1.

3. Intention: M 1 zielt auf eine Mobilisierung der Bevölkerung für den Aufbau des Sozialismus in der DDR, angefangen im persönlichen-familiären Wirkungskreis der Haus- und Hofgemeinschaften, ab. M 2 äußert Kritik an der Diktatur des SED-Regimes, personifiziert durch den SED-Generalsekretär Walter Ulbricht, indem die Abwanderung aus dem Gefangenenlager „Sowjetzone" in Richtung Bundesrepublik als Abstimmung mit den Füßen in Szene gesetzt wird. Im Unterschied zu den Einheitslistenwahlen ist diese Wahlentscheidung eine freie und (ins)geheim getroffene. Die Karikatur greift die nach dem Volksaufstand 1953 von der SED forcierte Abriegelung der innerdeutschen Grenz auf, die ab 1955 eine Abwanderung in Richtung Westen über den Landweg nahezu unmöglich machte. Auf Grundlage des Passgesetzes von 1957 wurde die Migration in die Bundesrepublik (sog. „Republikflucht"), ähnlich einer Flucht aus einem Gefangenenlager (vgl. Walter Ulbricht als Aufpasser im Wachturm), mit teils hohen Haftstrafen geahndet.

Schritt 4: Gesamtfazit

Während das (Propaganda-)Plakat „Macht`s wie wir!" die Menschen in der DDR im Sinne der SED ideologisieren möchte und den Aufbau des Sozialismus als notwendige Bedingung für Einheit, nationale Unabhängigkeit und Frieden zu legitimieren versucht, zielt die Kritik der westdeutschen Karikatur „Frei und geheim gewählt" auf eine Delegitimierung der SED-Diktatur ab, der die eigene Bevölkerung trotz Abriegelung der innerdeutschen Grenze in Scharen in Richtung Westen davonläuft.

Aufgabe 3: Einen Sachverhalt darstellen – Musterlösung

(Definition/Begriffserklärung, Einleitung): Unter der Bezeichnung „Neue Ostpolitik" werden die Außenpolitik gegenüber der Sowjetunion, den Volksdemokratien Polen und Tschechoslowakei sowie die Deutschlandpolitik nach 1969 gegenüber der DDR subsumiert. Die sozialliberale Koalition unter Bundeskanzler Willy Brandt setzte unter dem Motto „Wandel durch Annäherung" (Egon Bahr) auf eine neue Strategie des Dialoges und der Kooperation, die in mehrere Verträge (sogenannte Ostverträge) mit Staaten des Warschauer Paktes mündete.

(Historische Einordnung): Internationaler Rahmen: Ab Anfang der 1970er-Jahre waren die USA unter Präsident Richard Nixon infolge des verlorenen Vietnamkrieges um eine

Entspannungspolitik und um Abrüstung bemüht, in deren Folge die USA nach 1969 bis 1979 verstärkt auf Verhandlungen statt auf Konfrontation und Wettrüsten im Umgang mit der Sowjetunion und den Staaten des Warschauer Paktes setzten.

INFO Nixon-Doktrin von 1969

Amerikanische Verbündete, v. a. in Asien, sollten ihre militärische Verteidigung eigenverantwortlicher als bisher wahrnehmen und die USA als Ordnungsmacht sich im Hintergrund halten, aber ggf. für atomaren Schutz sorgen. Damit verknüpfte Nixon einen Appell an gegnerische Staaten zur Friedensicherung bzw. -erhaltung durch eine Partnerschaft mit amerikanischen Verbündeten).

Ziele: Entspannung der Beziehungen zu den Ostblockstaaten und der DDR durch eine Intensivierung der Wirtschafts- und Handelsbeziehungen und in deren Folge auch kulturelle Kontakte, verknüpft mit der Hoffnung, dadurch den Deutschen in West und Ost menschliche Erleichterungen (z. B. erweiterte Reisemöglichkeiten und Familienzusammenführungen) zu verschaffen. Diese Annäherung sollte die kommunistischen Regime zu positiven Verhaltensänderungen gegenüber der eigenen Bevölkerung und der Bundesrepublik anregen: „Wandel durch Annäherung".

Maßnahmen/ Ostverträge: Garantie der Westgrenze Polens (Warschauer Vertrag 1970) und faktische Anerkennung der Souveränität der DDR (Grundlagenvertrag 1972) in staats-, aber nicht in völkerrechtlicher Hinsicht, sodass im Verständnis der Bundesrepublik die DDR demzufolge weiterhin nicht Ausland, sondern lediglich ein zweiter deutscher Staat war und die deutsche Einheit als politisches Fernziel der Bundesrepublik bestehen blieb (siehe hierzu im FiNALE-Prüfungstrainer „Neue Ostpolitik unter Willy Brandt", S. 103 und „Phasen der Deutschlandpolitik von 1949 bis 1990", S. 167).

TIPP zum Punktesammeln

Für eine gute Lösung ist es erforderlich, den Paradigmenwechsel, der in der Deutschland- und Außenpolitik mit der staatsrechtlichen Anerkennung der DDR vollzogen wurde, zu verdeutlichen, indem die Abkehr von der „Hallstein-Doktrin" und die endgültige Aufgabe des bereits durch frühere Bundesregierungen aufgeweichten Alleinvertretungsanspruches herausgearbeitet werden. Die Hallstein-Doktrin war eine politische Leitlinie aus der Ära Adenauer, welche im Kern besagte, dass die Aufnahme diplomatischer Beziehungen zur DDR als „unfreundlicher Akt" gegenüber der Bundesrepublik betrachtet werde und als Reaktion ein Abbruch der diplomatischen Beziehungen folgen könne.

Material 3: **Zeitungsartikel Erich Honeckers für die „Prawda"**
anlässlich des 31. Jahrestages der Gründung der DDR,
Oktober 1980

Die „Prawda" war als sowjetische Tageszeitung das Zentralorgan der kommunistischen Partei
der Sowjetunion.

Fest eingefügt in die sozialistische Staatengemeinschaft, hat die DDR einen Weg tiefgreifender gesellschaftlicher Wandlungen zurückgelegt. Er führte sie dank der Leistungen der Arbeiterklasse, der Genossenschaftsbauern, der Angehörigen der Intelligenz und der Werktätigen an einen Platz unter den zehn am meisten entwickelten Industrienationen der Welt. Verwiesen sei zum Beispiel auf die Tatsache, dass unsere Volkswirtschaft 1979 mehr als siebenmal so viel Nationaleinkommen produzierte wie 1949, im Gründungsjahr der DDR. Bildung, Wissenschaft und Kultur nahmen einen bedeutenden Aufschwung. Als politisch stabiler, wirtschaftlich gesunder, völkerrechtlich anerkannter, souveräner sozialistischer Staat beteiligt sich die DDR gleichberechtigt am internationalen Leben. Sie ist, unmittelbar an der Trennlinie zwischen den Gesellschaftssystemen des Sozialismus und des Kapitalismus, zwischen dem Warschauer Pakt und dem aggressiven NATO-Block gelegen, ein Eckpfeiler des Friedens in Europa.

Die Ergebnisse und Erfahrungen aus 31 Jahren DDR, einer Zeit angestrengter Arbeit, entschlossenen Kampfes und konsequenter Auseinandersetzung mit dem Imperialismus, insbesondere dem westdeutschen Imperialismus, vermitteln ein gutes Gefühl der Zuversicht. Wie sich zeigte, sind auch die schwierigsten Aufgaben zu meistern, wenn die Partei der Arbeiterklasse, wie es ihre Rolle als führende gesellschaftliche Kraft verlangt, eine klare marxistisch-leninistische Strategie und Taktik

verfolgt, durch ihre Politik die Interessen des Volkes richtig zum Ausdruck bringt und ein enges Vertrauensverhältnis zu den Massen unterhält. Das ermöglicht es, das Schöpfertum der Werktätigen auf allen Gebieten ständig mehr zu entfalten. Ganz in solchem Sinne hat die SED der politisch-ideologischen Arbeit jederzeit die gebührende Aufmerksamkeit gewidmet und wird es auch in Zukunft tun. Sie entwickelt ihre Bündnispolitik weiter und ist bestrebt, die Aktivitäten der in der Nationalen Front der DDR vereinigten Kräfte zu fördern, alle Bürger auf der Grundlage sozialistischer Demokratie in die Ausarbeitung und Verwirklichung der gemeinsamen Ziele beim Aufbau des Sozialismus einzubeziehen. Insbesondere liegt uns dabei die Jugend am Herzen, mit der wir nach dem Grundsatz zusammengehen, ihr volles Vertrauen entgegenzubringen und hohe Verantwortung zu übertragen.

31 Jahre DDR haben bestätigt, dass die Festigung der Arbeiter-und-Bauern-Macht das Wichtigste ist. Niemandem haben wir je erlaubt und werden je erlauben, mit dieser Macht zu spielen oder sie anzutasten. Das gilt umso mehr, als von Seiten des westdeutschen Imperialismus immer wieder versucht wird, die Arbeiter-und-Bauern-Macht in der DDR auf ihre Festigkeit zu testen. Diese Versuche fielen, wie bekannt, stets zu Ungunsten der Bonner Revanchepolitiker[1] aus. Die Stabilität der DDR, die dynamische Entwicklung ihrer Volkswirtschaft sind der Schlüssel zum Blühen und Gedeihen ihrer sozialistischen

75 Gesellschaft. Auf der Arbeiter-und-Bauern-Macht beruhen alle bisherigen Erfolge der DDR, und sie ist auch entscheidend für all das, was unser Land künftig zum Kampf für Frieden und Sozialismus beitragen wird. Sie zu stärken und die sozialistische Demokratie weiter zu vervollkommnen, betrachtet die SED, die führende Kraft der Gesellschaft, als vorrangigste Aufgabe. 80

Anmerkungen:

1 Bonner Revanchepolitiker: abwertende Bezeichnung für Politiker der Bundesrepublik Deutschland.

Quellenangabe: BArch DY 30/2319, Bl. 4f., https://invenio.bundesarchiv.de/invenio/direktlink/6e7d1066-aac7-4652-a3dd-6d7ff7f48bea/ (aufgerufen 27.9.2022)

Aufgabe 4: Analysieren – Musterlösung

Schritt 1: Beschreibung von M 3

(Feststellung formaler Aspekte): Bei M 3 handelt es sich um einen Zeitungsartikel Erich Honeckers anlässlich des 31. Jahrestages der Gründung der DDR vom Oktober 1980 für die Leser der sowjetischen Tageszeitung „Prawda", dem Zentralorgan der KPdSU.
(Inhalt/Gedankengang): Erich Honecker zieht zum 31. Republikgeburtstag der DDR eine positive Bilanz der gesellschaftlichen und wirtschaftlichen Entwicklung seit ihrer Gründung am 7.10.1949, wobei er die ideologischen Grundlagen des Marxismus-Leninismus und das Machtmonopol der SED als „Partei der Arbeiterklasse" (M 3, Z. 34 f.) als unabdingbar ansieht. Mit Verweis darauf, dass die DDR eine der „zehn am meisten entwickelten Industrienationen der Welt" (M 3, Z. 8 f.) sei, hebt Honecker zu Beginn des Artikels die ökonomische Leistungsfähigkeit hervor. Darüber hinaus sei die DDR ein politisch stabiler und „völkerrechtlich anerkannter, souveräner sozialistischer Staat" (M 3, Z. 17 f.), für dessen bisherigen Erfolg u. a. die feste Einfügung in die sozialistische Staatengemeinschaft (vgl. M 3. Z. 1 f.) Voraussetzung gewesen sei. Um zukünftig erfolgreich als sozialistischer Staat bestehen zu können, müsse die SED als Partei der Arbeiterklasse „eine klare marxistisch-leninistische Strategie und Taktik" (M 3, Z. 36 f.) verfolgen. Daher sei mit Blick auf die vergangenen 31 Jahre die „Festigung der Arbeiter-und-Bauern-Macht das Wichtigste" (M 3, Z. 61 f.), da auf deren unumschränkten Herrschaftsanspruch alle bisherigen Erfolge der DDR beruhten. Der Erhalt dieser Macht sei auch zukünftig entscheidend im „Kampf für Frieden und Sozialismus" (M 3, Z. 78 f.).
(Sprache): Honecker nutzt gebetsmühlenartig die Phrase „Arbeiter-und-Bauern-Macht" (z. B. M 3, Z. 75 f.). Der Begriff ist im marxistisch-leninistischem Verständnis im Gegensatz zum liberalen Bürgerstaat dadurch charakterisiert, dass die Arbeiterklasse (in Übereinkunft mit den werktätigen Bauern) mittels ihrer führenden Partei über die Kapitalisten herrscht und an der Umsetzung der klassenlosen, kommunistischen Gesellschaft arbeiten kann (vgl. hierzu die Phrase: „Schöpfertum der Werktätigen auf allen Gebieten", M 3, Z. 42 f.). Positiv besetzte Begriffe zur Selbstdarstellung der DDR („Eckpfeiler des Friedens", M 3 Z. 24 f.) und zur Selbstlegitimation der SED („führende Kraft der Gesellschaft", M 3, Z. 82 f.) wechseln sich mit sozialistischen Kampfbegriffen ab, die zur Verdeutlichung des Systemgegensatzes dienen (z. B.: „westdeutscher Imperialismus",

M 3, Z. 30 f. und Z. 66 oder „Bonner Revanchepolitiker", M 3, Z. 70 f.) und den „Kampf für Frieden und Sozialismus" (M 3, Z. 83 f.) als vorrangigste Aufgabe der SED rechtfertigen.

Schritt 2: Erklärung im historischen Kontext
Trotz außenpolitischer Erfolge wie der gleichberechtigten Teilnahme der DDR neben der Bundesrepublik 1975 an der Konferenz über Sicherheit und Zusammenarbeit in Europa (KSZE) und einer ökonomischen Stabilisierung zu Beginn der Ära Honecker befand sich das SED-Regime Anfang der 1980er-Jahre zunehmend unter Rechtfertigungsdruck. Honeckers Einheit von Wirtschafts- und Sozialpolitik, welche die Erhöhung des materiellen und kulturellen Lebensniveaus zum ökonomischen Hauptziel der SED erklärt hatte, führte zu einer weiter ansteigenden Staatsverschuldung, die die DDR im Zuge der beiden Ölkrisen 1973/74 und 1979/80 an den Rand der Zahlungsunfähigkeit manövrierte. Nicht nur das im Vergleich zur Bundesrepublik niedrigere Wohlstandsniveau zeigte die Unterlegenheit des Sozialismus. Auch die fehlenden persönlichen Freiheiten verdeutlichten, dass Anspruch und Wirklichkeit des SED-Regimes sehr weit auseinanderlagen. So konnte die SED als führende Partei die mit der Unterzeichnung der Helsinki-Akte eingegangene Selbstverpflichtung zur Achtung und Einhaltung der Menschenrechte nicht garantieren, ohne ihren unumschränkten Herrschaftsanspruch und damit die sozialistische Wirtschafts- und Gesellschaftsordnung an sich zu gefährden.
Der Vertrauens- und Systemkrise versuchte die SED mit einem weiteren Ausbau des Überwachungsapparats des Ministeriums für Staatssicherheit und mit Indoktrination der DDR-Bürger durch staatliche Medien oder in der Schule, z. B. im „Wehrkundeunterricht" oder im Pflichtfach „Staatsbürgerkunde", zu begegnen. Der Zeitungsartikel Honeckers zum 31. Jahrestag der DDR zeigt den Versuch, sich als besseres Deutschland von der Bundesrepublik abzugrenzen, lässt aber auch die Wichtigkeit des Bundes mit der Sowjetunion und gleichzeitig die Abhängigkeit der DDR erkennen.
Das ritualisierte Beschwören der festen Einbindung der DDR „in die sozialistische Staatengemeinschaft" (M 3, Z. 1 f.) ist als Selbstvergewisserung der SED-Führung, aber auch als Loyalitätsbekundung gegenüber der Sowjetunion zu verstehen, die letztlich die SED-Herrschaft und die DDR garantierte. Nach dem sowjetischen Einmarsch in Afghanistan 1979 hatte sich die Spannung zwischen den Blöcken verschärft. In dieser Situation der erneuten Konfrontation benötigte die Sowjetunion treue und gehorsame Verbündete. Das bedeutete v. a., dass die DDR ihre Außenpolitik wie die anderen sozialistischen Bruderländer an den erneuten sowjetischen Konfrontationskurs anpassen musste (vgl. Breschnew-Doktrin von 1968: „begrenzte Souveränität sozialistischer Länder"). Dies spiegelt die kämpferische Rhetorik in Honeckers Artikel (z. B. „aggressiven NATO-Block", M 3, Z. 24) erkennbar wider. Der Bund mit der Sowjetunion war eine lebensnotwendige Voraussetzung für ein Weiterbestehen der DDR.

Schritt 3: Haltung/Intention des Autors
Honeckers Artikel zielt auf eine Legitimierung der sozialistischen Wirtschafts- und Gesellschaftsordnung ab und soll bei den Lesern der sowjetischen Tageszeitung „Prawda" keine Zweifel an der Bündnistreue der DDR zur Sowjetunion und der Loyalität der SED-Führung gegenüber der KPdSU lassen.

Stichwortverzeichnis